中央大学社会科学研究所研究叢書……15

東アジアの階層比較

園　田　茂　人 編著

中央大学出版部

まえがき

本シリーズで『現代中国の階層変動』を刊行してから、三年の月日がたった。

当時、社会科学研究所で進めていた「東アジアの国際化と合弁企業」というプロジェクトの研究成果として出版されたのだが、プロジェクト名と本のタイトルに若干のズレがあるのは、プロジェクト成立の経緯に原因がある。

本学と交流協定を結んでいるオスナブリュック大学（ドイツ）のジョルジュ・セル教授が、「中国に進出した日本企業とドイツ企業の比較研究をしたい。ドイツ側でも研究チームを作るから、中央大学でも共同研究のための受け皿を作ってほしい」というので、「東アジアの国際化と合弁企業」プロジェクトを立ち上げることになったのが、一九九九年のことだったと記憶している。しかし、諸般の事情により共同研究が頓挫してしまい、研究チームは活動を失いかけた。そこで、編者が科学研究費などの助成金を受けて実施していた中国での階層調査の結果をまとめる国際ワークショップを計画し、その成果を『現代中国の階層変動』として出版した。ワークショップのパーティーに参加された川崎嘉元・社会科学研究所所長が、「ぜひ研究成果の出版を」と声をかけてくださったのも、出版の後押しとなった。

今回は、「東アジアの比較階層研究」チームの成果報告書であるから、その点、研究チーム名と本のタイトルに齟齬はない。ところが、テーマが狭すぎたためか、専任教員から研究員を集めるのに苦労した。日本の階層研究者、地域研究者の中から、関連した研究している人を見つけるのがむずかしいくらいだから、これも当然だったのかもしれない。そこで、客員教授や訪問研究員として本学に来られた海外の研究者（李路路、呂大樂、車鐘千の三氏）や、国際会議などで知遇を得た研究者（李春玲、張宛麗、梁鐘會の三氏）、それに日本では数が少ない、比較階層研究の専門家である有田伸氏に声をかけ、寄稿をお願いした。社会科学研究所の客員教授として来校され、本書でも言及されている東アジアの中間階級（EAMC）プロジェクトのリーダーであった台湾・中央研究院の蕭新煌氏にも寄稿していただく予定になっていたが、総統国策顧問などの要職に就かれ、多忙を極めていることもあって、論文収録にはいたっていない。

＊

ところで、前著が出てから、東アジアの階層研究の事情にも若干の変化が見られる。

中でも注目に値するのは、中国大陸における大規模階層調査の実施と、実証データを用いた研究の進展だろう。前著は、中国の社会階層に関する世界初の大規模調査に基づく記念碑的作品であるが、中国社会へのインパクトという点では、残念ながらさほど大きいものではなかった。ところが、われわれが作った質問票を参考にし、日本の階層研究が積み上げてきた調査方法を応用することによって、中国社会科学院社会学研究所が階層調査を実施したことは、中国のみならず、広く世界の注目を集めることになった。二〇〇二年の中国共産党第一六回党大会で「三つの代表」が取り上げられ、資本家の入党を認めるなどの大幅な路線変更が行われたこともあって——そしてこのデータが経験的な根拠となったこともあって——、中国社会科学院による階層研究の成果『当代中国階層研究報告』（陸学芸編、二〇〇二年、社会科学文献出版社）は、マスメディアにも広く取り上げられることになった。前著で、「これから始まる同種の試みのファースト・ステップになるだろう」（「まえがき」ⅴページ）と述べたのが、まさに現実のものとなったのである（拙稿「中国を揺るがす経済格差の拡大・・ベストセラーはなぜ発禁になったか」『論座』九月号、朝日新聞社、二〇〇二年参照）。

今年（二〇〇四年）になって、『当代中国社会流動』（陸学芸編、社会科学文献出版社）や『中国社会分層』（李培林編、社会科学文献出版社）など、注目に値する研究が次々と出され、本書に寄稿された李春玲氏や張宛麗氏など、若手研究者の活躍も目立つようになっている。

また、一九九二年にＥＡＭＣプロジェクトが実施されてから、すでに一二年の月日がたっているが、蕭新煌氏を中心に、第二ラウンドの調査を実施しようという計画がある。すでに、二〇〇三年の一〇月には、中央研究院亜太研究専題中心で〝Prioritizing the Middle Class Research in Asia-Pacific〟と題する国際ワークショップを開催、本書に寄稿された呂大樂氏や梁鐘會氏などが参加して、今後調査を行う場合の仮説や調査方法について検討を行っている（今後、どのような調査研究が進むことになるのかについては、本書収録の第六章・梁鐘會論文を参照されたい）。

日本の変化も、負けてはいない。

アジア経済研究所の研究成果が『アジア中間層の生成と特質』（アジア経済研究所、二〇〇二年）として発表され、二〇〇五年には、そのまとめ役となった服部民夫・東京大学教授を中心に、国際交流基金・アジア理解講座「アジアの社会階層形成と政治」の開講が予定されている。

二〇〇五年に実施予定の第六回「社会階層と社会移動に関する全国調査（通称ＳＳＭ調査）」も本格的に東アジア研究に乗り出し、韓国や台湾での比較可能な一次データの収集に向かって動き始めている（研究課題名「現代日本階層システムの構造と変動に関する総合的研究」）。

また編者も、中間層の中印比較（サントリー文化財団二〇〇四年度研究助成プロジェクト、研究課題名「外に向かう中国とインド：中間層の比較研究」）と、中国での第二回階層調査（日本学術振興会二〇〇四年度科学研究費補助金助成プロジェクト、研究課題名「現代中国の階層変動に関する比較社会学的研究」）に着手している。前者についてはアジア内での比較研究が、後者については中国国内での時系列的研究が、それぞれ期待されているが、このように、日本の階層研究も、着実に東アジアを射程に置きつつある。

＊

本書に収録された論文は、それぞれ比較というツールを通じて、東アジアの階層問題にアプローチしている。職業評価、社会移動、中産階級と、比較の視点は異なるものの、それぞれに欧米発の階層研究を東アジア理解のために現地化《ローカライズ》しようと努力している。日本、韓国、中国、香港と、比較の対象はさまざまだが、それぞれに比較を通じて新しい発見をしようとチャレンジしている。

個々の論文の評価については、読者諸賢に委ねざるをえないが、編者として、本書が刊行されたことの意義は少なくないと自負している。

本書刊行にあたり、多くの方から助力を得た。

編集作業の途中で多くのリクエストを出したにもかかわらず、論文執筆者には快くご協力いただいた。訳者の一人である相馬直子さんには、韓国語文献の整理をお手伝いいただいた。本書の刊行を勧めてくださった川崎嘉元・社会科学研究所所長と、出版部とのつなぎ役を果たされた福田清・同担当のお二人にも感謝したい。

二〇〇四年九月二四日

研究チームを代表して　園田茂人

目次

Ⅲ　比較の視点から見た中産階級

I

職業評価の国際比較

第一章　職業評価の社会力学
――日中比較からの知見――

園田茂人

一　はじめに

職業はどのような要因から、どのように評価されているのだろうか――従来、こうした問題意識によって支えられた研究は少なくない。それどころか、職業威信（occupational prestige）に関する研究蓄積を見ると、職業に対する評価がどのようにして与えられるかといった問いは、職業研究の中心的なテーマであり続けてきたことがわかる。これも、職業が人々の社会的地位を測定する重要な尺度であることや、職業に対して与えられている社会的評価が、人々の秩序観を反映したものであることに、人々が関心を払い続けてきた結果だろう。

ところが、調査の結果得られた職業威信スコアの分析結果については、奇妙に一致している。地域間の比較であれ、時系列的な比較であれ、職業威信ヒエラルキーには一種の頑強さ（robustness）が見られるというのである。

たとえば、世界中の六〇の社会を対象に職業威信スコアを詳細に検討したトライマンは、ホワイトカラー的職業に比べてブルーカラー的職業での共通性が少ないと留保しながらも、「職業威信に対する評価は、社会間できわめて似ており、特定の地域や文化の中でこうした共通性が高く見られるといった傾向も見られない。これは職業威信を文化が決定するとする議論の反証となっている」（Treiman 1977 : 102）と述べ、職業威信ヒエラルキーは文化を超えた共通したパターンを示していると論じている。また、アメリカのデータを時系列的に分析したホッジら（Hodge, Siegel & Rossi 1966）、同種の試みを日本のデータに施した直井（1979）や元治・都築（1998）、台湾のデータを分析した瞿海源（1985）も、時間とともに変化しにくい職業威信の特性を指摘している。

ところが、こうした発見は日常的な細かな観察とは必ずしも一致しない(1)。では、改革・開放後の中国における職業評価はどのような特徴をもっているのだろうか。そして、それはどのような理由によるのだろうか。

本章では、日本のデータ（一九九五年）と対比させることによって、中国（具体的には黒竜江省ハルピン市）の職業威信調査の結果を分析し、そこから見えてくる中国の経済社会の特徴を明らかにしてみたい。

二　データの特性と分析の準備

データの特性

本章で利用するハルピンデータは、一九九三年にハルピン師範大学（当時）の張汝立によって作成された。張は一九九一年時点で同種の調査を試み、すでにその結果を公表しているが（張汝立 1993）、九三年調査は、その時系列的な分析を目指したものである。

張は日本語を解し、筆者らを通じて「日本の社会移動と社会階層に関する調査（以下「ＳＳＭ調査」と略す）」の存在を知っていたため、質問票の作成にあたって一九七五年の威信調査を参考にした。そのため、職業カテゴリーや職業評価の基準など、部分的に同じワーディングがなされており、データは少々旧いものの、日中比較を試みるにはもっとも都合がよい。とはいえ、職業カテゴリーについては相当部分一致しないものが含まれているため、ほぼ互換性があると思われる職業のみをピックアップし、比較の対象とせざるをえない。

ところで、ハルピンデータとSSMデータを付き合わせる際には、ハルピンデータが市レベルのデータであるのに対してSSMデータが国レベルのデータであること、また二つのデータが異なるサンプリング方法によって得られたものであることの二点に留意しなければならない(2)。

第一の点については、実質的な解決策としてSSMデータの一部を抽出し、ハルピンに似た特性をもつ都市に限定して比較を行う方法も考えられるが、この場合、限定するための条件を特定するのがむずかしい。ハルピンは黒竜江省の省都であるという理由で東京と比べることも不可能ではないが、その場合、東京のサンプルが少ないといった難点がある。しかも、産業構成や都市基盤の点で、ハルピンと東京が似た特徴をもっているかといえば、必ずしもそうとは言えない。

そこで本章では、ハルピンが中国の、少なくとも都市部を代表する都市であるとする前提を置いた上で分析を進めたい。全国規模の調査としては、六三都市で調査を行った許欣欣(2000b)のものが、また都市を対象にした調査としては、北京市（Lin & Xie 1988；李強 2004）や上海市（仇立平 2001）、広州市（蔡禾・趙釗卿 1995）、深圳市（遅書君 2003）などがあるが、職業威信スコアを見る限り、さほど大きな違いは見られない(3)。とはいえ中国は広大な国で、変数によっては地域的な違いが大きい可能性があるから、この前提は少々きつすぎるかもしれない(4)。

また、第二の点については、ハルピン市で地域別のサンプリングが実施しにくい環境があるため、ハルピン調査では職業ごとの割当法が用いられており、その点で地域別の層化割当系統抽出法によるSSMとは異なっている。九三

表 1-1　ハルピンデータと SSM データの基本属性

職　業	男性比率(%)		平均年齢(歳)		大卒比率(%)		サンプル数	
	ハルピン	SSM	ハルピン	SSM	ハルピン	SSM	ハルピン	SSM
役　人	64.0	58.2	37.2	43.3	85.0	28.1	100	79
農　民	56.0	47.2	31.5	55.0	6.6	9.4	100	53
労働者	38.8	72.2	36.5	38.8	21.9	37.5	100	72
個体戸	57.0	81.0	31.1	50.5	9.5	33.3	100	84
合　計	54.0	66.3	34.1	46.4	34.4	28.1	400	288

年調査に関しては、一一の職業カテゴリーに属するそれぞれ一〇〇名が対象となっており、[5]これをそのまま日本のデータと比較することはできない。

そこで次善の策として、ＳＳＭデータの方をハルピン調査のサンプリングに似せた形で調整した上で、比較の作業を進めたい。[6]しかし、ハルピン調査での一一の職業カテゴリーすべてを取り上げることは、大学の教員や高校生、大学生など、ＳＳＭデータではサンプル数が少なすぎるものがあり、不可能であるばかりか無意味でもある。そのため本章では、行政機関の職員（以下「役人」と略す）、農民、大規模な工場の労働者（以下「労働者」と略す）、それに個体戸（零細経営者）といった四つの職業を取り上げ、それに見合うＳＳＭ調査とハルピン調査のデータのみを扱うことにする。[7]この四つの職業カテゴリーは、言うまでもなく、日本と中国が職業評価について伝統的に抱かれていた士農工商を代表する職業である。なお、ハルピンデータとＳＳＭデータにおける基本的な属性は、表1-1の通りである。

両者を比べてみると、ＳＳＭデータの方で、男性の年長者が多くサンプルとして含まれていることがわかる。これには、①中国では、特に労働者への参入に日本ほど強く性別が効いていない、[8]②日本の自営業者は高齢化しているのに対して、中国では自営が新興の職業であるため総じて平均年齢が若い、といった要因がかかわっている。

また、ハルピンデータで大卒比率が三四・四％と、中国の全国平均を大きく上回っているのは、役人における大卒比率の高さ（八五・〇％）に原因がある。ここに日中の役人にみられる社会的特性の違いが端的に現れているのだが、この点については後述する。

分析の準備

ハルピンデータとSSMデータが共通して質問している項目で比較可能なものは、性別、年齢、学歴といった属性変数以外に、二〇種類の職業に対する四段階評価と、職業評価を下す際の七つの基準に対する重要度認識しかない(9)。

そこで、どうしても職業威信スコアの分析が中心となるが、ハルピンデータとSSMデータを比較する際、両者のスコアのばらつきを調整する必要がある。一般に日本人は、ある判断を求められた場合に中間的で曖昧な回答をするのに対して（林 1995 : 184-185）、中国人ははっきりした判断をすると言われている（中根 1994 : 97-98）。また、ある職業グループが概してシビアな評価をするのに対して、別のグループは甘い評価をするといった事態も考えられる。事実、「非常に高い」「非常に低い」といった回答の比率はハルピンデータに多く、またハルピンデータ、SSMデータを問わず、農民は役人よりも職業スコアが高くなる傾向が見られた(10)。

したがって、日中間の比較をする際、単純にスコアを比較するのではなく、個別のスコアから回答したグループの平均スコアを引いた値を比較の尺度としなければならない。本章では、この値を「修正済み職業威信スコア」と呼び、従来の職業威信スコアとは区別して扱う。

職業威信スコアは、従来のSSMの方法にのっとり、「もっとも高い（最高）」を一〇〇、「やや高い（比較高）」を七五、「ふつう（一般）」を五〇、「やや低い（比較低）」を二五、「もっとも低い（最低）」を〇として計算した(11)。

同様に、「非常に重視した（非常重視）」を四、「やや重視した（比較重視）」を三、「あまり重視しなかった（不太重視）」を二、「まったく重視しなかった（一点不重視）」を一として得られたスコアを、職業を評価する際の基準に対する重要度認識（以下「重要度スコア」と略す）として尺度化した。職業威信スコアの場合と同様に、個々の重要度スコアから各グループ別の平均スコアを減じたものを「修正済み重要度スコア」として、比較の際に利用する。

次節では、日本と中国で見られる職業評価の違いを、これら職業威信スコアや重要度スコアの特徴に注目しながら概観し、両者の関連を見た上で、個別の職業グループでどのような職業スコア上の、あるいは重要度スコア上の違いが見られるかを検討してゆく。

三　職業評価の日中比較——その共通性と相違性

職業威信の日中比較

まず、職業威信スコアから見てみよう。

日中の職業威信スコアに、一九八八年に台湾全土を対象に行われた職業威信調査の結果で、比較可能なものを加えたものが表1-2に掲げられているが、一見してわかるように、職業威信スコアは似ており、日本と中国に限って言えば、順位相関係数が〇・八八と、大変高い結びつきが見られる。この点では、トライマンらの議論と一致している。

また、修正済み職業威信スコアを日中間で比較した結果が、図1-1に掲げられているが、これからもわかるように、細かく見れば個々の職業に対する微妙な評価の違いが存在する。

たとえば、医師、音楽家、農業といった職業で日中のスコアが一〇ポイント以上違うことが判明している。医師を

表 1-2　職業威信スコアの日中比較

	日本		中国		台湾	
	スコア	標準偏差	スコア	標準偏差	スコア	標準偏差
医師	89.3	15.4	71.3	18.2	74.6	18.0
裁判官	86.0	17.5	84.0	18.9	79.0	22.1
大学教授	83.5	16.7	75.0	19.8	87.7	15.4
パイロット	81.3	18.5	71.6	20.7	74.6	17.2
プロスポーツ選手	69.1	20.7	67.3	20.3	——	——
音楽家	67.3	16.0	79.1	19.4	76.7	16.9
看護婦	59.7	16.5	50.6	17.1	60.5	17.5
市役所の課長	57.4	12.9	59.3	21.8	——	——
警察官	56.3	15.3	58.0	24.7	65.7	21.4
銀行員	56.1	12.5	60.4	18.1	——	——
保母	52.6	12.5	56.2	20.9	73.6	18.6
大工	52.7	14.7	39.0	21.7	——	——
理容師	51.1	10.9	44.1	22.2	——	——
電気工事人	50.5	11.3	47.7	19.1	——	——
コック	50.4	12.5	52.8	21.7	63.6	18.8
小売店主	50.3	10.0	40.5	25.5	59.3	15.3
バス運転手	49.1	10.7	46.7	18.1	56.0	18.7
農業	44.8	16.3	28.0	29.7	69.5	23.3
商店の店員	43.6	13.0	42.5	16.9	54.9	17.9
採鉱夫	37.9	18.7	29.9	24.2	58.1	25.1

注：台湾データは，Tsai & Chiu（1991：247-249）による。ただし，5点尺度になっている点では共通しているものの，100から20の間でスコア化されているため，数値は概して高くなっている。また，サンプル構成に違いが見られるため，必ずしも正確な比較はできない。

図 1-1　修正済み職業威信スコアの日中比較

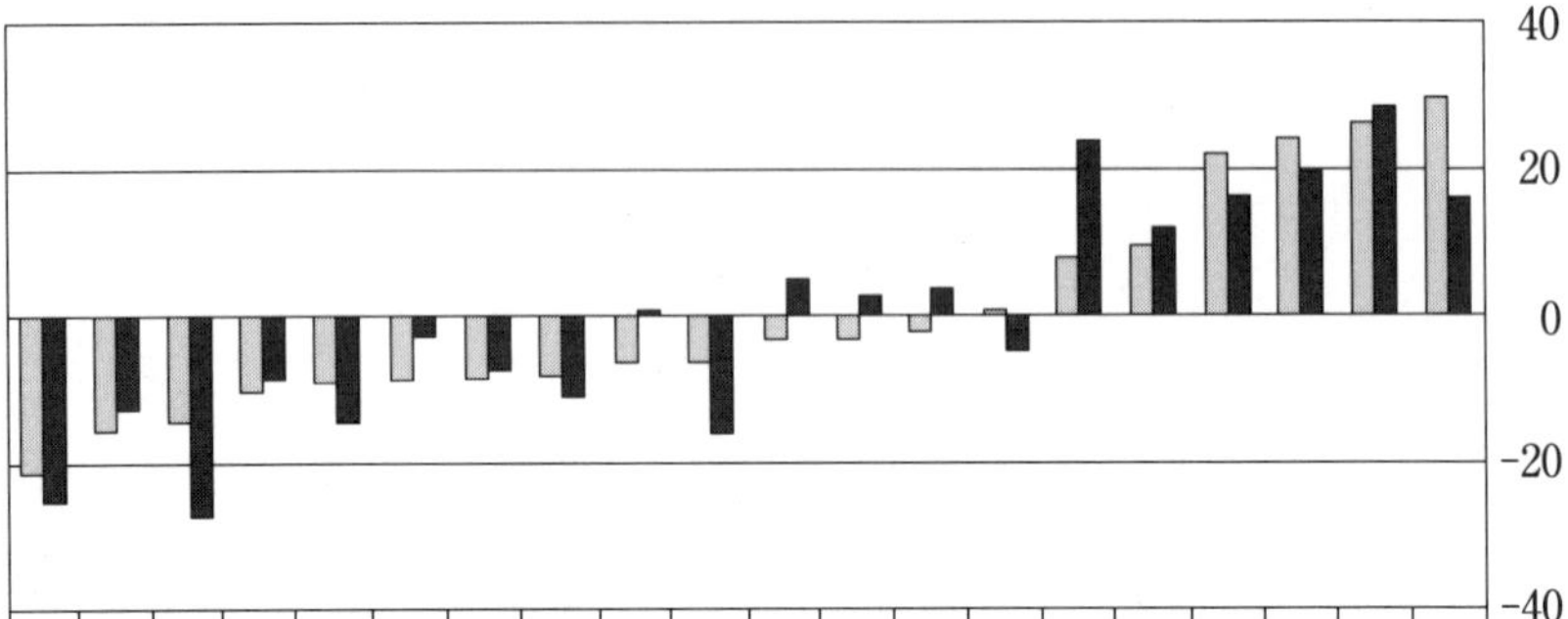

採鉱夫	商店の店員	農業	バス運転手	小売店主	コック	電気工事人	理容師	保母	大工	銀行員	警察官	市役所の課長	看護婦	音楽家	プロスポーツ選手	パイロット	大学教授	裁判官	医師
-21	-16	-15	-10	-9	-8.9	-8.8	-8.2	-6.7	-6.6	-3.2	-3	-1.9	0.4	8	9.8	22	24.2	26.7	30
-25	-13	-27	-8.6	-15	-2.5	-7.6	-11	0.3	-16	4.7	2.7	4	-4.7	23.8	12	16.3	19.7	28.7	16

□ 日本　■ 中国

めぐる日中間の評価の違いについては岩井（2000）に詳しいが、ここで注目したいのは、中国で農業に対する評価が低い点である。

実は、一九七五年SSMの威信調査では、農業は「自作農」と「小作農」に分けられて質問されており、職業威信スコアはそれぞれ四五・〇と二八・一であった。こうした違いは表1-2に掲げられている台湾調査の場合も当てはまる。

ところが中国では、自作農と小作農とが分化しておらず、そのため農業という一つのカテゴリーを準備したものと考えられるが、これが日本の自作農に近くイメージされているか、小作農に近くイメージされているか、これだけでは想像がつかない。日本で農業といった場合、現在ではほぼ自作農をイメージされるが、もし中国でのイメージがむしろ小作農に近いとすれば、数値で現れているほど、日中での違いは大きくないかもしれない。

とはいえ、中国で農業への評価が低いという事実には変わりがない。一九九九年に上海で職業威信調査を行った仇立平（2001）や、二〇〇一年に深圳で同種の調査を行った遅書君（2003）は、職業としての農業に対する評価が低いことを異口同音に指摘しているが、これは近年、都市部に流入した農民が、都市部での劣悪な

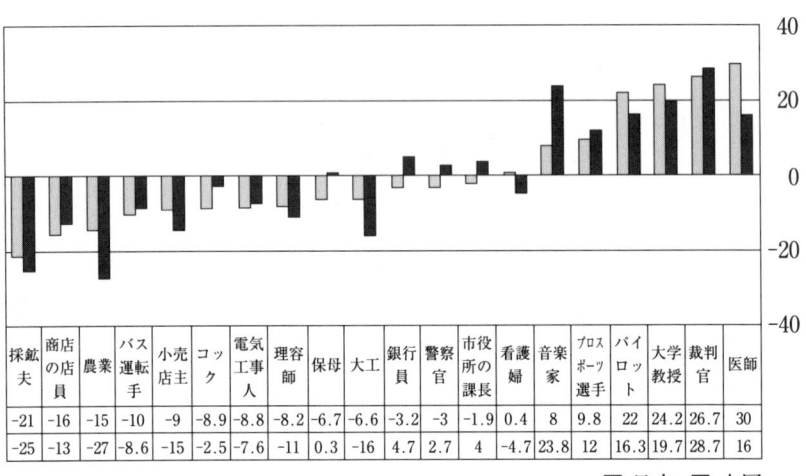

表 1-3　職業評価の構造的特徴：主成分分析による日中比較

	日本		中国	
	第1因子	第2因子	第1因子	第2因子
医師	.707	.217	.407	.472
裁判官	.689	.255	.202	.465
大学教授	.731	.091	.371	.382
パイロット	.650	.304	.463	.430
プロスポーツ選手	.386	.323	.502	.225
音楽家	.505	.323	.325	.430
看護婦	−.070	.686	.506	.149
市役所の課長	.455	.261	.498	−.045
警察官	.205	.450	.470	219
銀行員	.457	.111	.433	.202
保母	−.138	.454	.480	.200
大工	−.285	.565	.444	−.448
理容師	−.237	.554	.510	−.378
電気工事人	−.187	.549	.640	−.119
コック	−.146	.454	.487	−.121
小売店主	.107	.247	.390	−.314
バス運転手	−.136	.589	.612	−.279
農業	−.493	.424	.361	−.393
商店の店員	−.349	.243	.422	−.116
採鉱夫	−.473	.436	.528	−.389
寄与率	18.2%	17.3%	21.4%	10.1%

注：数値は因子負荷量。

労働条件にもかかわらず帰農したがらない者が多いといった事実と符合している[12]。

次に、職業威信がどのような構造的な特徴をもっているのかを理解するために、二〇の威信スコアを主成分分析にかけ、どのような因子が取り出せるかをチェックしてみた。そして、説明力が一〇%を越える二つの因子について、それぞれの因子負荷量をまとめてみた結果が表1‐3に掲げられている。

興味深いことにも、日中双方に「職業に貴賤なし」因子とでも表すべき因子が出ているが、日本では第二因子、中国では第一因子になっており、その順位が逆転している。この因子が建て前であるか本音であるかは判別できないが、長い間社会主義体制下の中国で「職業に貴賤なし」といった教育がなされてきたことから考えると、こうした違いは納得しやすい。しかも、寄与率が第二因子の二倍強となっていることから、このような意識が日本に比べ、相対的に強く意識されているといえる。

他方、日本の第一因子と中国の第二因子は、正負の方向がほぼ一致していることから、それぞれの社会における実質的な職業判別意識を示すものと思われる。これが、それぞれ具体的に何を意味するかは、評価基準のあり方を合わせて検討していかねばならない。

評価基準の日中比較

そこで、修正済み重要度スコアを日中間で比較してみた結果を見てみよう。

図1‐2からは、職業威信スコアがきわめて似た特徴を示していたのに対して、日中間では職業評価をめぐる基準には、ずいぶんとズレが存在していることが読みとれる。すなわち、日本では、技能や社会的貢献といった項目が相対的に重視されているのに対して、中国では教育や尊敬といった項目が重視されており、特に収入をめぐっては、日中間で相当に異なった評価が下されているのである。しかも、項目ごとのばらつきは日本よりも中国で顕著に見られ、評価にメリハリが見られる。

また重要度スコアを主成分分析にかけてみたところ、日本と中国とでは異なる因子が摘出された。日本では、寄与

図 1-2　職業評価に占める各条件の大きさ：日中比較

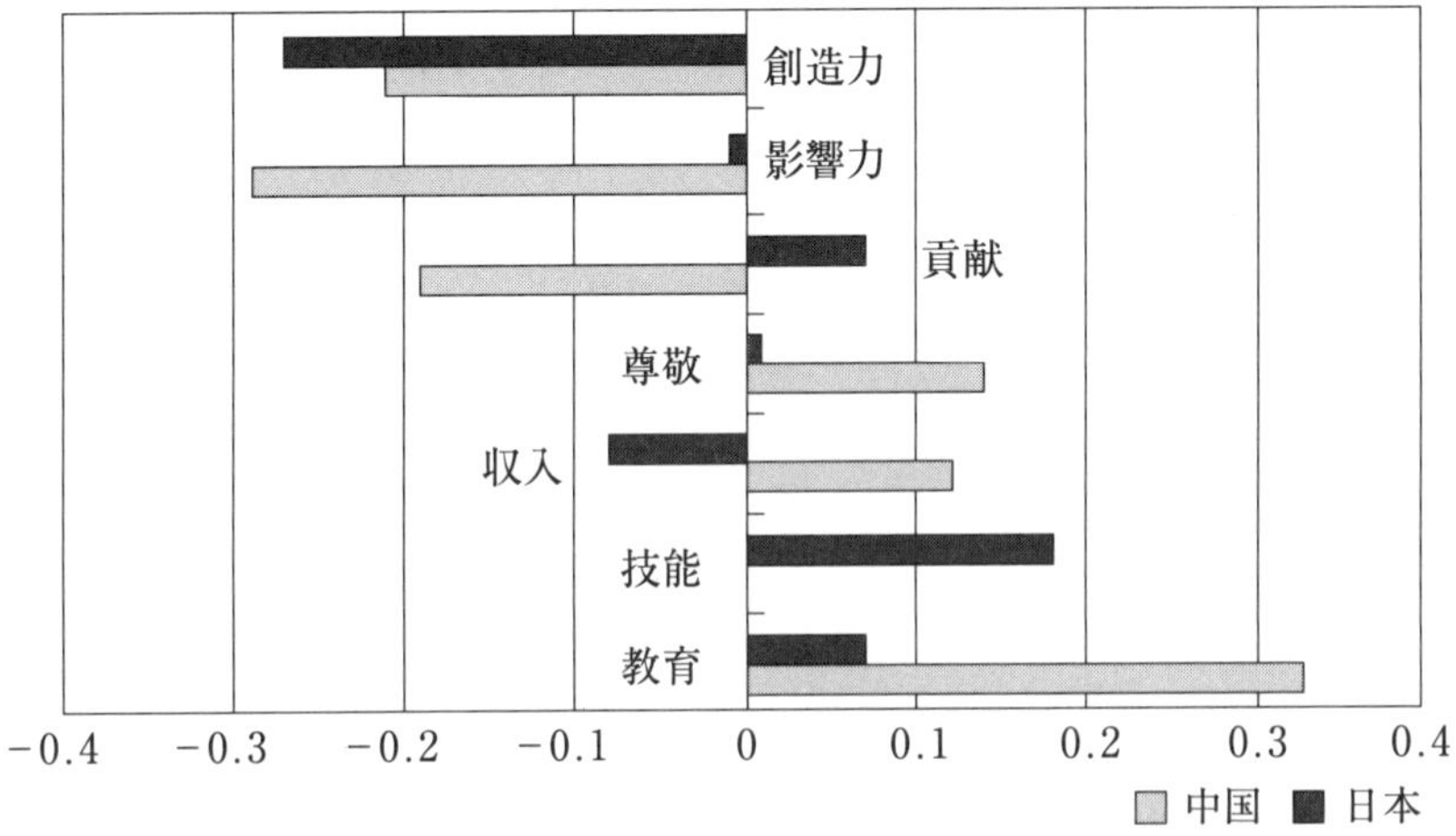

率が四一・七％という説明力が大きい第一因子は、「すべて重要」因子とでも言えるべきもので、職業威信スコアの第二因子に対応する因子である。また第二因子は、教育と収入が正、貢献、影響力、創造力が負の負荷量をもっていることから、職業威信スコアの第一因子に対応する、実質的な評価基準を示す因子と推測される（表1―4参照）。

他方、中国の場合、第一因子は「非金銭的評価」因子、あるいは「人民に奉仕する（為人民服務）」因子とでも形容できるのに対して、第二因子が「金銭的評価」因子とでも形容すべき因子で、見事に二つの軸に分かれている。

この第一因子は、職業威信スコアの際の第一因子に対応し、第二因子が同じく第二因子に対応するものと思われるが、日本と異なり、職業評価をめぐって収入を軸に二つの因子が形成されているところが興味深い。金銭という物質的なインセンティブを否定してきた社会主義体制下で、改革・開放という物質的なインセンティブを導入した中国の状況を示唆するものといえよう。

また、日本の第二因子と中国の第二因子に限っていえば、①収入と学歴の関連性と②収入と創造力の関連性が逆転している点に、日

表 1-4　評価基準の構造的特徴：主成分分析による日中比較

	日本		中国	
	第１因子	第２因子	第１因子	第２因子
教育	.575	.536	.358	−.470
技能	.556	.070	.670	.167
収入	.468	.682	−.060	.884
尊敬	.773	.139	.492	.218
貢献	.758	−.350	.725	−.039
影響力	.752	−.334	.687	−.029
創造力	.570	−.450	.692	.218
寄与率	41.7%	17.3%	32.8%	15.5%

注：数値は因子負荷量。

中の特徴が現れている。

①を文字通り解釈すれば、日本では高い学歴が高い収入を保証していると考えられているのに対して、中国では逆に高学歴者の収入が低いと思われていることを示している。これをパラフレーズすれば、日本では高収入を獲得するためのキャリアパスとして学歴がイメージされているのに対して、中国では逆に高い学歴を獲得することは、必ずしも高い収入をもたらさないどころか、むしろ、そうではないものとイメージされているということになろうか。

また、②が指し示すところによれば、日本では高収入は創造力なきところに存在し、中国では逆に創造力あるものが高い収入を得ているというイメージが抱かれていることになる。①の解釈と合わせると、すでに高収入を得るためのキャリアパスが形成されているとイメージされている日本と、むしろ現在の体制から逸脱したところに高収入の道があると考えられている中国、という対極的な像ができあがる。

もっとも、中国で行われているいくつかの調査の結果からは、学歴が高い者の方で収入が高いといったリニアな関係が見られる。李春玲(2003a : 13)は、「ここ一〇年の間に、……文化資本をもつ専門技術職の経済的地位も明らかに上昇した。『頭脳と肉体が逆転した（頭脳労働者より肉体労働者の報酬が高い：引用者注）』現象も見られない。教育の経済報酬率の変化は、これを十分に反映している」と述べ、改革・開放の初期には、体制外でのビジネスチャンスが大きかったものの、一九九〇年代半ば以降、これが体制内にも広がり、高学歴者=高収入者の構図ができつつあるとしているが、もしそうだとすれば、本章で指摘した日中間の違いは今後、徐々に小さくなっていくものと予想される。

職業グループ別に見た職業評価の日中比較

前述のように、両国のサンプルは、役人、農民、労働者、個体戸の四つの職業グループから成り立っている。そこで、職業威信スコアを各職業別に見たものが、表1-5に掲げられている。

評価される職業によって、評価する側の職業間に差があったりなかったりするために一般化しにくいが、日中どちらでも農民の平均スコアが高い点に共通点が見られる。

また、特に注目に値するのが、中国の役人に見られるスコアの低さである。すなわち、他の職業グループに比べて中国の役人は、職業を厳しく評価する傾向が見られるのだが、これはすでに指摘した、この層の大卒比率の高さによって説明できるかもしれない。調査時点で中国の大卒比率は一〇%に達していないことからも、日本の役人に比べて明らかにエリートとしての特徴をもつ。このエリートとしての意識が、大学教授や裁判官、パイロット、医師といった職業以外を相対的に低くしていると考えられる。

これと対極にあるのが、中国の農民である。中国の農民は、農業よりも三三ポイントも高い評価を市役所の課長に与えている。また、電気工事人には農業よりも一八ポイント近く高い評価を与えており、みずからの職業威信の低さを強く意識している。ところが、小売店主とのポイント差はさほど大きくなく、農民からすれば、「士」や「工」は尊

表1-5 職業グループ別に見た職業威信スコア：日中比較

	日本					中国				
	役人	農民	労働者	個体戸	有意差	役人	農民	労働者	個体戸	有意差
大学教授	78.3	88.7	87.1	81.9	＊＊	71.8	79.0	73.2	76.0	＊
バス運転手	49.0	52.9	46.2	49.4	＊＊	39.3	55.0	47.7	45.0	＊＊
裁判官	83.6	90.7	89.2	82.5	＊	84.0	86.5	81.6	84.0	
理容師	52.0	50.0	51.4	50.6		37.3	50.3	48.7	40.3	＊
パイロット	76.3	83.8	86.1	80.1	＊	71.8	75.0	67.6	72.0	
保母	52.3	53.9	51.7	52.7		53.0	59.8	54.1	57.8	
コック	51.3	51.0	48.1	50.6		48.3	57.8	58.2	47.3	＊＊
警察官	47.3	60.7	58.7	55.4	＊	47.5	65.5	57.9	61.3	＊＊
プロスポーツ選手	65.5	71.6	76.7	63.9	＊＊	63.3	69.5	63.8	72.5	＊＊
銀行員	52.3	59.6	57.3	56.3	＊＊	62.0	60.5	59.4	59.5	
農業	46.4	43.1	45.1	44.1		23.3	39.0	26.3	23.3	＊＊
医師	86.8	93.3	93.0	85.8	＊＊	71.5	72.0	68.9	73.0	
商店の店員	44.4	47.1	40.1	43.7	＊	38.8	47.3	43.1	41.0	＊＊
看護婦	59.9	61.1	60.4	58.1		47.3	54.5	48.7	51.8	＊
小売店主	52.6	46.6	51.4	49.7	＊＊	34.3	44.5	42.9	40.5	＊
音楽家	69.1	65.7	71.2	63.3	＊	78.5	80.0	78.3	79.8	
市役所の課長	55.6	59.6	58.7	56.6		52.3	72.0	53.6	59.3	＊＊
大工	53.0	55.3	53.8	50.0		36.5	47.8	40.3	31.5	＊＊
採鉱夫	39.3	36.5	34.5	40.2		27.5	40.0	27.0	25.0	＊
電気工事人	51.3	52.4	48.6	50.3		46.0	56.8	44.9	43.3	＊＊
平均スコア	58.5	60.7	60.5	58.2		51.8	60.6	54.3	54.2	

注：＊＊は .01水準で有意であることを，＊は .05水準で有意であることを示す。

図 1-3　職業グループ別に見た職業評価に占める各条件の大きさ

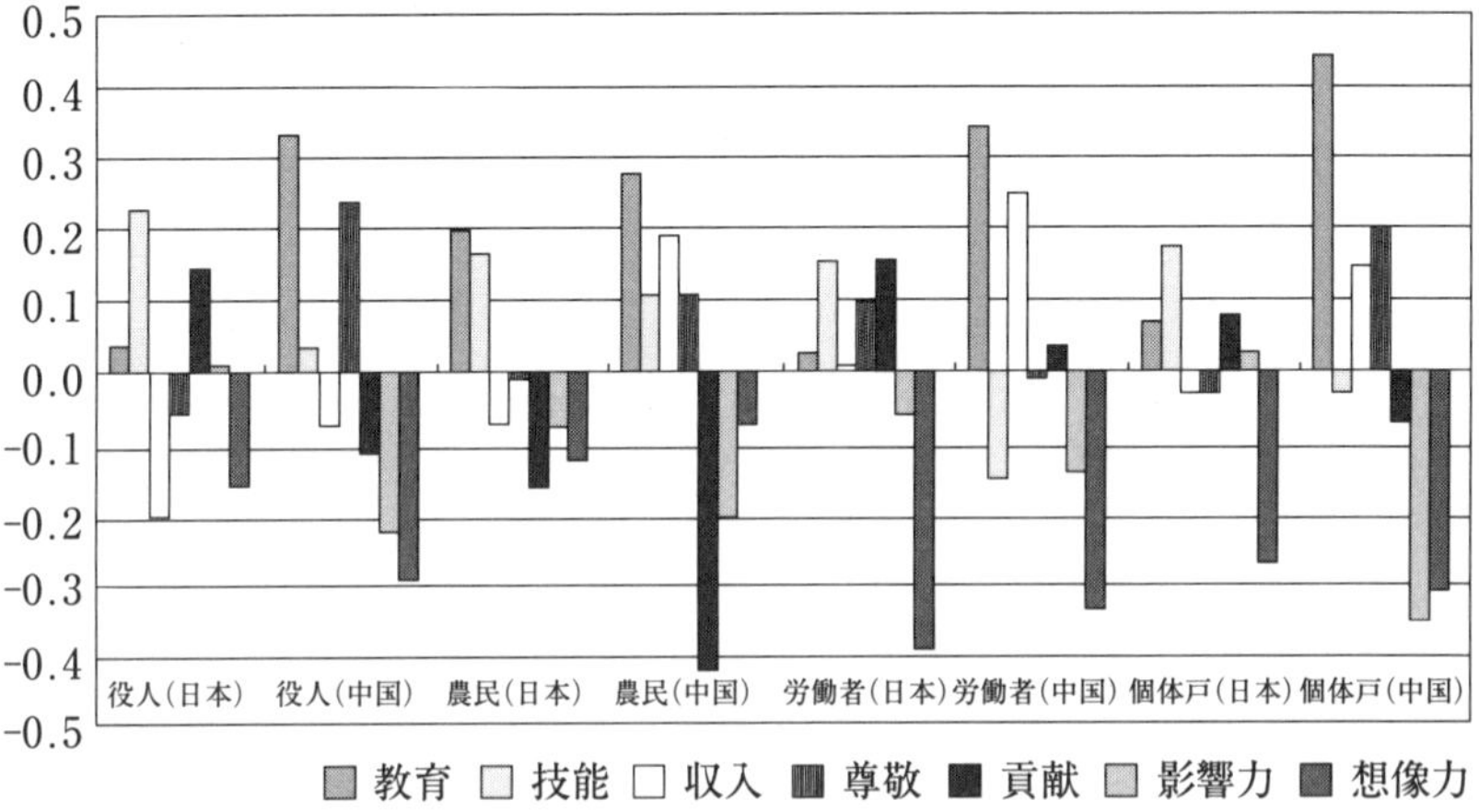

くても、「商」はさほど尊くないということかもしれない。

こうした職業グループ間の違いは、評価基準でより鮮明に現れる。職業グループ別に見た修正済みの重要度スコアが図1-3に掲げられているが、これから以下の諸点を指摘することができる。

第一に、日本では職業グループ間の違いがさほど顕著に現れていないのに対して、中国の場合、特に収入に対する評価をめぐって、役人とそれ以外の職業で大きな違いが見られている。すなわち、中国の役人の場合、収入のスコアが負の値を示しているのに対して、他の職業では正の値を示しており、教育に次いで高いポイントとなっている。

第二に、同じ職業カテゴリーで見た場合、日本の役人は技能や貢献を重視するのに対して、中国の役人は教育や尊敬を重視しているなど、それぞれ重視するポイントが若干ずれている。

特に興味深いのが、労働者と個体戸では、収入と技能をめぐって日中間で大きな違いが見られる点である。

たとえば日本の労働者の場合、収入より技能の方が〇・一五ポイント大きいのに対して、中国の労働者の場合、逆に技能より収入の方が〇・四〇ポイント大きくなっている。これは、技能を形成するために一つの企業に留まり、昇進するのを待つ日本人労働者と、よい収入源が見つかれば今までの職業を辞めても構わないと考えている中国人労働者という日常的な観察とフィットしている。

四　おわりに

以上、本章で得られた結論をまとめてみよう。

第一に、職業威信スコアのレベルで日中を比較すると、若干の職業についてスコアの差は見られたものの、基本的には似たヒエラルキーの構造が得られた。

第二に、職業を評価する基準でみると、技能や社会的貢献が重視される日本に、教育や収入が重視される中国といった具合に、日中間の違いが明確に現れた。特に因子分析の結果、日本では「すべて重要」因子が卓越しているのに対して、中国では「人民に奉仕する」因子が強い説明力をもち、これが第二因子の「金銭的評価」因子と拮抗するなど、その特徴の違いが明らかになった。

第三に、職業カテゴリー別に職業威信スコアを眺めてみると、中国の役人で際だって低いスコアが得られ、中国の農民と対極的な性格が明らかになった。

そして第四に、職業評価の基準でみた場合、日本よりも中国で職業グループ間の違いが大きく現れた。

冒頭で述べたように、従来の職業威信に関する研究は、そのヒエラルキーに見られる頑強さを強調するものが多かった。確かに本章でも、威信スコアに限定して見た場合、こうした傾向が確認された。

しかし、その具体的な意味づけについては、日中間で違いが見られた。たとえば中国では、教育や尊敬の重視、役人の農業や商業に対する評価の低さ、農民の自己評価の低さなど、伝統社会における士農工商的身分秩序を彷彿とさせる結果が得られている。[13] また、職業評価基準における「人民に奉仕する」因子の卓越や、その「金銭的評価」因子との拮抗、「金銭的評価」因子に見られる教育と収入の逆相関など、現代中国における社会主義体制と経済発展の矛盾した力関係を指し示す事実がうかがえる。

本章では詳しく論じることはできなかったが、中国の職業威信スコアを時系列的に並べてみると、安定的な構造は見て取ることができるものの、①国有企業労働者の相対的な威信低下と、②権力財をもつ（党政機関幹部などの）職業と収入の高い（私営企業家などの）職業の威信上昇といった傾向を見て取ることができるようだ。

一九八三年から一九九九年までの職業威信スコアを大雑把に比較した許欣欣（2000a）は、これを「見える手による市場経済化の進展の結果」と表現しているが、このように、中国における改革・開放のダイナミズムは、市場経済化ばかりか、社会主義という制度的拘束、それに伝統的価値観の再生・再創造といった事情を考慮して初めて理解することができる。

中国における社会変動は、これら三つのモメントが合わさりながら、そのダイナミズムが生まれているのであるが、これも日本のデータとの対比を通じて十全に把握することができる。比較研究の最大の力は、こうしたイラストレーションを可能にするところにあるといって過言ではないだろう。

＊本章を執筆するにあたって、中央大学特定課題研究費（二〇〇三年〜二〇〇四年、研究課題名「東アジア比較階層研究――日中比較を中心に――」）の助成を受けた。

（1）　第一に、地域を越えて似たような職業威信ヒエラルキーが見られるという点については、いくつかの反証事例を挙げることができる。第二に、時系列的な変化が見られないとする議論も、どの程度の時間軸を設定するか、職業評価に影響を与えうる大きな社会的変化が観測時点間で見られたかどうかによって、結論が異なってくるし、特に職業評価を取り巻く環境が安定的か否かによっても、その結果が違ってくる。たとえば、本章で紹介するハルピン市での職業威信調査によれば、一九九二年を境に国有企業労働者と外資系企業労働者に対する評価が大きく変わっている。それ以前には、国有企業への評価が高かったのが、鄧小平の南巡講和を境に低くなり、他方で外資系企業への評価が高まるといった現象が見られたのである（園田 2001）。

（2）　もっとも、国際比較を行う場合、こうした条件のコントロールはむずかしく、統一的な方法にもとづくプロジェクトならばいざ知らず、事後的な比較研究の場合、サンプリングのレベルまで遡って検討しているケースはさほど多くない。トライマンによる職業威信の国際比較研究も、その点かなりルーズである。

（3）　実際、細かく見てゆくと職業評価も時点によって異なっている。本来、サンプリング方法をコントロールした時系列分析が必要なのだが、残念ながら中国ではこうした試みはまだ行われていない。

（4）　たとえば筆者の経験の範囲でも、日系企業に勤務しているという条件は同じであっても、「条件が同じなら、日系企業を選ぶか、現地系企業を選ぶか」とする問いに対して、南に行くほど「どちらでもよい」とする回答が増える傾向が見られている（Sonoda 1997）。市場経済の導入がどの程度進んでいるかによって、人々の職業に対する評価に違いが見られると予想されるから、本章でもその点での留意が必要である。

（5）　具体的な職業階層は、次の通りである。①ハルピン市和興地区の個体戸、②ハルピン市公共汽車公司系統の労働者、③ハルピン鉄路局を定年退職した労働者、④ハルピン医科大学付属医院の従業員、⑤ハルピン星光機器工場で働く労働者、⑥黒竜江省の政府機関で働く従業員、⑦ハルピン師範大学附属高校の三年生、⑧ハルピン市動力区郊区の農民、⑨ハルピン師範大学の政教系と中文系の教員、⑩ハルピン師範大学の政教系と中文系の卒業予定者、⑪ハルピン工業大学管理学院の卒業予定者。

（6）　本章のもととなった論文（園田・張汝立 2000）に対して、徐道穏（2001）が統計学的な全面批判を展開している。統計的な解釈に対する批判に対しては、その多くが日本語から中国語に翻訳した際のミスとして弁明できるのだが、サンプリング方法が異なる点についての批判については承服しがたい。そもそも中国で日本と同じサンプリング方法をとることと自身無理があるし、だから比較をすべきでないというのも暴論である。要は、サンプリングバイアスをどう考えて議論できるかなのだが、この点に関する本章の妥当性については、読者諸賢の判断に委ねるしかない。

（7）　もちろん、そうすることによってSSMデータの代表性は損なわれてしまう。しかし、職業以外の変数で見た場合、男性比率が高くなるものの、年齢や学歴ではほとんど全体の母集団と変わらない。一般に職業評価に性差の及ぼす影響は小さいと見積もられるから、本章における分析は、その意味では一定の有効性をもつと考えられる。なお、SSMデータの具体的な調整については、以下の通り。「行政機関の職員」＝「問9dで10・官公庁と回答した者」、「農民」＝「問9cで1・農業と回答した者」、「大規模な工場の労働者」＝「問9aで2・常時雇用されている一般従業者か、3・臨時雇用・パート・アルバイトを選択し、問cで6・製造業を選択し、かつ問dで7～9（従業員規模が三〇〇人以上）を選択した者」、「個体戸の経営者」＝「問9aで5・自営業主・自由業者と回答し、問9cで5・建設業、6・製造業、8・運輸業、9・卸売・小売業、飲食店、17・その他のサービス業のいずれかを選択し、かつ問9dで1～3（従業員規模が一〇人未満）を選択した者」。

（8）この点については、梶田・園田（1996：28–35）を参照されたい。

（9）比較可能な二〇種類の職業は、以下の通り（カッコ内は中国語）。大学教授（大学教員）、バス運転手（公共汽車司機）、裁判官（法官）、理容師（理髪師）、パイロット（飛行員）、保母（幼児園教師）、レストランのコック（厨師）、警察官（警察）、プロスポーツ選手（体育運動員）、銀行員（銀行職員）、農業（農民）、医師（医生）、商店の店員（商店営業員）、看護婦（護士）、小売店主（個体攤販）、音楽家（音楽家）、市役所の課長（科長）、大工（木工）、炭坑夫（鉱工）、電気工事人（電工）。細かく検討すればわかるように、個々の職業のもつ内実やイメージは、日中双方で相当に異なっているが、本章ではそこまで触れる余裕がない。また、同様に七つの基準とは、教育（学歴）の高さ（対受教育水平高低的評估）、技能の高さ（技能的高低）、収入の高さ（収入的高低）、世間から受ける尊敬の大きさ（受社会尊敬的程度）、社会に対する貢献の大きさ（対社会貢献的大小）、社会に対する影響力の大きさ（対社会影響力的大小）、創造性を発揮できること（発揮創造性的程度）である。

（10）同じことは、同一地点の時系列的分析にも当てはまる。マーシュ（Marsh 1996：49）が行った台北の職業威信調査によれば、一九六三年と一九九一年の二八年の間で、職業威信スコアの平均値が全体で八ポイント低下している。

（11）中国で職業威信スコアが計算される際、同様に五カテゴリーをもとにしていながらも、最高を一〇〇点、最低を二〇点とするケースが多い。そのため、スコアそのものの直接的な比較がむずかしいといった状況がある。

（12）李路路らが北京、無錫、珠海の三都市で行った質問票調査によると、これらの都市に流入してきた農村出身者の場合、都市出身者同様、「この土地に残りたい」とする回答がどの地域でも半数近くにのぼり、「もとの農村に戻りたい」と回答した者は全体の一割に満たなかった。詳しくは、本書の第五章を参照されたい。

（13）言うまでもなく、ここでいう士農工商とは伝統中国のものであって、日本のそれとは異なる。日本の「士」が武士で世襲的であったのに対して、中国の「士」は士大夫（読書人）で非世襲的であった点で、両者は決定的に異なっている。現代中国で学歴が強い意味をもっているのは、こうした士大夫の伝統によって部分的に説明されるだろう。

第二章　韓国における職業評定の分析
――日本との比較を中心に――

有田　伸

一　はじめに

社会階層や階層移動に関する東アジア諸国間での比較研究は、欧米諸国間比較に比べるとそれほど多くはない。しかしながら、近年研究者間の交流が進み、各国における調査データへの接近可能性が高まるにつれて、次第に東アジアの比較研究が活発になりつつある。社会構造や社会制度の側面においてある程度の共通性をもちつつ、同時に決して看過し得ない異質性を帯びている、これら諸国間での比較研究は、それぞれの社会階層と移動機会の構造と特徴を、新たな視角から浮き彫りにしてくれる可能性を秘めており、今後さらなる研究の進展が期待される領域と言えよう。

東アジア諸国間での比較研究を進めていく場合、具体的な方向としてまず考えられるのは、社会階層構造や移動機会の実態そのものについての計量的手法を用いた国際比較であろう。階層構造の開放性を示す諸指標の比較、あるいは社会的地位達成に関するパス解析モデルの比較分析などは国際比較になじみやすいものであり、実際、東アジア諸国を対象としても、いくつかの先行研究事例が存在する(1)。これらの方向での比較研究は、今後同一のプラットフォームの上で調査が実施され、データの蓄積が進むとともに、さらに活発に行われていくだろう。

しかし、これらの比較研究と歩を一にして進められねばならないのは、社会移動（あるいは地位達成）が生じる「コンテクスト」についての比較であると考える。実際の社会移動や地位達成にさまざまな影響を及ぼしている諸制度、あるいは社会階層や移動に対するイメージや価値づけなどの諸意識は、社会間で異なって当然であり、これらの背景的諸条件に関する基礎的な比較が十分に行われてこそ、階層構造や移動機会そのものに対するさまざまな計量分析結果を適切に解釈することが可能になるためである。

また、それらの計量分析によって明らかにされた諸知見が当該社会の構成員にとっていかなるリアリティをもつものなのかを理解する上でも、このような作業は必要不可欠であろう。

このような判断にもとづき、本章では、社会階層や社会移動研究と密接な関係をもつ職業評定の比較分析を行う。職業の社会的地位に対する人々の評価の分析は、各社会における分業構造がどのような不平等を内包しているのかを、内在的視角から理解するための重要な手がかりを提供してくれるだろう。また、人々の職業に対する不平等な価値づけとしての職業威信が「ある場合には、人々にとって望ましい職業として、彼らの職業選択における指向に影響を及ぼし、ある場合には、人々の自らの職業にたいするコミットメントに影響を及ぼすもの」（直井・鈴木1977：152-153）である以上、職業威信構造における何らかの固有の特徴は、人々の職業選択や職業移動などに影響を与えることで、当該社会における階層構造や移動パターンを規定している可能性もある。

以上の問題関心にもとづき、本章は韓国社会における人々の職業評定、及びそれによって明らかにされる職業威信ヒエラルキーの特徴を、主に日本との比較において検討していくことを目的とするものである。

二　韓国における職業威信調査と威信研究

韓国における職業威信研究は、日本ほど多くはない。高校生を対象に威信調査を行った李萬甲（1957）や、ソウル、大邱、全州の各市民を対象に一九五五年ＳＳＭ調査の職業威信調査方式を大きく踏襲して調査を行った李相佰・金彩潤（1966）など、早い時期にはある程度の研究の蓄積が見られたものの、その後は金璟東（1970, 1979）の手による数少ない例外を除けば、職業威信に関する研究はほとんど存在しなかった(2)。また、世界五〇数ヵ国の職業威信スコアの比較を行ったTreiman（1977）にも韓国の事例は含まれていないという事実から推測され得るように、職業威信の国際比較の面でもいまだ多くの検討課題が残されたままになっている。

このような研究状況、及び調査実施状況の中で、一九九〇年に韓国社会科学研究協議会によって実施された「不平等と衡平に関する調査」（以下「衡平調査」）は注目に値する。アメリカのＯＣＧ調査と日本のＳＳＭ調査を参考にして設計されたこの衡平調査は、社会的資源配分の実態と平等性・公正性意識に関する全国規模の社会調査であり、調査の設計と実施段階において細心の注意が払われたため、データの質は非常に高いものとなっている(3)。この衡平調査に、韓国における全国規模の社会調査としてははじめて、職業評定項目が含まれているのである。

衡平調査における職業評定の具体的な質問方式は、以下の通りである。

回答者の現職に対するさまざまな質問の後、「次に、以下の職業が社会的地位の面でどの程度高いか低いかを評価してください。一点をもっとも低い点数、五点をもっとも高い点数として答えてください」という形で問いが示され、以下、三〇の職業に対して、一点から五点の範囲で評定を行う方式となっている。このような質問や回答形式は、一九九五年ＳＳＭ調査のそれと大きく類似したものと言える。

本章では、この衡平調査データに分析を施し、その結果を、日本のＳＳＭ調査データと比較することで、韓国における職業評定と職業威信ヒエラルキーの特徴を検討する。(4)

三　職業評定と職業威信スコアの日韓比較

職業威信スコアの概観

まずは、各職業に対する評定値の全体的な輪郭を把握しておこう。

日本と同様に、「もっとも低い」の一点から「もっとも高い」の五点までの一点間隔の評定値を、〇点から一〇〇点までの二五点間隔の値へと変換し、各職業に関して全評定者の平均と標準偏差を示したのが表2−1である。韓国における職業威信スコアの最高値は判事の九三・〇点、最低値は単純労働者の八・五点となっており、この間に残りの職業が分布している。

次に標準偏差を見ると、自営農、軍将校に対する評定の散らばりの大きさが目につくが、それ以外では職業間で大きな違いはないと言ってよい。直井と鈴木が一九七五年ＳＳＭの威信調査結果に関して指摘した、「全体として、中位に位置する職業は、散らばりが小さく、上位や下位に位置する職業については、散らばりが大きい」（直井・鈴木 1977 : 127-128）というような特徴も、韓国の調査結果に関しては認められない。

なお、自営農に対する評定の散らばりが大きいのは、他の職業従事者が自営農の地位をそれなりに高く評価しているのに対し、農業従事者自身が非常に低く評価している（洪斗承 1992a : 155）という評定傾向に起因するものと考えら

表 2-1　韓国における職業威信スコア

職　業	スコア	標準偏差
判　事	93.0	16.0
大学教授	89.2	17.3
軍将校	82.3	23.9
官公庁局長	79.5	19.7
大企業部長	72.3	18.5
薬剤師	70.2	19.8
新聞記者	67.7	20.7
中学教師	62.7	18.7
銀行係長	62.6	18.8
電子代理店社長	61.0	21.3
中小企業課長	59.8	17.6
スーパー店主	44.9	20.9
飲食店主	43.4	19.9
洞事務所職員	41.1	17.7
交通警察官	39.4	20.3
工場作業班長	36.1	20.0
自営農	35.9	25.6
クリーニング店主	33.4	20.1
厨房長	31.4	21.9
タクシー運転手	29.3	19.1
理髪師	25.9	19.5
百貨店店員	23.8	18.6
大　工	23.0	22.4
工　員	17.3	20.2
ミシン工	16.5	19.1
鉱　夫	14.4	20.0
アパート警備員	14.1	17.8
行商人	11.0	17.9
家政婦	9.9	16.7
単純労働者	8.5	17.4

れる。

また、軍将校の地位に対する評価にややばらつきが生じているのは、それまで二〇年以上の長きに渡った軍事政権が、一九八七年の民主化宣言を契機として終焉を迎え、この調査の実施時点で軍関係者の地位や権力にまさに変化が生じていたことによるものでもあろう(5)。

この職業威信スコアを手がかりとして、まず考察すべきは、日韓両国の職業威信構造がどれほど類似しているのか、という問題であろう。

これまで行われた職業威信の比較研究の多くは、職業威信の序列構造が国の違いを超えて非常に類似したものであることを強調している(Inkeles & Rossi 1956; Treiman 1977など)。同時に、大枠では威信の序列構造の類似性を認めながらも、当該社会に固有の構造的・文化的要因によって特定の職業に対する評定が変動する可能性を示している研究もある(Lin & Xie 1988)。

日本と韓国は、産業化パターンや職業構成が非常に似通っていることを勘案するならば、職業威信ヒエラルキーも日韓間でかなりの程度、類似しているものと考えられる。果たしてそれは事実であろうか。

これを確認するためには、先ほど求めた韓国の職業威信スコアをSSMによる威信スコアと比較すればよいのであろうが、両調査間で完全に共通する被評定職業がそれほど多くないことが、この作業をむずかしくしている。ここでは、ある程度の職業サンプル数を確保するため、一方がもう一方の下位範疇となっているような職業タイトル同士(たとえば「自営農」と「農業」)も同一職業として分析対象に含めた。

こうして対応させた一六の職業(後述の表2-3参照)に関して、韓国の威信スコア(y)を九五年SSMによる日本の威信スコア(x)(都築 1998)に回帰させた結果は、以下の通りである(カッコ内は標準誤差)。

$$y = -49.214 + 1.656x \qquad R^2 = 0.911$$
$$(8.127) \qquad (0.138)$$

決定係数〇・九一一の正の平方根は〇・九五四と求められ、この値が日韓職業威信スコア間の（ピアソンの積率）相関係数となる。これまで行われた同種の研究結果を踏まえると、両者間の相関程度はかなり高い。したがって、日韓間の職業威信の構造は——少なくとも相関係数によって測られる「相関性」においては——大きく類似しているものと判断される。

日韓で評価が異なる職業とは

では、各国の威信ヒエラルキーにおいて、特に位置づけが異なる職業は存在しないのだろうか。

回帰分析の対象となった一六の職業のうち、予測値と実際の威信スコアとのずれが、全残差の一標準偏差以上存在する職業は五つある。このうち予測値より実際の威信スコアの方が高い職業、すなわち日本より韓国において相対的な威信が高い職業は、薬剤師、中小企業課長、スーパー店主、自営農の四つであり、その逆は大工のみである。

この中で、薬剤師に対する相対的評定の相違は興味深い。実際、この職業の社会的役割自体が日本と韓国の間でやや異なっているためである。

敗戦を契機とした日本人医師の引き揚げなどによって、解放後の朝鮮半島には深刻な医師不足問題が生じた。この問題に対して当時の韓国政府がとった対処策の一つは、医師よりも養成費用がかからない薬剤師を大量に育成し、その権限を拡大させることであった。すなわち、プライマリーケアの一部を事実上、薬剤師に担わせることで、医師の不足に対処しようとしたのである（嚴 1996）。

このため近年にいたるまで、日本では医師の処方がなければ調剤できないような薬でも、韓国では薬剤師が独自の処方によって調剤することが制度的に認められてきたのであり、医療保険制度の未整備ともあいまって、「よほどの大病でない限り医者にはかからず、薬局で薬剤師に病状を伝え、そこで処方してもらう薬を服用する」というのが庶民層の病への一般的な対処法となった。

このように韓国の薬剤師は、日本においては医師が独占している職務権限を一部委譲されており、これによってその職業的役割も日本のそれとは少々異なったものとなっていたのである。両社会の職業威信ヒエラルキーにおける薬剤師の相対的な位置づけの相違は、この職業に付与された権限と社会的役割の相違を如実に反映しているものと考えられる(6)。

このほか、中小企業課長に対する評定の相違は、少なくとも調査が行われた一九九〇年時点の韓国では、報酬や勤務条件の企業規模間格差が日本ほどには大きくなく、職種と職位に比べれば、企業規模が職業的地位に与える影響も比較的小さいという事実を示すものと考えられる。

また、スーパー店主と自営農に対する評価のずれからは、「自営業者」に対する位置づけの相違を読みとることも可能かもしれないが、これは単に職業タイトルが完全に一致していないために生じたずれと捉えるべきである。

逆に、大工に対する評価が相対的に韓国においてより低いのは、韓国における熟練技能に対する評価の低さに起因するものとも考えられるが、逆に日本における相対的位置の高さに原因を求めるべきかもしれない。

酷似する職業威信ヒエラルキー

このように、職業タイトルが完全には一致しておらず、またタイトルが一致していてもその権限と役割が相互に異なる職業が一部存在するにもかかわらず、前述したように日韓の職業威信スコアの相関係数が〇・九五四と高いのは、両国間の職業威信ヒエラルキーが非常に似通ったものであるためと考えられる。

ただ、職業威信のヒエラルキー、あるいは職業の構造自体が産業化のあり方と水準によって規定されているとするならば、九〇年における韓国の職業威信ヒエラルキーと本当に類似しているのは九五年の日本ではなく、さらに前の時点の日本であるのかもしれない。

九五年ＳＳＭの職業威信調査結果は、七五年のそれと大きく類似したものであることが示されているものの（元治・都築 1998）、それでもこの二〇年間の経済変動などを反映してか、若干の違いは存在する。九〇年衡平調査と七五年ＳＳＭとの間には威信評定の質問方式などにおいて、ある程度の差異があることを踏まえた上で、両者間で共通する一九の職業に関して威信スコアの相関係数を算出すると（直井・鈴木 1977）、その値は〇・九七九となり、九五年との比較よりもさらに高いものとなる。[7]

対象職業も異なるため厳密な比較はできないものの、九〇年の韓国と職業威信構造がより一致しているのは、九五年の日本ではなく、産業化程度と産業構造がより類似した七五年の日本である可能性は否定できない。

日韓で見られる職業威信スコアの絶対的水準の違い

以上より、日本と韓国の職業威信構造は非常に似通っていることが明らかになったが、両者の間には大きく異なる点が一つ存在する。それは各職業威信スコアの絶対的水準の相違である。

先に行った単回帰分析によって、日本の威信スコアXの回帰係数は一・六五六と推定されたが、これは韓国においては各職業間に日本の一・七倍程度、威信スコアの格差が存在していることを意味する。

七五年SSMデータを独立変数とした場合も、回帰係数値は一・四一一となっており、やはり日本よりも韓国の方が職業間での威信スコア格差が大きい。これらの相違は、表2-1からも見て取れるように、韓国においては相対的に威信が低いとされる職業群の威信スコアが日本に比べて、とりわけ低いことに起因する。

職業威信の国際比較を行ったこれまでの諸研究は、職業威信の相対的な順序関係の類似性を見るために相関係数（ピアソン積率および順位）を根拠としたり、個々の職業の威信を比較する場合でも各国の職業威信スコアの平均（と標準偏差）によって補正した威信スコアを用いたりと、各国の職業威信ヒエラルキーにおける各職業の相対的な威信の水準を直接の比較対象とすることが多かった。職業威信スコアの絶対的水準の違いは、積極的な検討の対象とはされてこなかったのである。

もちろんこれは、職業威信スコアの絶対的水準――もとをただせば「もっとも低い」から「もっとも高い」までの五つの評定カテゴリーのうちどれが選択されるか――には、各職業の威信そのもの以外にさまざまな攪乱要因が作用すると考えられるためであろう。質問形式の相違などもその一つであろうし、そのほか、質問に対する評定者の全般的な回答傾向が問題となる場合もあろう。

園田（1998：25）は、日本と中国の職業評価の比較を行う過程で、先行研究を参照しつつ、「一般に日本人は、ある判断を求められた場合に中間的で曖昧な回答をするのに対して、中国人ははっきりした判断をすると言われている」とし、この国民性効果をコントロールするために、各国の個別職業の威信スコアから全職業のスコア平均値を引いた値を比較の根拠として用いている。

ここで挙げた日本と韓国の職業威信スコアにも、同様の国民性効果が作用している可能性は確かに否定し得ない。幸いにも、質問形式の面では九五年ＳＳＭと九〇年衡平調査の間でそれほど大きな違いはないものの、文化的背景を反映した日韓間での「回答傾向の相違」によって、このような威信スコアの絶対的水準の相違が生じているとも考えられるのである。

しかし同時に、それらのスコアの絶対水準の相違をこれらの攪乱要因の作用のみに帰してしまうのも、データ利用の積極性に欠けるきらいがある。人々が社会における職業的地位の格差構造をどのようにイメージしているかには、個人の間である程度の相違が存在しうるであろうし、職業構造の具体的な様態が異なる分、国際比較ではそのイメージの違いがさらに明瞭な形で現れると考えることもできよう。「もっとも高い」から「もっとも低い」までの五段階で各職業の評定を求めているという段階で、すでに分布の上限と下限はそれぞれ一致せざるを得ないものの、（あくまでその範囲内であっても）人々の職業階層イメージの違いを表すものとして、社会間での職業評定値の絶対的水準の相違を積極的に位置づけることができないだろうか。

そこで、「もっとも高い」から「もっとも低い」までの評定値が等間隔であるという強い仮定の上に求められた職業威信スコアからいったん離れ、各職業の評定値そのものへと戻って、日韓の異同を再考察していこう。

四　職業評定値の基本的特性と職業階層イメージ

職業評定の概観

表2-2は、評定者諸個人の評定カテゴリー使用頻度と選択率を示したものである。九五年及び七五年ＳＳＭデータ

表2-2　職業評定カテゴリーの使用頻度と選択率

使用頻度	もっとも低い	やや低い	ふつう	やや高い	もっとも高い	DK,NA
0	252 (12.8%)	40 (2.0%)	15 (0.8%)	36 (1.8%)	187 (9.5%)	1939 (98.2%)
1～5	649 (32.9%)	503 (25.5%)	516 (26.1%)	1068 (54.1%)	1469 (74.4%)	18 (0.9%)
6～10	744 (37.7%)	1095 (55.5%)	1126 (57.0%)	830 (42.0%)	301 (15.2%)	3 (0.2%)
11～15	281 (14.2%)	299 (15.1%)	260 (13.2%)	38 (1.9%)	15 (0.8%)	2 (0.1%)
16～20	48 (2.4%)	35 (1.8%)	42 (2.1%)	2 (0.1%)	1 (0.1%)	0 (0.0%)
21～25	0 (0.0%)	2 (0.1%)	12 (0.6%)	0 (0.0%)	0 (0.0%)	0 (0.0%)
26～30	0 (0.0%)	0 (0.0%)	3 (0.2%)	0 (0.0%)	1 (0.1%)	12 (0.6%)
合計	1974 (100.0%)	1974 (100.0%)	1974 (100.0%)	1974 (100.0%)	1974 (100.0%)	1974 (100.0%)
選択率	0.207	0.247	0.253	0.174	0.111	0.007

に関して同様の分析が行われている太郎丸（1998）や直井・鈴木（1977）を比較の対象としながら、韓国における職業評定の特徴を概観しておこう。

まず指摘しうるのは、「無回答・わからない」を除いた五つの評定カテゴリーの選択率が、かなり均等であるという点である。もちろん、総じて言えば、「もっとも高い」「やや高い」の使用頻度がやや低く、「ふつう」「やや低い」「もっとも低い」の三つの使用頻度がやや高いという違いはあるが、日本に比べればその違いは非常に小さい。

九五年SSMでは五六の職業の威信が評定されているが、全職業を通じた各カテゴリーの選択率は、「ふつう」の五五・九%が他を圧倒してもっとも高く、「やや高い」の二一・八%、「やや低い」

図 2-1　職業評定カテゴリー選択率の日韓比較

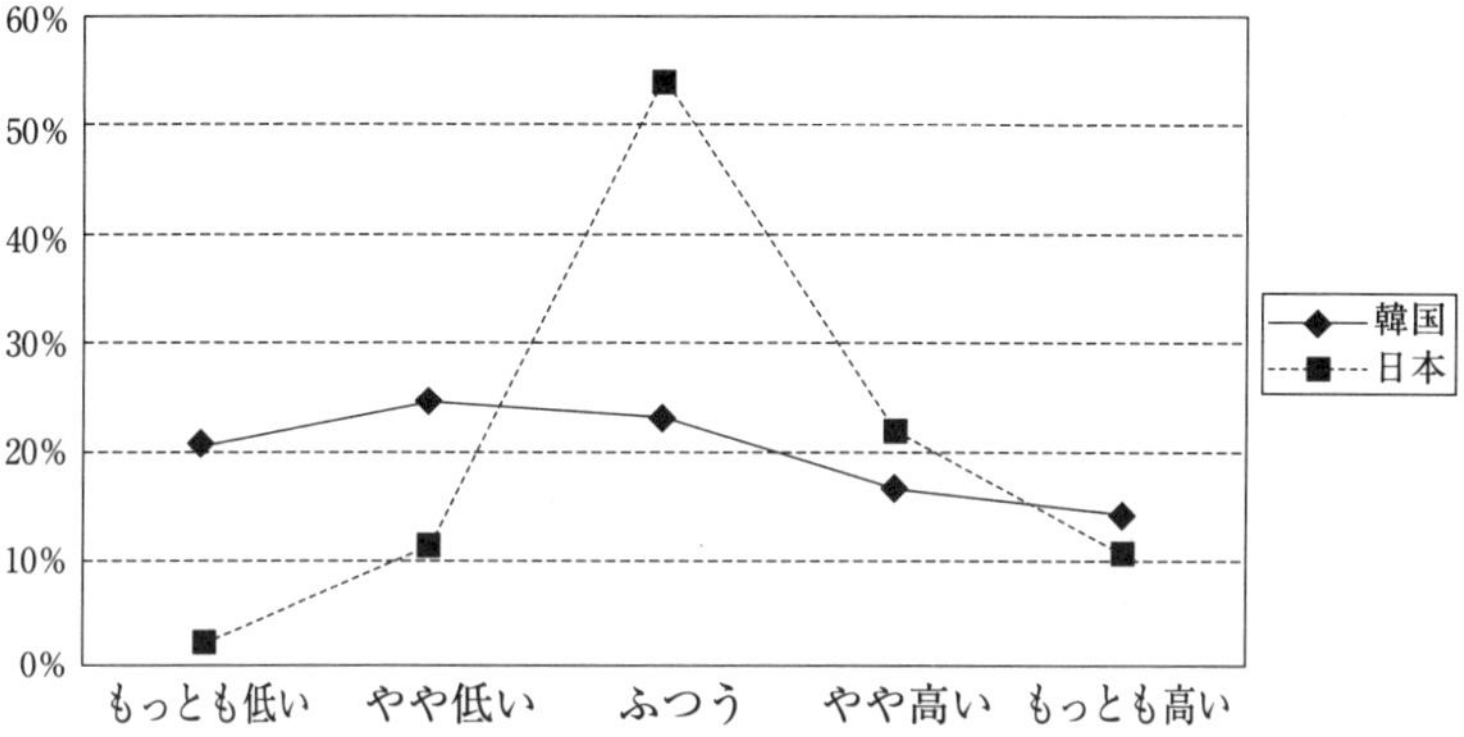

の九・二%、「もっとも高い」の八・五%と続き、「もっとも低い」は一・四%に過ぎない。七五年SSMの場合、評定にカード方式が用いられたこともあり、これよりもやや二つの「低い」カテゴリーの使用頻度が増えるものの、それでも両者をあわせた比率は二六・三%にすぎない。ちなみに「もっとも低い」を一度も使用しない評定者の比率に関して言えば、日本の方が、はるかに被評定職業数が多いにもかかわらず、韓国の一二・八%に対し、七五年SSM（職業数八二）では三五・七%、九五年SSM（職業数五六）では七七・二%に達している。

しかし、これらの評定カテゴリー使用頻度は、各調査に含まれる被評定職業の相違によっても異なりうる。そこで、先ほどの回帰分析の対象とした一六の共通する職業に関してのみ、各評定カテゴリーの選択率を九〇年衡平調査と九五年SSMについて求め、それをグラフに示したのが図2-1である（「無回答・わからない」は分母から除く）。

これを見ると、前述の特徴は被評定職業を統制した場合にもあてはまることが理解できる。韓国では日本に比べ、職業評定において「低い」という二つのカテゴリーが選択される比率が際立って高いのである。韓国における職業威信スコアの職業間格差の大きさは、やはり、このような職業評定の特徴に起因するものと考えられる。

逆に「高い」方の二つのカテゴリーの選択率（の和）には日韓間でそれほど大きな違いがない。ただしその中で「もっとも高い」という「極端な」カテゴリーの使用頻度は日本より韓国においてやや高く、「やや高い」という「中間的な」カテゴリーの使用頻度は逆に日本の方がやや高いという違いはある。

このような差異は、「日本人は中間的で曖昧な回答を示す」という、前述した国民性効果によるものと解釈してもよいかもしれない。しかし、これが国民性効果によるものであるとしても、なお韓国における二つの「低い」の使用頻度の高さは際立つ。

三段階評価に見る職業威信の特徴

直井・鈴木（1977）は、七五年ＳＳＭの職業威信スコアの信頼性を検証する過程において、各職業に対する評定の分布の安定性について検討を行い、「もっとも高い」から「もっとも低い」までの五段階ではなく、二つの「高い」カテゴリーと二つの「低い」カテゴリーをそれぞれ合併し、「高い」「ふつう」「低い」の三カテゴリーに再分類することで、評定者による職業威信の評定の分布が大きく安定することを示している。この事実からも、人々の職業評定においていずれも等間隔とされがちな五段階評定値のうちでも、「もっとも高い」とするか「やや高い」とするか、あるいは「もっとも低い」とするか「やや低い」とするかの違いはあくまで程度の差であるが、（「もっとも」か「やや」かを問わず）「高い」、または「低い」と評定するか、あるいは高くも低くもない「ふつう」と評定するかの間には、職業的地位の価値づけにおいて、単なる程度の差以上の本質的な差異があると考えられるのではないだろうか。

冒頭部分で述べたように、職業威信が「職業選択における指向や自らの職業にたいするコミットメントに影響を及ぼす」ものであるのならば、それらの影響をより適切に理解するために、この差異自体を直接の考察対象とする試みも十分な意義をもつものと思われる。このような判断のもと、各職業の評定値を「高い」「ふつう」「低い」の三カテゴリーにまとめ、これに基づいて韓国と日本における職業威信構造の相違を、再度検討しておこう。(8)

表2-3は、韓国の三〇の職業について三カテゴリーとした場合の評定分布、ならびに対応関係の存在する一六の職業に関しては、日本のそれ（九五年SSM）も同時に示したものである。なお、各職業の配列順序は職業威信スコアの降順となっている。

先に見た職業評定値の使用頻度の比較結果からも予想されうるように、日本に比べて韓国では「低い」と評定される職業がかなり多い。

各職業に対する評定の一致度合いを見るため、直井・鈴木（1977）にならって、もっとも評定者の多いカテゴリーと、その次のカテゴリーとの相対度数分布の差が一〇ポイント以上ある職業を「単峰型」、一〇ポイント未満のものを「二峰型」（あるいは「三峰型」）とし、「高い」「ふつう」「低い」の三カテゴリーの分布の形状を見ると、韓国では三〇の職業のうち、二五の職業（八三・三％）が単峰型を示しており、評定者間での評定の一致度は概して高い。このうち、「高い」を頂上とするのが七職業（二三・三％）、「ふつう」を頂上とするのが三職業（一〇・〇％）、「低い」を頂上とするのが一五職業（五〇・〇％）となっている。

ちなみに、九五年SSMの威信調査結果に対して同様の分析を行ったところ、五六の被評定職業のうち、評定分布が単峰型を示すのは五一（九一・一％）で、このうち「高い」を頂上とするのが一五（二六・八％）、「ふつう」が三六（六四・三％）。「低い」を頂上とする職業は一つも存在しない。七五年SSMでも「低い」を頂上とする単峰型評定分布をもつ職業は全体の一五・六％（一三職業）にすぎず、三四（四一・五％）が「ふつう」を頂上とする単峰型となっている。(9)

表 2-3 職業評定分布の日韓比較

	韓　国	高い	ふつう	低い	日　本	高い	ふつう	低い
1	判　事	95.7	2.7	1.6	裁判官	90.4	9.2	0.4
2	大 学 教 授	94.0	4.4	1.6	大学教授	89.6	9.9	0.5
3	軍　将　校	83.1	10.7	6.2				
4	官公庁局長	84.5	12.7	2.8	高級官僚	77.5	19.5	3.0
5	大企業部長	75.3	21.2	3.6				
6	薬　剤　師	69.4	25.8	4.8	薬剤師	58.4	40.9	0.7
7	新 聞 記 者	64.5	28.7	6.8				
8	中 学 教 師	48.3	46.3	5.4				
9	銀 行 係 長	50.8	42.3	6.9				
10	電子代理店社長	47.7	40.4	11.9	中小企業の経営者	68.6	29.8	1.5
11	中小企業課長	43.7	48.6	7.7	中小企業の課長	26.0	71.6	2.4
12	スーパー店主	15.7	50.3	34.0	小 売 店 主	11.6	82.1	6.2
13	飲 食 店 主	12.5	52.7	34.8				
14	洞事務所職員	7.9	52.2	39.9				
15	交通警察官	9.6	45.2	45.3	警察官	31.0	65.8	3.2
16	工場作業班長	7.4	39.3	53.2				
17	自営農	13.4	33.6	53.1	農　業	8.3	68.3	23.4
18	クリーニング店主	5.1	36.9	58.0				
19	厨房長	6.6	30.7	62.7	レストランのコック	14.8	76.4	8.8
20	タクシー運転手	2.6	29.8	67.6				
21	理髪師	2.9	21.9	75.2	理容師（理髪師）	8.2	82.3	9.5
22	百 貨 店 員	1.6	19.7	78.7	商店の店員	0.8	72.1	27.1
23	大　工	5.3	18.0	76.7	大　工	21.8	67.4	10.7
24	工　員	2.6	11.5	85.9				
25	ミシン工	2.0	10.6	87.4				
26	鉱　夫	3.1	7.4	89.5	炭坑夫	4.1	48.7	47.2
27	アパート警備員	1.5	7.4	91.2	守　衛	2.2	60.6	37.2
28	行商人	1.8	6.1	92.2				
29	家政婦	1.4	4.4	94.2				
30	単純労働者	2.2	3.3	94.4	道 路 工 夫	2.9	57.6	39.5

ここでも被評定職業の違いは存在するにせよ、同一の職業であっても、その評定分布は日韓間で大きく異なっていることを考えれば、やはり韓国では職業間での威信の格差が日本よりもかなり大きなものと捉えられており、各職業への評定も「高い」か「低い」かの二極に分化する傾向が強いと言えるだろう。

韓国における各職業の評定を見ると、一一番「中小企業課長」と一二番「スーパー店主」の間に、評定分布の大きな差異が存在していることが見て取れる。「高い」が四割以上をしめる一番から一一番までの職業は専門技術職、管理職、事務職というホワイトカラー的職業によって占められている。一二番以下の職業はさらに、「ふつう」を頂点とする単峰型（あるいは「ふつう」と「低い」の二峰型）分布をもつ一二番から一五番と、「低い」を頂点とする単峰型分布をもつ一六番から三〇番までに分けられよう。前者には自営の販売・サービス職と現業的色合いの強い事務職が含まれ、後者は（クリーニング店主と自営農を除き）被雇用の販売・サービス・生産職などに占められる。[10]

このように職業の評定分布は、被評定職業の職種及び従事上の地位ときわめて強い関連をもっている。当然これは職業威信スコアについても同様である。

「ダイアモンド型」の日本と「ピラミッド型」の韓国

ところで、直井（1979）は七五年ＳＳＭによって得られた職業小分類レベルでの威信スコアと七〇年国勢調査によって得られた職業小分類別の就業人口を掛け合わせることで、職業威信スコアによる就業人口構成をヒストグラムの形で提示し、その分布は正規型分布や二項型分布よりも、高度な歪みをもつパレート分布もしくは対数正規型の分布に近い、とした。この作業は、実際には明らかにされていない（あるいはされ得ない）職業的地位の分布の型を推定し、職業階層の不平等な状態を測定するための一つの試みとしてなされたものであるが、このような職業威信スコアによる就業人口分布は同時に、人々のイメージする職業的地位の分布を、より具体的な形で理解するためにも役立つものと考えられる。

九〇年衡平調査の職業評定における被評定職業数は三〇にすぎないため、ここで同種の作業を行うことは困難ではあるが、これまでの考察結果をもとにする限り――そして「高い」「ふつう」「低い」という、より頑強なカテゴリー分類にもとづいた尺度を用いた場合でも――職業威信スコアによる就業人口分布は、韓国と日本との間でかなりの相違を示すものと思われる。

韓国において多くの人々が「低い」と評定する生産、農林漁業、被雇用販売・サービス職の就業人口は容易に半数を超える程度に多く、威信を軸とする就業人口分布は重心がさらに下方に傾いた歪みの大きなものとなるだろう。小異を捨象して大まかに表現するならば、その分布は「ピラミッド型」に近いものと言えよう。

これに対し日本の分布、特に九五年SSMによるそれは、中位がより膨らんだものになるだろう。職業間での威信格差が全般的に小さいことを考え併せても、日本における就業人口分布はより「ダイアモンド型」に近いと言えるかもしれない。

もちろん、以上の考察は仮説的なものにすぎず、より詳細なデータにもとづく十分な考察が必要ではあるものの、このような職業威信スコアによる就業人口分布が、両国における人々の職業的地位の分布イメージと対応しているのならば、このような職業階層イメージの違いは、当然ながら、個人の職業選択や職業に対するコミットメントなどにも少なからぬ相違を生じさせているものと予想される。

五　職業評定における評定者属性効果

属性による職業威信スコアの違い

これまでの各節では職業評定値の国単位での比較を主に行ってきたが、本節では、韓国における職業評定の構造をより深く探るために、評定者の属性が職業評定に与える影響について検討していく。同種の問題を扱った先行研究にならい、ここでもまず、各属性に関する下位集団間での職業威信スコアの相関関係を確認していこう。

ここで検討するのは、性別、年齢、教育水準、そして職業の影響である。各属性に関するカテゴリー内訳は表2―4に示した通りであり、このカテゴリーごとに職業威信スコアを求め、カテゴリー間で（ピアソンの積率）相関係数を算出した。同じく表2―4には、これら各属性のカテゴリー間で求められた相関係数の平均値、ならびに、その最低値と最高値を示してある。

この表を見ればわかるように、各属性カテゴリー間での職業威信スコアの相関係数はきわめて高い。仔細に見れば、相対的に性格の「近い」カテゴリー間におけるほど相関係数が高く、「遠い」カテゴリー間におけるほど低いという興味深い結果が表れてはいるものの、その差は微細であり、すべての相関係数が〇・九八以上となっている。評定者の属性が職業評定に及ぼす影響は、その相関性においては、ほとんど存在しないと言ってよいであろう。

また性別に関しては、これとは別に各職業の威信スコア自体の比較も行った。これによれば、総じて女性よりも男性の方で威信スコアが高くなる傾向が認められるが（平均で一・四点程度）、特に威信スコアが大きく異なる職業は存在しない。この九〇年衡平調査は、調査段階で男女比を四対一として標本抽出しているが、これまでの諸考察はこの男

表 2-4 各変数のカテゴリーと下位集団間相関係数

変数	カテゴリー	相関係数	
性別	男性		0.998
	女性		
年齢	20歳代	平均	0.996
	30歳代	最高	0.999
	40歳代		（30歳代・40歳代）
	50歳代	最低	0.990
	60歳代以上		（20歳代･60歳代以上）
教育水準	なし	平均	0.994
	国民学校	最高	0.999
	中学校		（高校・専門大）
	高等学校	最低	0.984
	専門大学		（無し・大学以上）
	大学以上		
職業	専門技術	平均	0.994
	管理	最高	0.998
	事務		（販売・生産）
	販売	最低	0.985
	サービス		（管理・農業）
	生産労務		
	農林漁業		

女比の偏りを補正することなく、そのまま行ってきている。男女間での威信評定の類似性の高さは、このような補正が特に必要ないことを示していると言えよう[11]。

以上より、韓国における職業評定には、評定者の属性による大きな差はなく、このことは職業評定から算出された職業威信スコアの職業的地位尺度としての信頼性の高さを示しているとも言えよう。

しかし、これらの諸属性に関する下位集団間で威信スコアの類似性がきわめて高いというのは、あくまで相関係数によって計測される範囲内での話である。相関性以外の部分において——たとえば標準化される以前の威信スコアにおいて——下位集団間で目立った相違は存在しないのだろうか。そして、その相違が一定の傾向性をもつものであるのならば、それを何らかの形で表すことは可能であろうか。

先行研究の問題点

これまで行われてきた数少ない東アジアの職業威信比較研究の中では、職業評定値データに対して因子分析を施すことで、各国における職業評定の構造的特徴を見出そうとする試みがいくつかなされている。

たとえば園田（1998）は、日本の九五年ＳＳＭと中国の九三年ハルピン調査に共通する二〇の職業に対する評定値の因子分析を行い、中国ではすべての職業に対して正の因子負荷量をもつ因子が第一因子として表れるのに対し、日本では同様の因子は第二因子となっており、中国では第二因子として表れている、概して職業威信スコアの高い職業に対して正の、低い職業に対して負の負荷量をもつ因子が日本では第一因子となっているという日中間での相違を示している。

また車鐘千は、日本と韓国の職業評定構造を比較した論文の中で、本論文でも用いている韓国衡平調査の三〇の職業評定データに対して一因子の確認型因子分析モデルを当てはめ、そこから得られた因子負荷量は各職業の威信スコアそのものと「まるでお互いが鏡に映ったもう一方のイメージであるように」（車鐘千 1998：744）きわめて相関が高い（r＝0.99）ことを示している。

これらは、各国における職業評定構造の相違のありかを示唆しているという点で貴重な先行研究ではあるが、職業評定値に対する因子分析によって抽出された因子が本質的にいかなる意味をもつものなのか、そしてそれによって各国の職業評定の構造がどのように解き明かされるのかについては、必ずしも十分な考察が行われていない。手がかりとしてまず、これらの問題を検討しておこう。

因子分析では、各変数間の相関係数行列（あるいは分散共分散行列）のみに基づいて因子が抽出されるのであるから、因子の抽出に際して各変数値は（少なくとも平均からの偏差が求められているという点では）すべて標準化されていると考えてよい。すなわち、因子分析が施された時点で職業評定値はすべて職業ごとに標準化され、「どちらの職業がどちらの職業より威信が高い」といった被評定職業相互間での「素」評定値の高低関係に関する情報は――評定者個人のそれであれ標本全体でのそれであれ――すべて失われてしまう。

残されるのは、「全評定者の平均と比べて当該職業をどの程度高く（あるいは、どの程度低く）評定しているか」という、あくまで被評定職業個別の、他者との関係における相対的な評定の高低程度に関する情報のみである。したがって、職業評定データに対して行った因子分析結果に、職業威信の序列関係が無条件に再現されてしまうような数理的根拠は一切存在しない。にもかかわらず、韓国の場合、抽出された第一因子の因子負荷量は職業威信スコアときわめて高い相関をもっている、というのである。

ある因子の因子負荷量が職業威信スコアと高い相関をもつということは、その因子によって表されている何らかの傾向が強いものほど職業威信スコアの高い職業を他者より高く、スコアの低い職業を他者より低く評定し、その傾向が弱いものほど逆にスコアの高い職業をより低く、スコアの低い職業をより高く評定していることを意味する。

これを標準化される以前の「素」評定値に戻して言えば、職業間での評定値の散らばりが同水準である限り（これはほぼ事実に合致するため、以下この問題は無視して論を進める）、その何らかの傾向の強いものほど職業威信格差をより「誇張」して各職業を評定するのに対し、その傾向が弱いものほど威信格差をより「中和」して――極端な場合には「逆転」させて――評定しているということになる。

結局、この因子は「職業間での威信の格差をどれほど大きなものとして評定しているか」を示す軸と解釈されるのであり、このような因子がもっとも寄与率の大きな第一因子として抽出されるということは、各職業に対する評定者間での評定のずれを何らかの傾向の表れとして捉えようとする場合、職業威信の格差を「誇張」して評定するか「中和」して評定するか、がそのような傾向としてはもっともふさわしいもの——ずれをもっともよく説明するもの——であることを示す。

さらに言えば、韓国において第一因子の因子負荷量が職業威信スコアを正確に再現しているという事実は、とりもなおさず韓国社会における職業威信構造のある種の「強固さ」を示しているものとして捉えられるかもしれない。職業評定のずれのパターンのうちもっとも重要なものが、特定の職業群のみをその他の職業群よりも特に高く（あるいは低く）評定するといった、それぞれ別個の職業威信序列関係の存在を示唆するようなずれではなく、あくまで一つの確固たる職業威信序列を前提とし、それを踏まえた上で生じているずれであるためである。(12)

職業評定データの因子分析結果に対する以上の解釈と先行研究結果から、韓国では評定者間での職業評定のずれのパターンとしてもっとも重要であるのは、職業威信の序列構造を前提とした上で、さらにその格差を「誇張」して評定するか「中和」して評定するかの違いであることがわかった。そして各評定者がどの程度「誇張的」であるのか「中和的」であるのかは、各評定者の第一因子の因子得点として示され得よう。

ここで注意すべきは、この因子の負荷量が職業威信スコアときわめて強い相関をもつものであるため、因子得点の高低によって示されるこの評定傾向の違いは——格差の「中和」が「逆転」のフェイズに入っていない限り——基本的にそれぞれの評定者（あるいは下位集団）間の評定値の相関関係の高低には表れてこない、という点である。

第一因子得点を従属変数にした分析の実施

以上の職業評定の構造的特徴を踏まえた上で、前述した問題に立ち返るならば、「このような評定傾向の相違に評定者の属性は何らかの有意な影響を与えているのか」という問いに対して、その第一因子得点に対する属性効果の分析によって答えていくことが、相関係数によっては測定し得ない「職業評定の属性者効果」を総合的視角から検討するための、有益な方法の一つであると考えられる。

この作業のために、まず三〇の職業に対する評定値データに因子分析（最尤法、因子数一）を施し、因子を抽出した[13]。表2-5は、この因子負荷量行列である。

各職業の因子負荷量は、ほぼ車鐘千（1998）において示されたそれの定数倍となっているが、正負の符号が逆に表れ

表 2-5　職業評定因子負荷量行列

判　事	−0.333
大学教授	−0.180
軍　将　校	−0.166
官公庁局長	−0.129
大企業部長	−0.059
薬　剤　師	−0.002
新聞記者	0.095
中学教師	0.103
銀行係長	0.138
電子代理店社長	0.170
中小企業課長	0.205
スーパー店主	0.290
飲食店主	0.372
洞事務所職員	0.379
交通警察官	0.408
工場作業班長	0.451
自　営　農	0.468
クリーニング店主	0.505
厨　房　長	0.541
タクシー運転手	0.544
理　髪　師	0.545
百貨店店員	0.626
大　工	0.648
工　員	0.668
ミシン工	0.679
鉱　夫	0.679
アパート警備員	0.684
行　商　人	0.717
家　政　婦	0.737
単純労働者	0.747
寄　与	6.659
寄　与　率	22.2%

ている点で異なる。威信スコアの高い職業ほど因子負荷量が小さいこの因子は、職業評定における序列格差の「中和（あるいは逆転）」程度を示す因子であると判断される[14]。

なお、この因子負荷量の絶対値は、全般的に威信が高いとされる職業においてよりも、威信が低いとされる職業においてより大きいことから、この因子が意味する「中和」傾向とは、前者の「格下げ」評定効果よりも後者の「格上げ」評定効果による部分がより大きいと言えるだろう。

この「中和」傾向に対する属性変数の影響を見るため、この因子に関する各評定者の因子得点を従属変数とし、先に扱った属性変数（性別、年齢、教育水準、職業）を独立変数として、それぞれ一元配置分散分析を行った。このうち、五％水準において有意な影響が認められたのは年齢（$p = 0.013$）と職業（$p = 0.037$）のみであり、教育水準と性別の影響は有意ではなかった。

図2-2と図2-3は、因子得点に有意な影響を及ぼすことが明らかとなった年齢と職業に関して、カテゴリー毎に因子得点の平均値を示したものである。

総じて低い属性効果

まず年齢については、二〇歳代の平均因子得点が他より高いことが見て取れる（図2-2）。二〇歳代はそれ以外の年齢層に比べて、各職業の序列をより「中和」的に評定を行っているということになる。

ちなみに、評定者を二〇歳代に限定した職業威信得点を算出し、それを全体の、あるいは特に因子得点差の大きかった四〇歳代のそれと比較してみても、判事、大学教授などの専門職や高位管理職のスコアが数ポイント低く、その他の多くの職業のそれが数ポイント高い程度の差が存在するに過ぎず、二〇歳代の職業評定において全体的な威信

図 2-2　年齢集団別平均因子得点

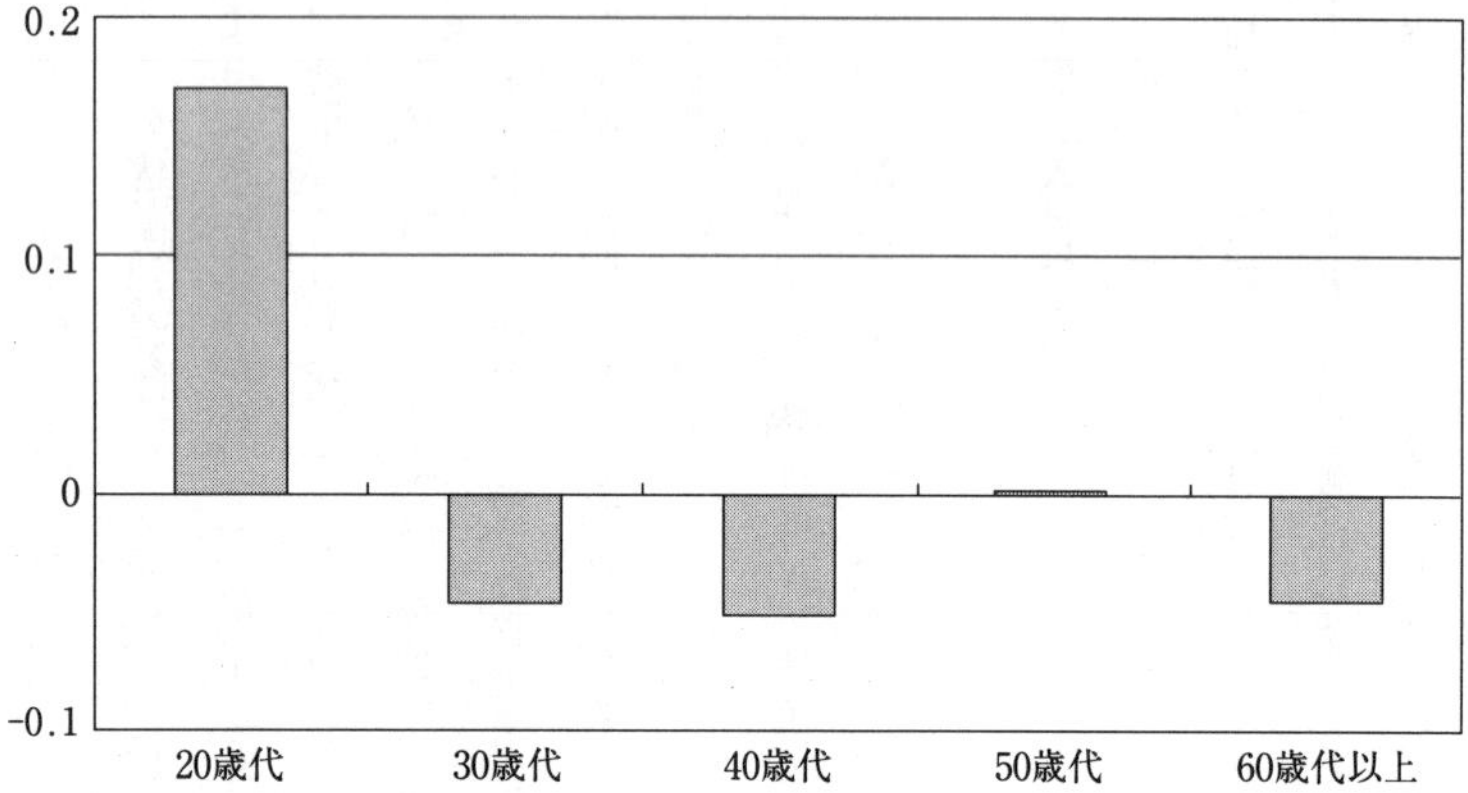

図 2-3　職業集団別平均因子得点

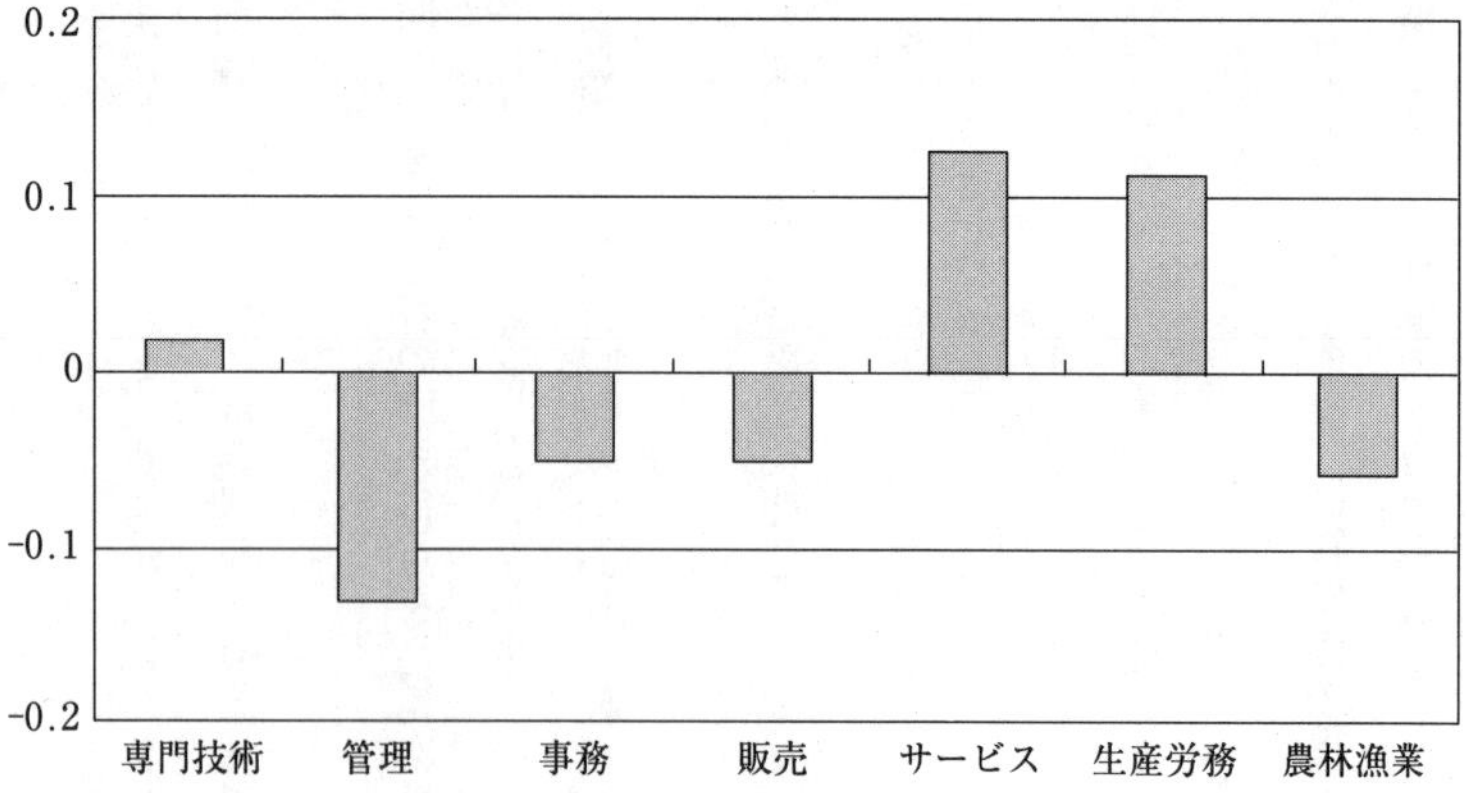

序列構造自体が「逆転」されているわけでは全くない。

このように比較的軽微な相違ではあるものの、他の年齢集団に比べて二〇歳代が明らかに「中和」的に職業評定を行っている理由としては、一九八〇年代以降、若年層（特に高学歴者）が深刻な就業難を被ってきたという事実や、若者世代の既存の社会秩序に対する反発の影響などを仮説的に指摘することもできようが、ここではこれ以上立ち入らない。

同様に、職業カテゴリーごとに因子得点を比較すると、サービス職及び生産労務職で「中和」傾向が高く、管理職でもっとも低い（図2-3）。サービス職及び生産労務職における「中和」傾向の高さは、主に彼らが――農業従事者の場合とは異なり――自らの職業、あるいはそれと類似した職業を比較的高めに評定していることが一因となっている。しかしこれらの評定者の職業間での職業評定値の相違も、あくまで威信スコアの数ポイント程度の違いに過ぎない。

以上の分析から総合的に判断するならば、韓国社会においては、職業評定に評定者の属性が及ぼす影響は比較的小さいと言えるだろう。

各属性変数に関して、下位集団間での威信スコアの相関性はきわめて高く、相関係数は〇・九八以上の値を示している。また、評定者間での職業評定のずれをもっともよく説明できるのは、職業威信格差を「誇張」的に評定するか「中和」的に評定するかの違いであることが明らかにされたが、この違いに対する評定者の属性効果もそれほど大きなものではなかった。

これらの分析結果は、韓国における職業威信ヒエラルキーの「強固さ」を示すものとして捉えられるだろう。

六　おわりに

最後に、本章の分析によって得られた知見を再度要約しておこう。

まず、人々の職業評定値から算出される職業威信スコアを日韓間で詳細に比較検討した結果、両国の職業威信ヒエラルキーは大きく類似していることが明らかになった。両者の威信スコアの対応関係から、やや外れる職業もいくつか存在するが、それらは職業タイトルが完全には一致していないことや、同一職業タイトルであっても、その社会的役割がやや異なっていることなどに起因する。

ただし日本と韓国における職業威信ヒエラルキーは、その相関性の面では大変類似しているものの、各職業の威信スコアの絶対的水準においては大きな相違が存在する。これは、韓国では各職業を「高い」もしくは「低い」のどちらかとして（その中でも特に後者として）評定する度合いが、日本よりも、はるかに高いことに起因する。

このような評定傾向は、韓国では人々が職業間の地位格差を非常に大きなものとして捉えていることの表れでもあるだろう。職業評定を手がかりとして各社会における職業階層のイメージを理解するならば、日本と韓国における職業階層イメージはかなり異なっており、韓国におけるそれは、格差のより大きな「ピラミッド型」として捉えられ得るかもしれない。

さらに、評定者の属性が職業評定に及ぼす影響を見ると、年齢、性別、職業、教育水準といった変数の影響はそれほど大きくはなく、職業威信スコアによって示される韓国の職業威信ヒエラルキーは、人々に幅広く共有された強固なものであることが示されたといえよう。

ここで当初の問題意識に立ち返れば、韓国における職業威信ヒエラルキーの以上の特徴は、社会移動や社会的地位達成、あるいは職業意識の比較研究にさまざまな示唆や指針を与え得るものである。そのいくつかを簡単に示してみよう。

車鐘千（1992）では九〇年衡平調査データと七五年ＳＳＭデータを用い、パス解析によって日韓両国の地位獲得メカニズムの比較考察が行われている。ここで車は、パス係数推定値をもとに「本人の教育水準が本人の初職に及ぼす影響は、日本（〇・三二八）よりも韓国（〇・四五三）の方が大きい」など、日本と韓国の地位獲得メカニズムの相違点をいくつか指摘している。

ここで注意すべきは、パス係数とはあくまで標準化された各変数間の関係を表す値であり、最終的に「獲得」される職業的地位変数も、あくまで散らばりが標準化された得点が分析の対象となっているという点である。

韓国における職業間の全般的な地位格差が日本よりも大きいとするならば、教育をはじめとする各変数が職業的地位の「実際の」高低に及ぼす影響は、それらのパス係数推定値の差異よりも、さらに大きいものとして人々に受け取られている可能性がある。韓国社会における人々の教育達成意欲の高さは、このような視角から読み解けるかもしれない。

また、以前手がけた高校生の職業意識の日韓比較（有田 2002, 2003）で、筆者は、日韓両国の高校生の職業志向には「職業を通じた自己実現志向性」と「職業の社会経済的条件志向性」という向きの異なる二つのベクトルが存在し、日本ではこのうちどちらか一方が高く他方が低いという、職業的志向性の非垂直的相違に対応して希望職業の「水平的分化」が生じているのに対して、韓国ではこのような「水平的分化」が見られず、本人の学業成績が希望職業の社会的地位の高低に照応する「垂直的分化」の側面がより強いことを明らかにしている。

このような希望職業の分化メカニズムの差異も、本章で指摘した職業的地位構造のイメージの相違を背景にしたものと考えられよう。職業的地位の格差がより小さいものとイメージされている日本では、希望職業の形成過程において職業的地位の高低が意識される程度が韓国よりも小さく、職業的地位とは異なる次元における希望職業の分化が生じやすいのに対し、職業的地位格差が大きく、かつ厳然と存在しているものとイメージされている韓国では、職業的地位の高低を離れた希望職業形成が困難であるために、このような相違が生じているものと解釈され得るのである。

このように、社会移動の「コンテクスト」を明らかにするという基礎的作業は、さまざまな応用可能性を有している。

最後に、本研究の限界と今後の課題を示しておこう。

まず指摘すべきは、本章で用いたデータが十分な比較可能性を備えたものではなく、また日本の分析も素データを利用しない二次分析にとどまっている点である。本章で分析対象とした調査データは、もともと比較を目的に実施されたものではないために、職業名が完全に一致する職業が少なく、若干相違をもつものも比較の対象に含めているが、今後比較可能性が十分に確保された威信調査が実施された場合、分析結果が若干異なってくる可能性がある。

さらに、韓国における職業評定がどのような基準にもとづいてなされており、結果として韓国の職業威信スコアが各職業のどのような側面を主に反映しているのかについて分析し得なかった点も、限界として挙げられる。これは、韓国の衡平データに評定基準に関する質問項目が含まれていないためでもあるが、この問題は今後とも検討が必要なものと考える。

特に、この衡平調査が実施された一九九〇年以降、技能労働力の不足、大企業生産職従事者を中心にした激しい労働条件闘争、経済危機を契機とした労働市場の構造変動などによって、各職業の社会経済的条件は大きく変化している。

職業評定や、そこに表れる職業的地位格差のイメージが、これらの変化をどの程度反映しているのかを、評定基準の問題とあわせて分析していくことが、今後の大きな課題となるだろう。

（1）韓国内において発表された研究としては、日本、韓国、台湾の世代間階級移動表に対してログリニアモデル分析を行ったYun (1994)、同様に韓国と台湾の比較を行った房河男・李成均 (1996)、日本と韓国の社会的地位達成過程の比較を行った車鐘千 (1992) などがある。

（2）一九八〇年代以降、韓国では社会階層・階級研究が隆盛を極めたにもかかわらず、職業威信に関する研究のみ、その流れから取り残されてきたのは、当時の研究者の多くがマルクス主義的問題関心に立脚しており、生産手段の所有／非所有という客観的条件の相違にもとづいて非連続的な形で不平等の体系を捉えようとする傾向が強かったためと考えられる。また、これまでいくつかの職業威信調査が行われながら、独自の職業威信スコア体系を作り出すには至らなかったことにも、同様の事情が作用していよう。ただし、職業の社会経済的地位指標については、洪斗承 (1983) による貴重な成果がある。

（3）調査対象者は全国（済州島を除く）の二〇歳以上の就業者であり、最終的な有効回答数は一、九七四となっている。衡平調査の詳細に関しては、石賢浩 (1992) を参照のこと。

（4）衡平調査データの利用に関しては、車鐘千教授（成均館大学）のご尽力を賜った。深く感謝したい。

（5）しかしそれでも、軍将校に対する評定値の分布は、他と比べてやや裾野が広い程度にすぎず、その形状も単峰型となっている。

（6）逆に、両国における職業威信スコアが特定の職業の権限や役割の相違を如実に反映しているという事実は、日本におけるそれと同様、韓国における職業威信スコアも職業的地位尺度として十分な妥当性をもつことを示しているともいえよう。

(7) 残差が全残差の一標準偏差以上存在する職業は、薬剤師、中小企業課長(以上正の残差)、大工、理髪師、交通警察官(以上負の残差)である。

(8) なお、これより分析対象とする各(合併)カテゴリーの回答比率のうち、「高い」カテゴリーのそれはDuncan(1961)において職業威信尺度としての利用が提唱されている職業の「高評定率」と同種の指標となる。

(9) ちなみに直井・鈴木(1977)では、三カテゴリーの場合は単峰型か複峰型かを分かつ基準を、相対度数分布の五ポイントの差としているが、ここではより厳しく、五カテゴリーの場合と同様一〇ポイントを基準としている。

(10) 職業評定分布を基準としたこのような職業分類のうち、一一番と一二番の間を境目とする分類は、職業威信スコアを基準とした場合にも同様に導き出すことができる。一一番「中小企業課長」と一二番「スーパー店主」との間には、職業威信スコア上でも十数点の差が表れているのである。なお、韓国における非ホワイトカラー職業の評定の低さは、これまで行われた他の威信調査結果にも共通しており、このような特徴を伝統的職業観の影響と捉えることも可能だろう(金璟東 1970)。

(11) 実際、男女比が同等となるようにウェイトづけした修正データを用いて分析を行っても、導かれる結論に何ら違いはなかった。

(12) すべての職業に同一の評定値を与える「無差別評定者」がきわめて多い場合にも、このような結果は表れるだろうが、衡平データにおける無差別評定者はわずか二ケースであり、これのみが原因とは考えがたい。

(13) 適合度検定結果は、カイ二乗値が一〇〇八五・四(自由度四〇五)となっており、〇・一%水準で有意であった。

(14) やはりこの因子負荷量と職業威信スコアとの相関はきわめて強く、相関係数はマイナス〇・九八八となっている。

Ⅱ　社会移動の比較研究

第三章　現代韓国における社会移動
――日本との比較可能性――

車　鐘　千

一　はじめに

前世紀末に李王朝が終焉を迎えた結果、両班と呼ばれる従来の地位システムは崩壊し(1)、韓国社会において、社会移動をめぐる法律上、制度上の制約がなくなっていった。事実、人々は非常に激しい新たな社会的成功への競争にさらされるようになった。近代化や工業化、都市化、グローバル化といった大きな社会変動にともない、約一世紀の間にこうした競争は加熱していった。こうした中で、韓国人は階層上昇への機会をもつと同時に、どのような社会的地位においても、理想かつ義務としての階層上昇に悩まされ続けてきた。

目的合理的追求の目標として社会移動は長く重要であり続け、ホッブスが「万人の万人に対する闘争状態」と論じたように、今や、熾烈な闘争となっている。さらに、社会的事実として、社会生活上の多くの面に社会移動は影響を及ぼし、かつ、ゆがみを生じさせていることから、そのリアリティは人々の間で強いものとなっている。

たとえば、韓国の教育制度改革をめぐって議論がさかんであるが、これは、教育達成を通した社会移動をめぐる人々の熱を考慮に入れて、はじめて説明することができる。「チマパラム」(2)や「キロギアッパ」(3)といった教育に関する社会問題は、そのような社会移動をめぐる人々の熱が、その時々の変化に応じて顕在化したものであるといえる。住宅市場では、教育環境への評価で価格が決まり、その価格は歪んでいる。

本章では、現代の韓国における社会移動の重要性を指摘するにあたって、主に最近の韓国の社会における階層上昇の機会構造の調査に焦点を当てて考察を行い、日本との比較を行う。具体的には、韓国における世代間移動に関する最近の研究を検討することが、本章の目的である。

公開されたデータをもとに、日本の世代間移動に関する検証を行うが、これも、日本と韓国が常に緊密な関係にあり、前述した社会移動の熾烈な競争という傾向に関して、日本が韓国にとって先行した役割を果たしてきたこともあり、両社会の比較が意義深いものと判断したからである。

本章では、絶対移動ではなく相対移動に焦点を当てる。社会階層の研究動向によれば、相対移動とは、世代間で見られる職業構造上の変化を除いた後の、移動や機会の構造に着目することを意味する。相対移動を早い時期に研究した事例として、第二回OCG調査（Featherman and Hauser 1978）の移動表に関するハウザーの分析を挙げることができる。その後、フェザーマン＝ジョーンズ＝ハウザー（FJH）仮説や（Featherman, Jones & Hauser 1975; Grusky & Hauser 1984）、ゴールドソープらによる検討など(Erikson, Goldthorpe & Portocarero 1979, 1982; Erikson & Goldthorpe 1992)、相対移動は多くの研究者に注目されてきた。

しかし、われわれの関心は、これらの仮説を直接検証することにあるのではない。むしろ、韓国と日本における世代間移動に関するデータを検討し、データを当てはめた際の統計モデルが示す、相対移動を推定することに関心がある。(4)

もっとも、移動表の作り方や統計手法、理論的前提によって結果が大きく異なるため、これらの違いを慎重に検討しなければならない。

二　韓国における世代間移動

ＳＩＪ調査に見る世代間移動の特徴

筆者は、一九八〇年代後半から「不平等と衡平に関する調査」（以下「ＳＩＪ調査」と略）として知られる五年ごとの国レベルの調査に関わってきた。この調査は、特に、韓国における社会階層の客観的、主観的側面を検討するために行われている。

筆者は、第一回目のＳＩＪ調査データ（N＝1,506）をもとに、世代内・世代間職業移動表を分析した（車鐘千 1992；Cha 1993）。これらの分析にあたっては、職業を五つのカテゴリー（上層ノンマニュアル、下層ノンマニュアル、上層マニュアル、下層マニュアル、農業）に分類しているが、伝統的な八分類との関連で言えば、上層ノンマニュアルは専門・管理、下層ノンマニュアルは事務・販売、上層マニュアルは熟練、下層マニュアルは半熟練と非熟練に、それぞれ対応している。

五×五の世代間職業移動の分析に用いた対数線型モデルには、準完全移動モデル、均一相関モデル、ハウザーのトポロジカルモデル、それにいわゆるＱＳＤ–ＣモデルとＱＤ–Ｃモデル（Hout 1983）がある。このうち、ＱＳＤ–Ｃモデル（制限された準対称的対角線モデル）では、左上から右下に伸びる対角線の上下に同じ交互作用を、ＱＤ–Ｃモデル（制限された準対角線モデル）では、左上から右下に伸びる対角線の上下に違う交互作用を、それぞれ与えている。

その主要な調査結果は、以下の通りである。

第一に、世代間の職業移動表に対して、ＱＳＤ–Ｃモデルがもっとも適しているようである。

表 3-1 交差パラメーターモデルによって示された対数オッズ

パラメーター	第1回ＳＩＪ調査	第2回ＳＩＪ調査	第2回 OCG 調査
v1	−.721	−.334	−.426
v2	−.302	−.283	−.368
v3	有意性なし	有意性なし	−.294
v4	−1.074	−.915	−1.403

注：v1：下層と上層のノンマニュアル間
v2：上層マニュアルと下層ノンマニュアル間
v3：下層と上層のマニュアル間
v4：農業と下層マニュアル間

第二に、ＱＳＤ-Ｃモデルのパラメーター推定の結果、二つ以上の階級における長期間移動に完全移動を前提とすると、上から下までの五つの職業カテゴリーの継承／固定の期待度数は、それぞれ五・三倍、一・四倍、三・九倍、一・六倍、九・八倍となっている。また、完全移動の前提を置いた場合に比べ、一つの階級における短期間移動の期待度数は一・二倍となっている（車鐘千 1992：104-108）。

一九九五年に第二回目の調査データを集計した際、筆者は、通過パラメーターモデルを用いて、二つの調査データの世代間職業移動表について分析を行い、その結果を第二回ＯＣＧ調査の結果と比較したことがある（車鐘千 1997）。

全体的な適合度指数が第二回のＳＩＪ調査では $G^2=18.414$、第二回のＯＣＧ調査では $G^2=89.914$ であり、自由度はそれぞれ一二であった。対数オッズは、表3-1の通り。

完全移動と対比すると、以下の点を指摘することができる。

第一に、一九九〇年調査の場合、上層ノンマニュアルと下層ノンマニュアルの間の移動確率は〇・四八六倍、下層ノンマニュアルと上層マニュアル間は〇・七三九倍、下層マニュアルと農業間は〇・三四二倍であるが、上層と下層マニュアル間は統計的に有意ではない。

第二に、一九九五年調査の場合、上記の移動確率は、それぞれ、〇・七一六倍、〇・七五四倍、〇・四〇一倍となり、上層マニュアルと下層マニュアルの間は、一九九〇年調査同様、有意ではない。

そして第三に、アメリカの第二回OCG調査の場合、上記の移動確率は、それぞれ、〇・六五三倍、〇・六九三倍、〇・二四六倍となり、上層マニュアルと下層マニュアルの間は〇・七四六倍となって〔統計的に〕有意である。

これらの結果は、農業と下層マニュアル間の移動がもっともむずかしく、上層と下層ノンマニュアル間の移動、下層ノンマニュアルと上層マニュアル間の移動がこれに続いていることを示している点で共通している。

また、上層マニュアルと下層マニュアルの間で起こる移動の対数オッズに関しては、アメリカの第二回OCG調査とは違い、韓国調査では統計的に有意でない点も注目される。一九九〇年と一九九五年のSIJ調査の移動表からすると、韓国人が経験した職業移動のむずかしさは、アメリカ人が〔第一回OCG調査が行われた〕一九七二年に経験したものほどではないようだ。

この二つの調査の推定をもとに、一九九〇年から一九九五年の五年間で職業移動の困難さが弱まったと指摘することもできそうだが、確証をもって論じるには、詳細に設計された調査にもとづく根拠が必要である（車鐘千 1997：103-106）。

二〇〇〇年に第三回SIJ調査を実施したため、韓国における社会移動の現在の傾向を検討することができる。車鐘千（2002）では、相関モデル、非対角セル完全移動モデル、通過パラメーターモデルを、三×三の移動表に当てはめて分析を行ったが、この分析では、ノンマニュアル、マニュアル、農業の三つの職業分類を用いている。

第一回調査と第二回調査は、総じて同じ移動パターンを示しているのに対して、第三回調査では移動パターンが若干異なっており、対照的な結果となっている。具体的には、相関モデルの中でも、第一回調査と第二回調査では、列

図 3-1 通過パラメーターモデルによる移動レジーム

1）第１回ＳＩＪ調査

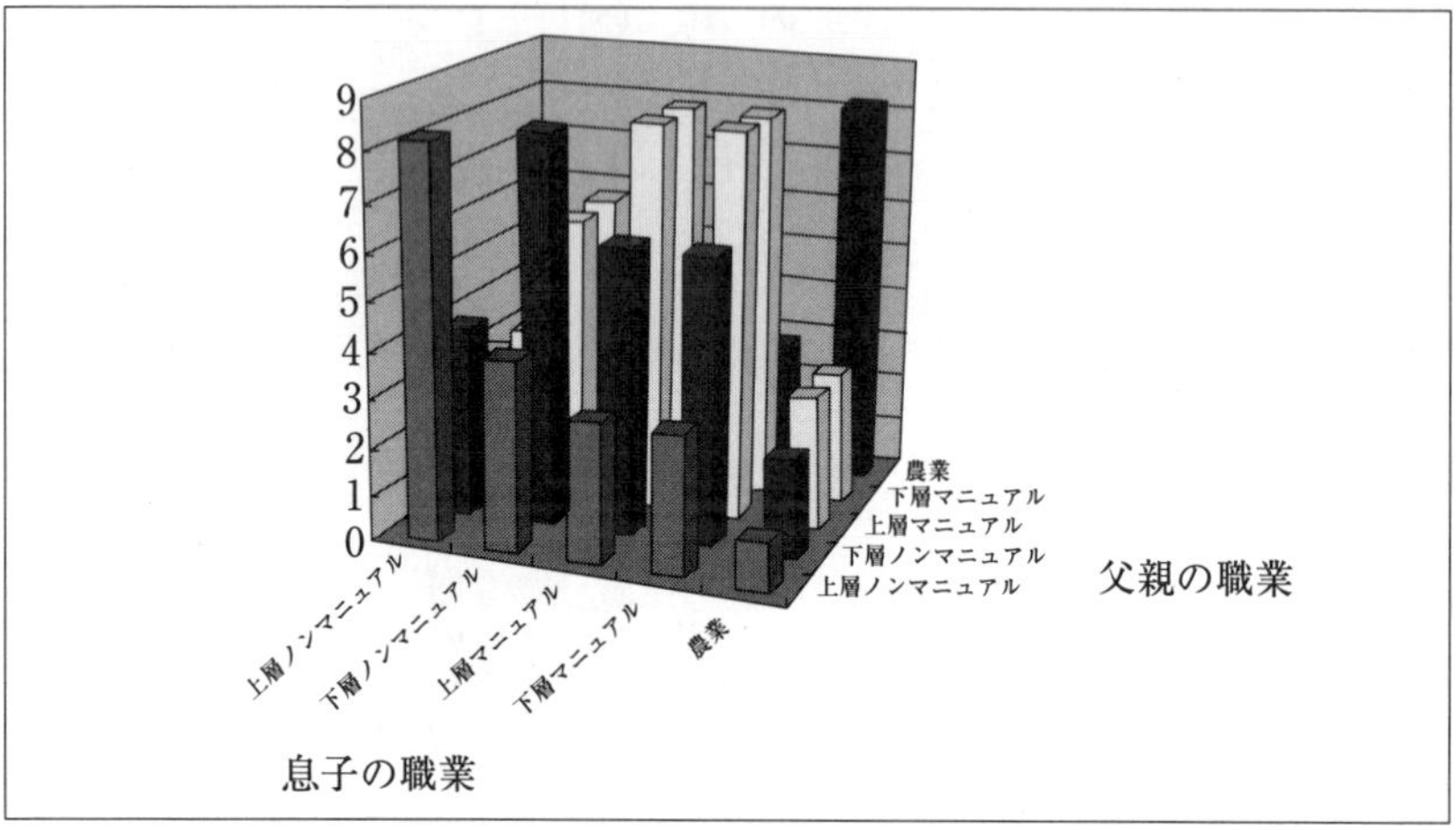

2）第２回ＳＩＪ調査

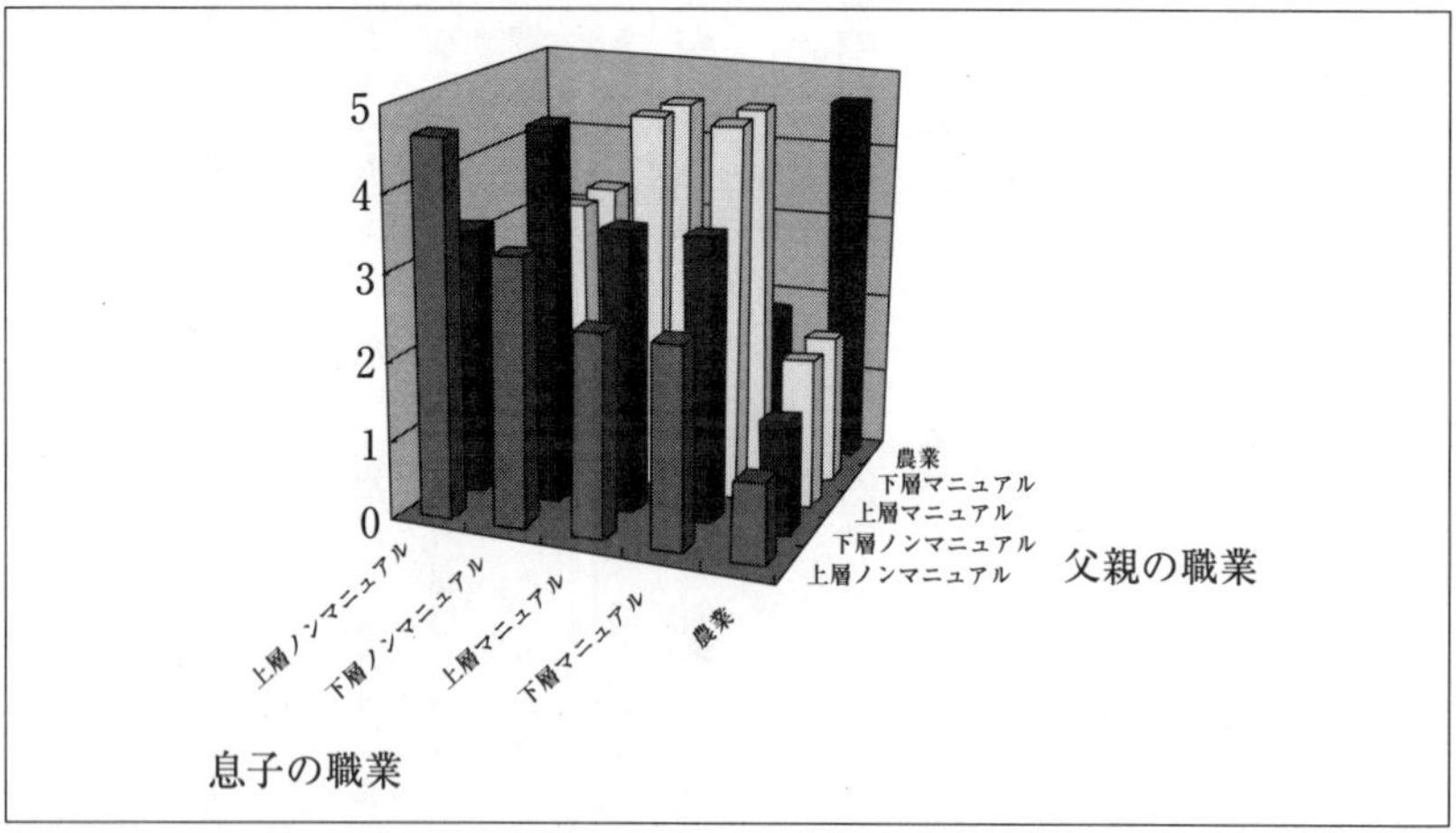

3）第2回OCG調査

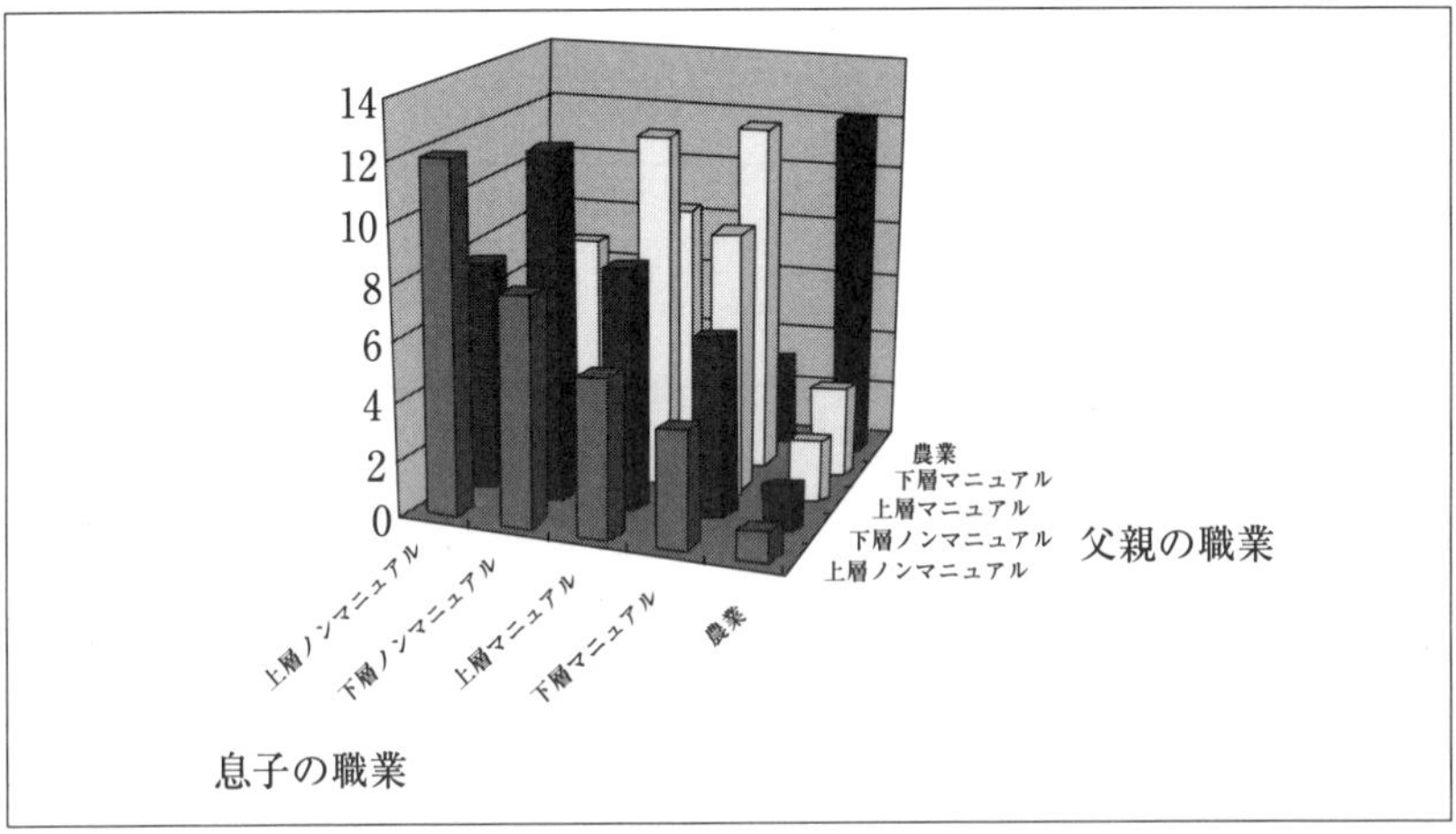

効果モデルの適合度が高いのに対して、第三回調査では均一相関モデルの適合度が高い。

実際、これらの三時点での移動表を一つにまとめた三重クロス表の分析結果としては、もっとも当てはまりのよいモデルは不均一列効果モデルであり、第一回調査と二回調査の列効果が同一であり、第三回調査の列効果とは異なる。このモデルの適合度指数は、$G^2 = 54.191$（自由度八）である。

一般的に、k番目の調査における移動表の（i,j）セルに対する不均一列効果モデルのもとでの期待度数の対数は、次のように表わされる。

$$\mathrm{Log}\ Fijk = a0 + a1i + a2j + a3k + a13ik + a23jk + b2j \cdot ik.$$

そして、この計算式にあって、出自iにおける、到達点（j）の次に低い到達点（j＋1）に対するオッズは、

$$\Phi ijk = \log\ (Fijk/Fij+1k) = a2j - a2j + 1 + (b2j - b2j + 1) \cdot ik$$

と表され、線型を描く（Hout, 1983；Agresti, 1990）。

表 3-2　ＳＩＪ調査におけるロジット値

行	1990年		1995年		2000年	
	列 1	列 2	列 1	列 2	列 1	列 2
1	. 638	2.759	. 383	3.246	. 762	2.599
2	. 298	1.555	. 043	2.041	. 183	1.832
3	−. 043	. 351	−. 297	. 837	−. 396	1.064

図 3-2　ＳＩＪ調査におけるロジット値

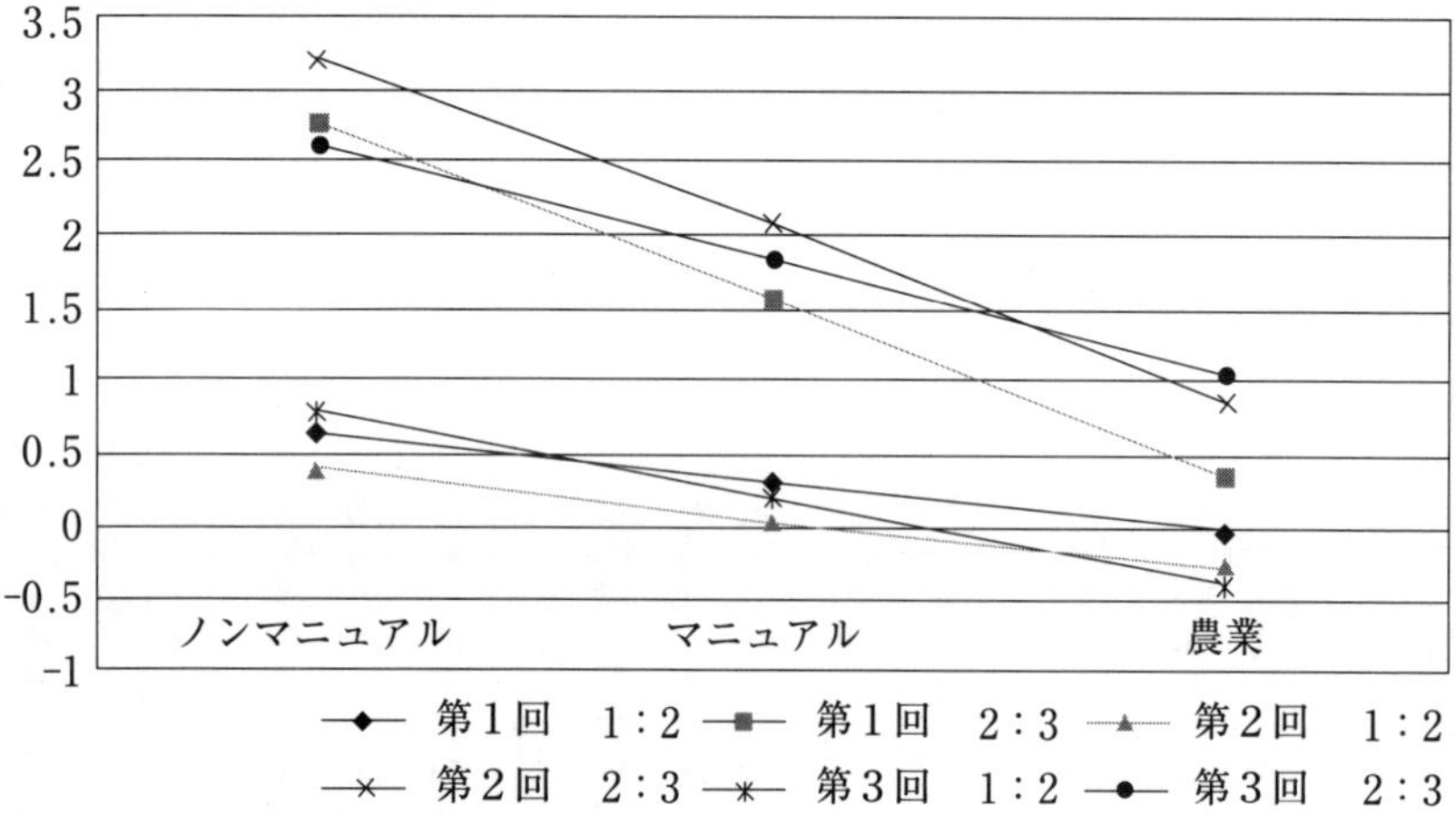

表３−２と図３−２は、そのようなロジット値を詳細に表したものである。

第一回と第二回の調査では、ϕ_{i1k}とϕ_{i2k}はそれぞれ、〇・三四〇三と一〇・二〇四に減少し、第三回調査では、ϕ_{i12}とϕ_{i22}は、それぞれ〇・五七九、〇・七六七五、減少している。第一回、第二回の調査に比べ、マニュアルからノンマニュアルへの移動のオッズは、二〇〇〇年時の出自に従属する傾向が強くなっているのに対して、農業からマニュアルへの移動のオッズはその逆になっている。

この不均一列効果モデルによって示された移動レジームは、図３−３の通りである。

図 3-3　不均一列効果モデルによって示された移動レジーム

1）第１回、第２回ＳＩＪ調査

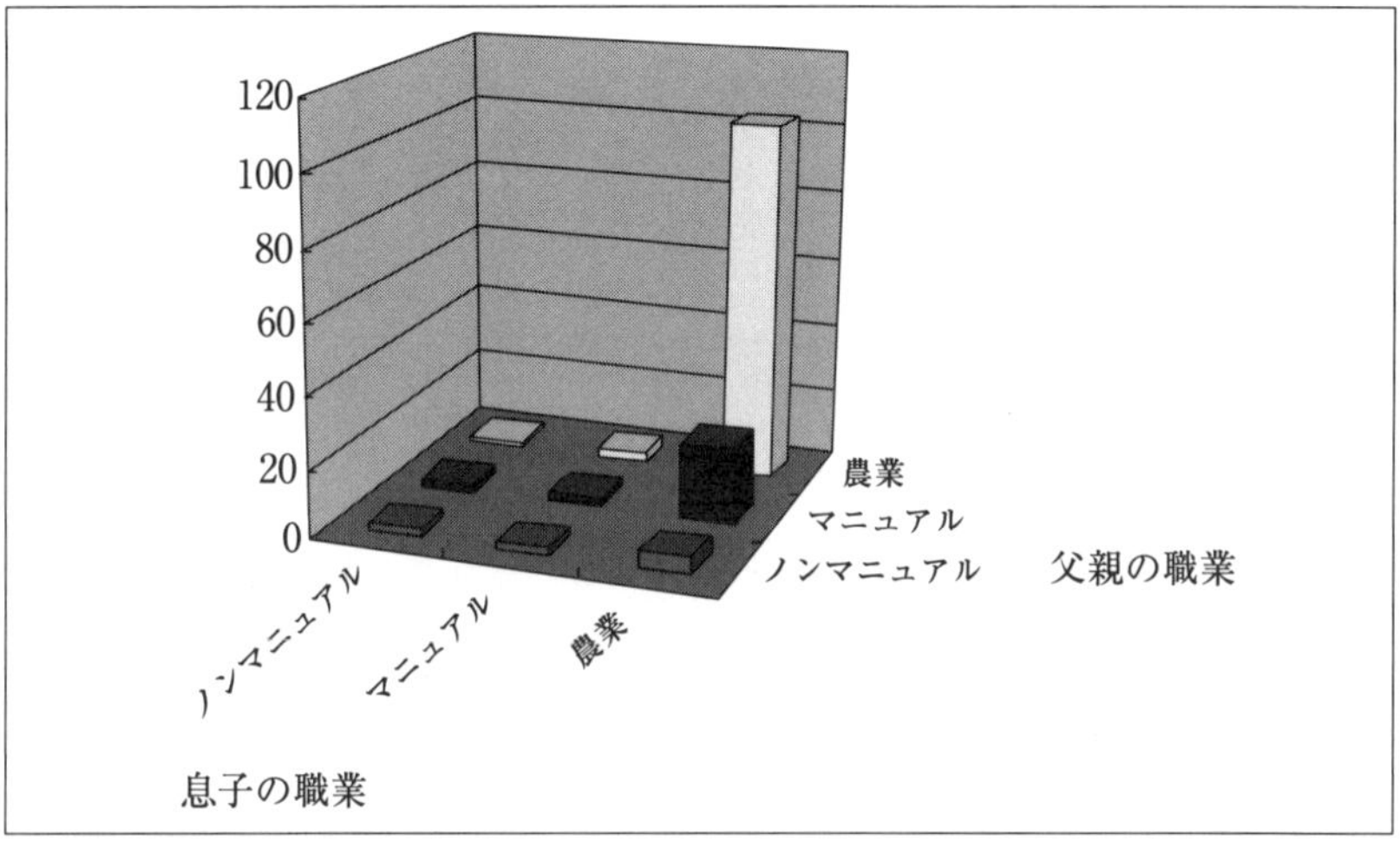

2）第３回ＳＩＪ調査

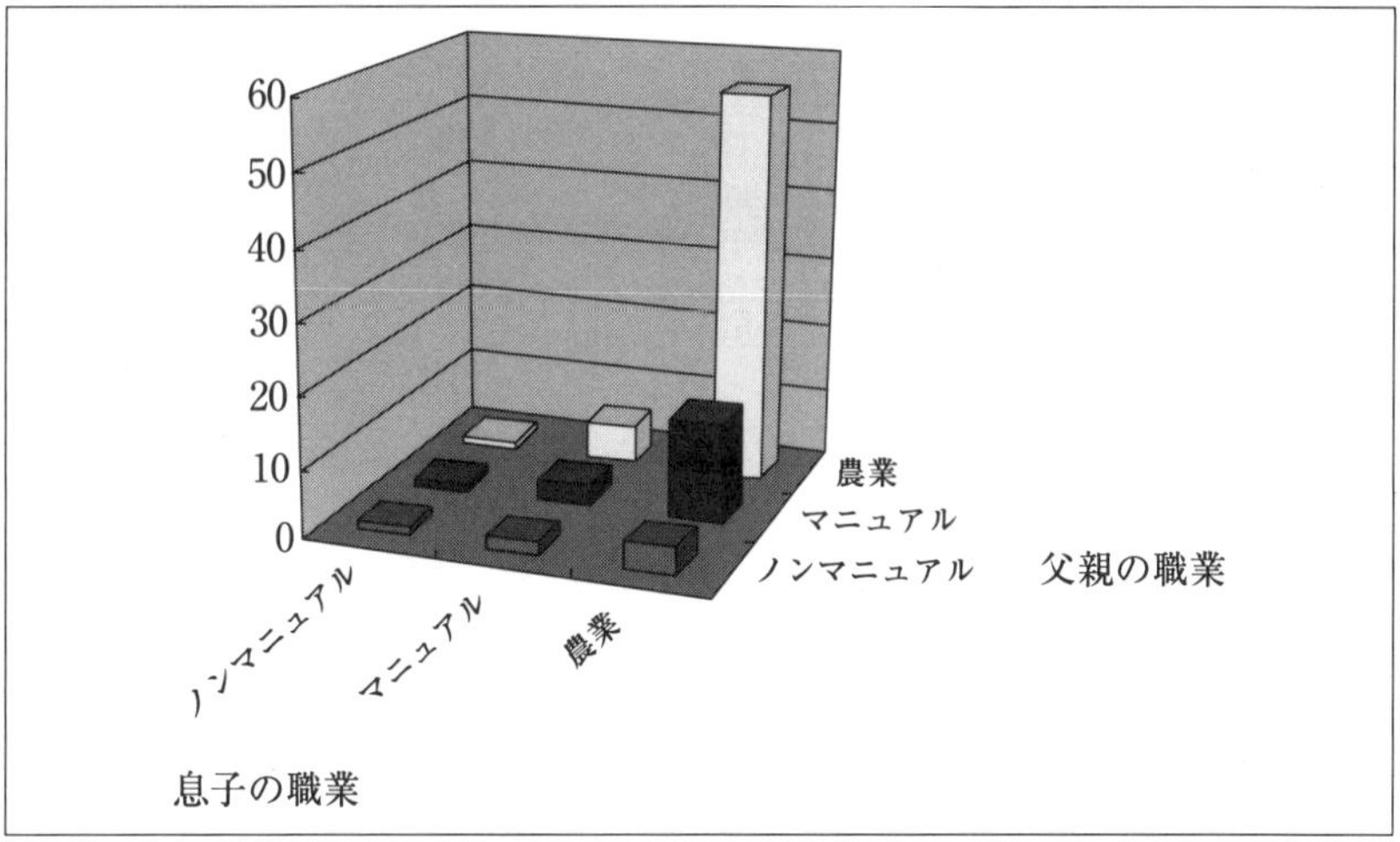

マルクス主義的分析の批判的検討

もっとも、マルクス主義の見地からの社会移動研究もある。中光榮（1994）は、エリック・オーリン・ライトの階級スキームを、「経済活動と生活状態の調査」（一九九一年）で得られたデータに適用した。資本家、管理／監督者、専門職、都会のプチブルジョワジー、地方のプチブルジョワジー、労働者という六つのカテゴリーを設定し、六×六の移動表を用いて、二重構造化モデルや搾取モデルを含む、いくつかの対数線型モデルを用いて分析している。そして、もっとも当てはまりのよいモデルとして、表3–3のデザインマトリックスを含む搾取モデル–Ⅱを挙げている。

中によれば、分析の結果、「資本家と管理職／監督者の階級では階級継承は低いが、プチブルジョワジーの階級継承は高いという新たな事実が確認された」という。また、レベル2のパラメーター（〇・九九八六）の推定をもとに、搾取される側の階級移動は、搾取する側の階級移動の二・七倍から五倍の頻度で起こるという。しかし以前、筆者が批判したように（車鐘千 1994）、その研究は予備的で仮説的なものであり、精査すべき点が残っている。

たとえば、搾取モデル–Ⅰは、準完全移動モデルと同一である。資産、権威、技術の影響、強い階級特有の継承傾向、労働者とそれ以外の階級との間の移動のなさを考慮に入れた、階級境界の浸透性をめぐるライトの議論との接合を考えるのであれば（Wright 1997）、表3–4に示した別のデザインマトリックスが必要であろう。ここで作成したデザインマトリックスは五つのレベルからなり、中光榮の搾取モデル–Ⅱよりも一つ少なくなっている。

このデザインマトリックスでは、レベル2は資本家とプチブルジョワジー（地方と都市）間の移動可能性、地方のプチブルジョワジーか労働者から都会のプチブルジョワジーへの移動可能性、都会のプチブルジョワジーから労働者へ

表 3-3　搾取モデル－Ⅱのデザインマトリックス

資本家	1	1	1	1	1	1
管理	1	1	1	1	1	1
専門職	1	1	3	1	1	1
都市のプチブルジョワジー	1	1	1	4	2	2
地方のプチブルジョワジー	1	1	1	2	5	2
労働者	1	1	1	2	2	6

出典：申光榮（1994）

表 3-4　ライトの議論を反映させたデザインマトリックス

資本家	3	1	1	2	2	1
管理	1	1	1	1	1	1
専門職	1	1	3	1	1	1
都市のプチブルジョワジー	2	1	1	4	3	2
地方のプチブルジョワジー	2	1	1	2	5	4
労働者	1	1	1	2	4	2

の移動可能性、労働者の継承傾向に関連している。

レベル3は、資本家と専門職の継承傾向、都会のプチブルジョワジーから地方のプチブルジョワジーへの移動可能性、レベル4は都会のプチブルジョワジーの継承傾向、労働者と地方のプチブルジョワジー間の移動可能性に関連している。レベル5は特に地方のプチブルジョワジーの継承傾向を示している。

申光榮の搾取モデル－Ⅱの適合度指数は $G^2=50.63$（自由度二〇）であるのに対して、表3－4で示したデザインマトリックスを組み込んだ新しいモデルの適合度の方が高くなり、$G^2=31.61$（自由度二一）となる。この新しいモデルのパラメーター推定では、レベル2、3、4、5の期待度数は、レベル1のそれぞれ、二・三二倍、三・二一倍、三・八八倍、二八・一三倍となっている。

図 3-4　代替モデルと搾取モデル−IIによって示された移動レジーム

1）代替モデル

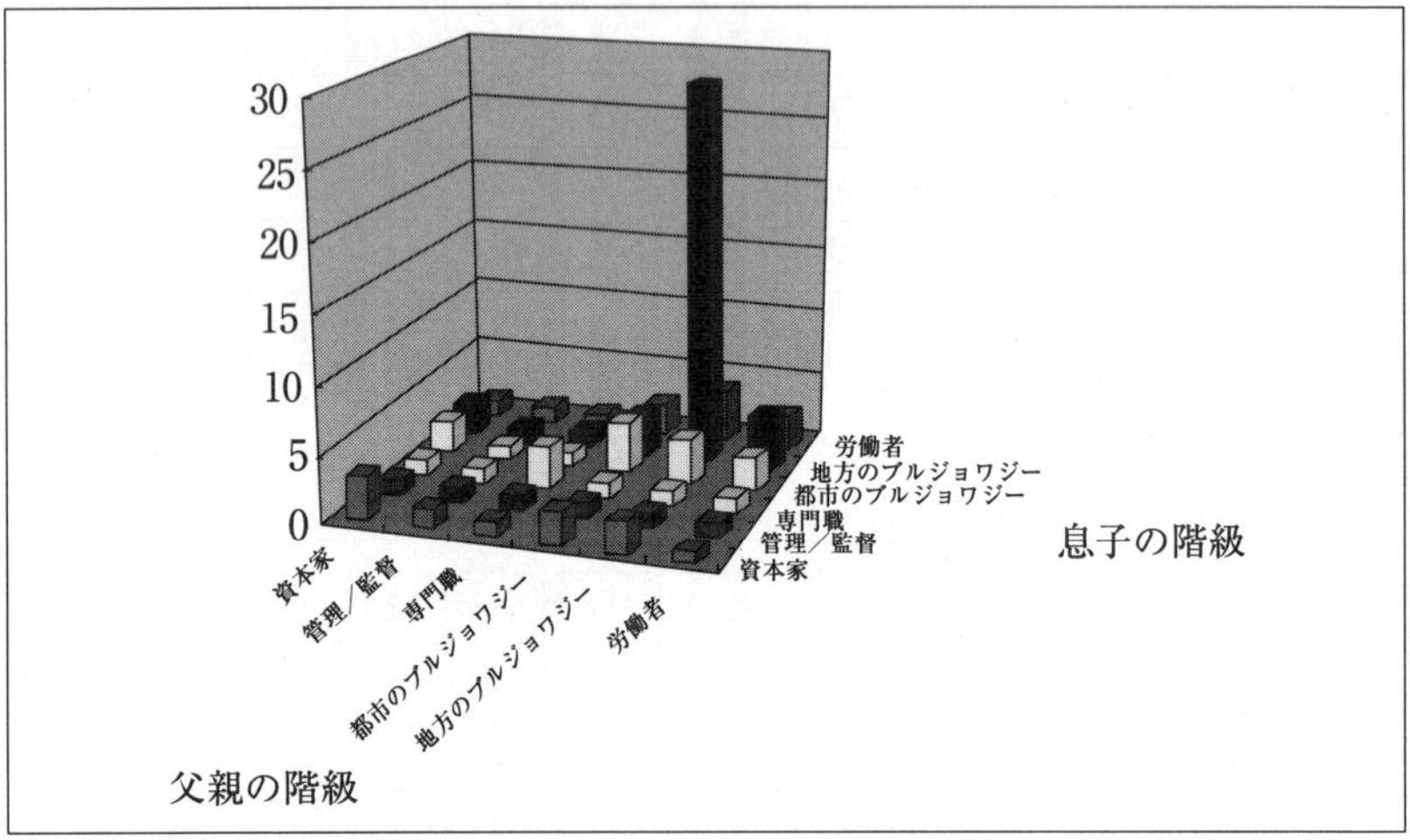

2）搾取モデル−II

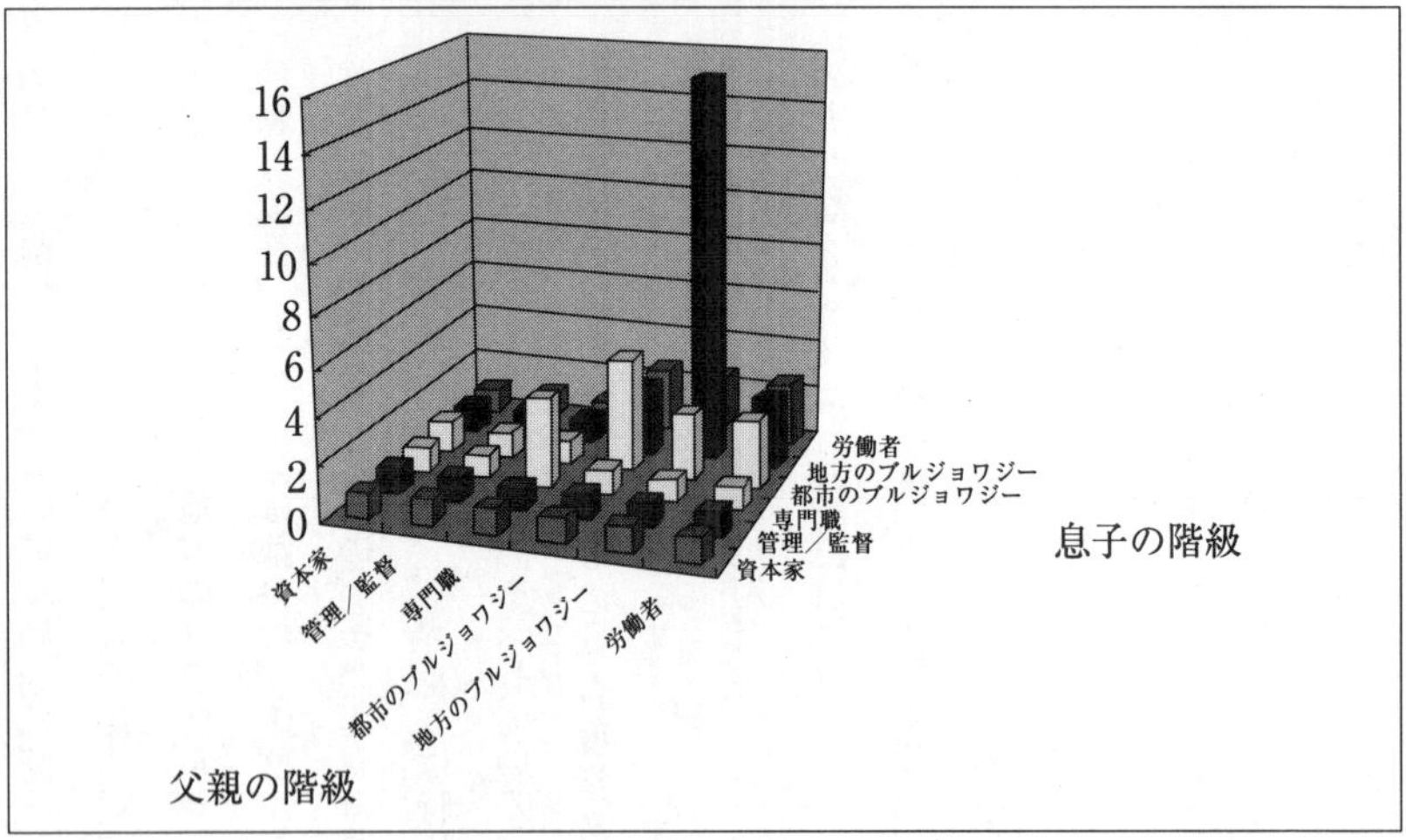

三　日本との比較

さらに、日本における社会移動の公開データをもとに、分析を進めてみよう。

一九五五年から一〇年ごとに実施されている、SSM調査における八×八の移動表が、比較のデータとしては最適である（盛山 1990：24-27；原 2002：4）。このデータは従来の八つのカテゴリー（専門、管理、事務、販売、熟練、半熟練、非熟練、農林）から構成されており、すぐに比較分析に用いることができる。

これらの表を、条件つき独立モデル、相関モデル、通過パラメーターモデルを含むいくつかの対数線型モデルを使って分析してみると、適合度指数と分析結果は、以下のようにまとめることができる（表3－5参照）。

第一に、相関モデルの中で、行列効果モデル－Ⅰがもっとも当てはまりがよい。しかし第二に、通過パラメーターモデルは、行列効果モデル－Ⅰ以上に当てはまりがよい。そして第三に、通過パラメーターのパターンには時間的な変化が見られない。

均一通過パラメーターの同じモデルを、上記の八×八表の代わりに、ノンマニュアル、下層ノンマニュアル、上層マニュアル、下層マニュアル、農業の五つに再分類し、五×五の表に当てはめると、全体的な適合度指数は $G^2=251.45$（自由度七六）となる。上下のノンマニュアル間で移動する確率は〇・五九六、下層のノンマニュアルと上層のマニュアル間は〇・五七五、上下のマニュアル間では〇・八四五、下層のマニュアルと農業の間は〇・三五八となっている。

これらのパラメーター推定は、韓国の第一回と第二回のSIJ調査、及び第二回OCG調査の結果で得られた「自由な職業移動の障壁は下層のマニュアルと農業の間で大きく、上層マニュアルと下層マニュアルの間で相対的に小さ

表 3-5　対数線型モデルの8×8移動表への適合度指数（1955～95年 SSM 調査）

モデル	自由度	G_2
条件つき独立	245	3558.6
均 一 相 関	244	1646.3
不均一相関	240	1636.2
均 一 列 の 影 響	238	1599.2
不均一列の影響	210	1557.9
均 一 列 の 影 響	238	1410.4
不均一列の影響	210	1370.5
均一行列の影響－I	232	1308.2
不均一行列の影響－I	180	1238.5
均一通過パラメーター	239	860.9
不均一通過パラメーター	215	840.1

い」とする知見と合致している。しかし、日本の場合、それ以上に下層のノンマニュアルと上層のマニュアル間での移動がより困難であると考えられる。

上下のノンマニュアル間での移動に比べて、日本で下層のノンマニュアルと上層のマニュアル間の移動が困難だというのは、特筆すべき特徴である。しかも、上層のマニュアルと下層のマニュアル間の移動については、第二回OCG調査の結果に比べ、はっきりしているものの、移動の困難はより小さいようである。

これらの推定によって示される移動レジームは、図3－5の通りである。

日本と韓国の社会移動を比較する方法としては、ゴールドソープの一般社会的流動性（CSF）モデルを使うことも可能である。

石田浩（Erikson ＆ Goldthorpe 1992：344；石田 2000；Ishida 2001）と張商洙（2001：126）は、中心国（イギリスとフランス）の移動パターンと日本、韓国の移動パターンをそれぞれ比較している。これらの研究は、ゴールドソープらの枠組みを七階級モデルに変え、七×七の移動表を用いている。張がこの分析のために使った

図 3-5　1955〜95年SSM調査によって示される移動レジーム

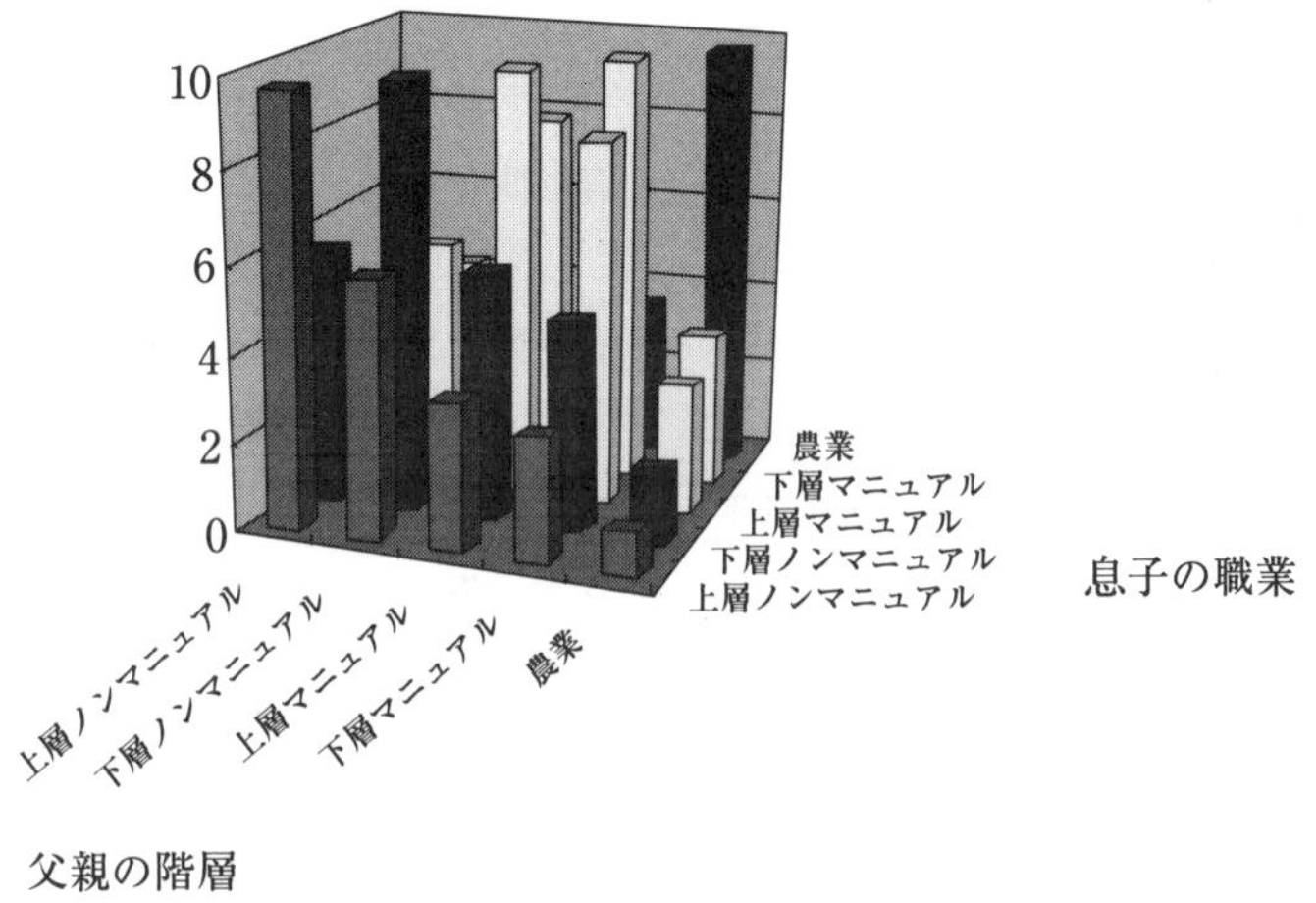

データは、第一回のＳＩＪ調査によって得られたものであるが、各国で異なるレベルのダミー変数が用いられているため、正確な比較分析を行うことができない。

こうした問題を解決するには、各国で同じダミー変数を用いればよいが、ここでは、日本のデータ分析の際に使われるダミー変数を、中心国と韓国のデータ分析に用いてみよう。

中心国と韓国の分析から得られるレベルダミー変数のパラメーター推定は、表3−6の通り。図3−6は、中心国、日本、韓国の推定によって示される移動レジームである。

これらの図は、中心国ではサービス階級やプチブルジョワジー、農業労働者、農場経営者に、日本では農場経営者と農業労働者に、それぞれ継承傾向が強く見られることを示している。ところが、韓国の第一回ＳＩＪ調査では、いかなる階層においても、こうした継承傾向を見出すことができない。

表 3-6　CSF モデルのパラメーター推定

レベル	中心国	日　本	韓　国
H I 1	－．144	－．16	有意性なし
H I 2	－．365	有意性なし	－．403
I N 1	．453	．73	．700
I N 2	．754	有意性なし	有意性なし
I N 3	有意性なし	．81	有意性なし
S　E	－1.183	－．61	－．952
AF 1	－．239	－．68	－．823
AF 2	．412	．37	．232

図 3-6　CSF モデルのパラメーター推定によって示される移動レジーム

1）中心国（イギリスとフランス）

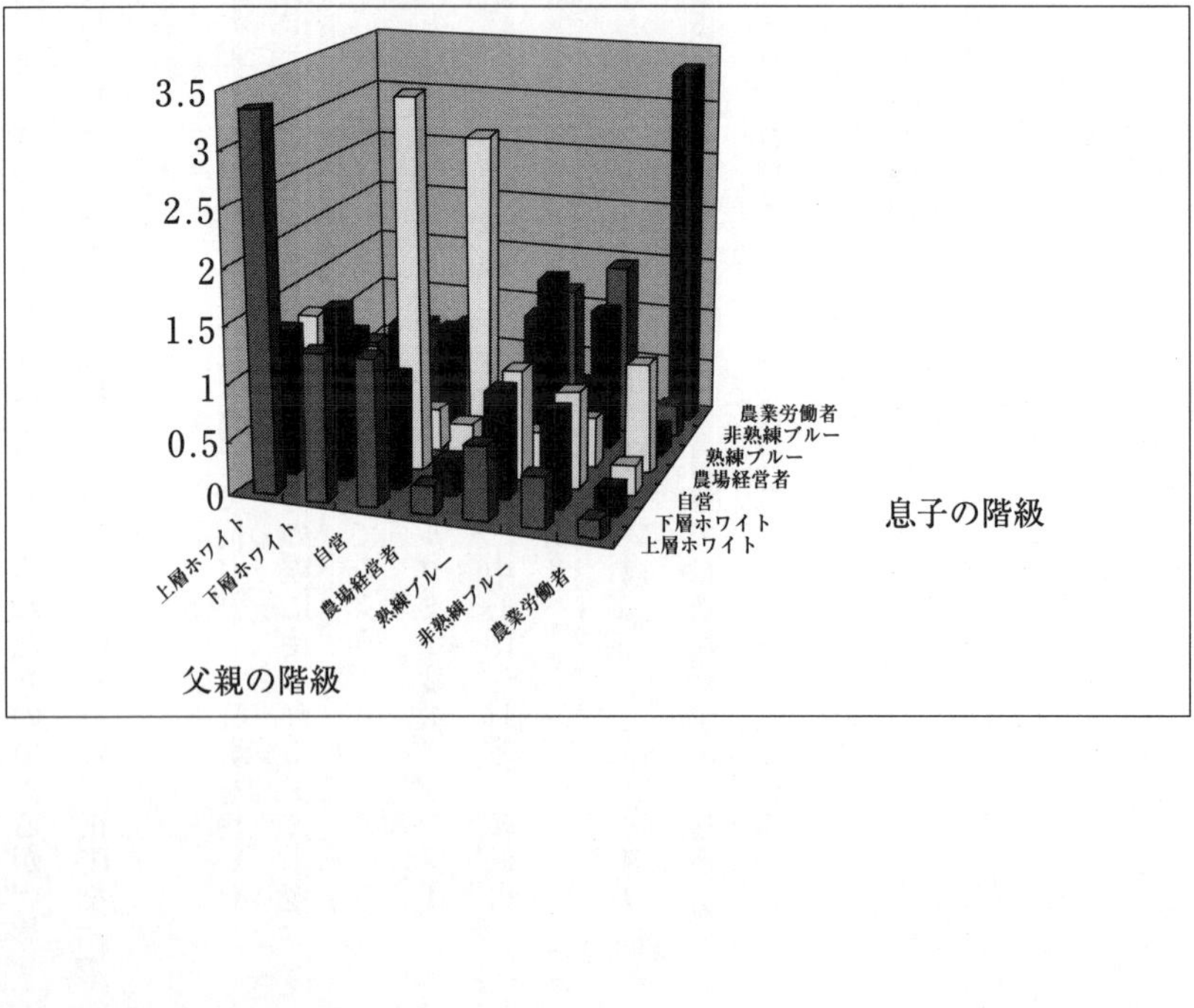

2）日本

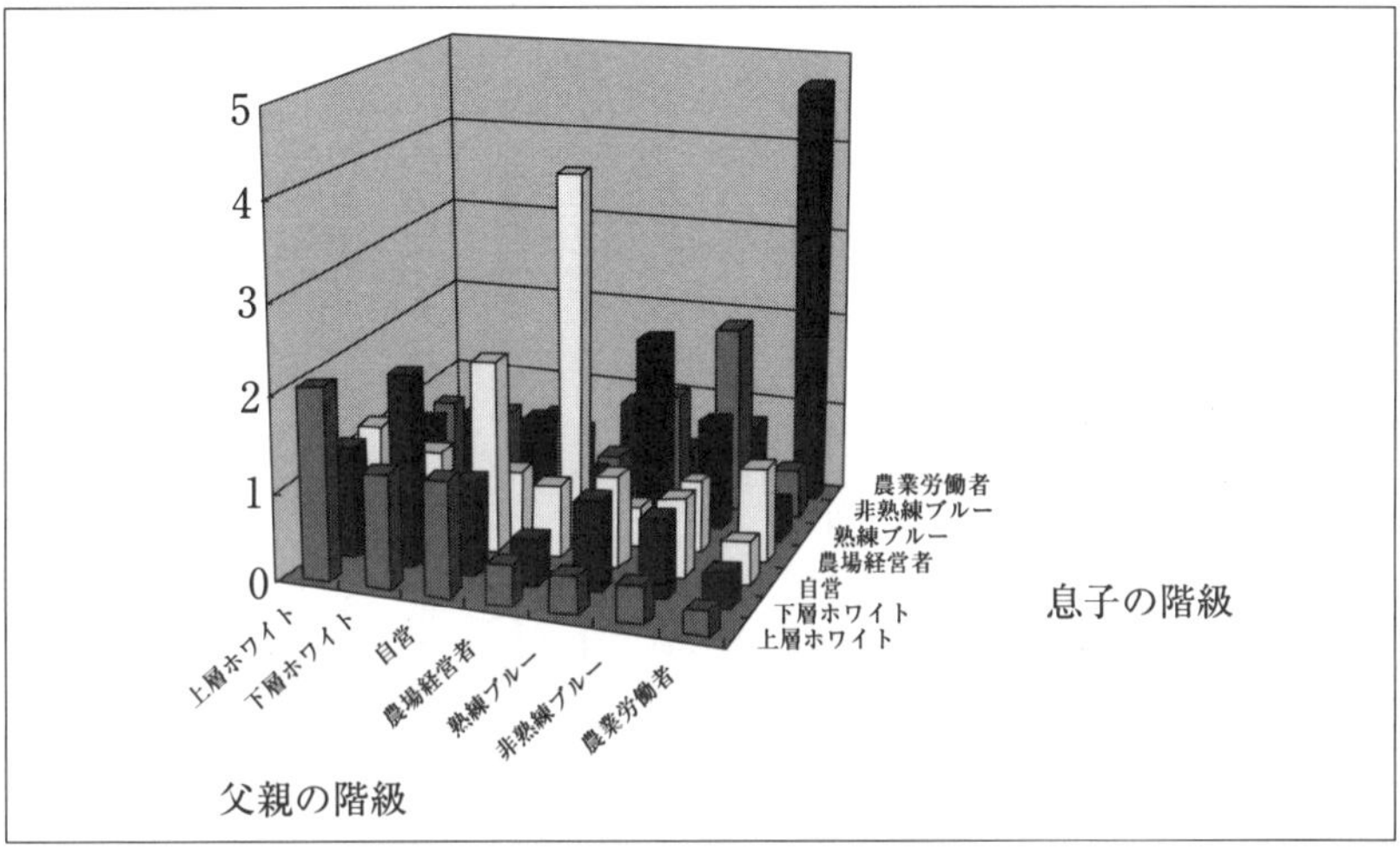

3）韓国（第１回ＳＩＪ調査）

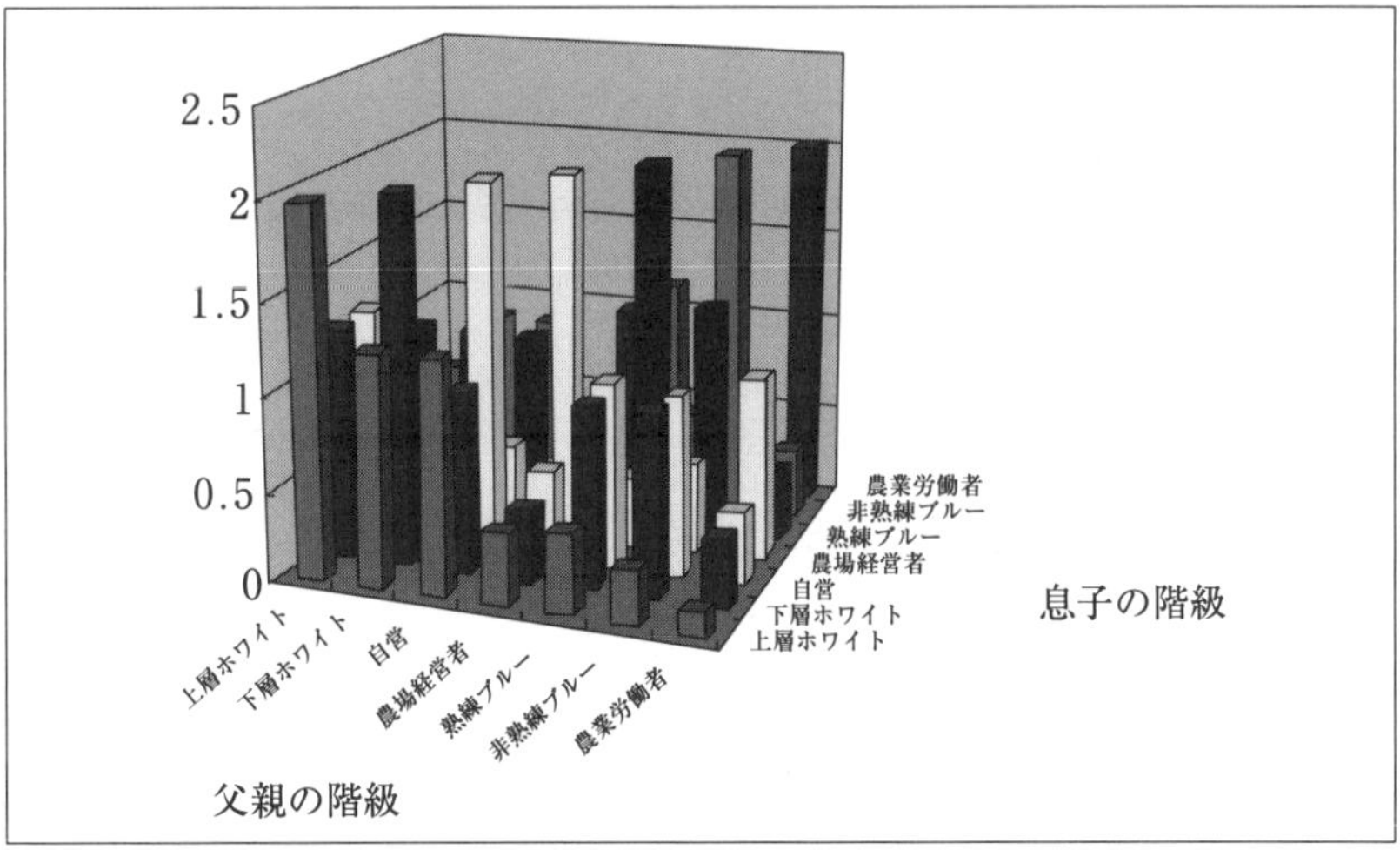

四　おわりに

以上、韓国における世代間移動の最近の研究を検討し、その分析結果を、日本の公開データをもとに比較した。ここで改めて分析結果を要約する必要はないだろう。

では、これらの検討から、何を導き出すことができるだろうか。

第一に、分析結果から、安易に要約を行うことは不可能である。というのも、データの代表性や階層分類・職業分類の違い、分析に用いられる統計ツールの違いなど、いくつかの要素が関連しているからである。とはいえ、同じ時期の同じ社会を対象にしながら、結果がこれほどまでに異なっているのは、困惑するほどだ。

たとえば、ＳＩＪ調査の五×五の移動表に当てはめられた通過パラメーターモデルが示す移動レジーム、同調査の三×三の移動表に当てはめられた不均一列効果モデルが示す移動レジーム、一九九一年に行われたライトらの調査で得られた六×六の移動表に当てはめられた代替モデルが示す移動レジームは、それぞれ大きく異なっている。国際的な比較分析から得られる結果が、これよりはるかに複雑であることは言うまでもない。

統計的処理に関して、移動表の分析のために基準セルをどのように割り当てるかによって、移動レジームの形が大きく変わってくる点にも注意が必要だろう。たとえば、通過パラメーターモデルは、極端なケース――その基準セルとして、上昇・下降とももっとも長い距離の移動――を示すセルが二つある。

本章が示してきたように、われわれは、社会移動研究が蓄積してきた情報の質に、今までにまして注意を払わなければならない。分析結果を議論し、解釈するだけではなく、社会移動研究から得られた結果を検証する、たゆまぬ努力が求められているといえよう。

（1）　文字通りには王朝を支える「二つの班」の意味であるが、実際には、知識階級（東班）と上級の軍人（西班）を指す。

（2）　直訳で「スカートの風」。教育ママの行為の様相を表す。

（3）　直訳で「雁の父」。現在、小学生の留学が増加しているが、その際、母親が子どもの留学先へ一緒についていき、一方で、単身で一人残されて仕事を続ける父親を表す意。雁は家族想いの渡り鳥で知られ、その家族想い雁と、単身で一人残された父親を重ね合わせた言葉。

（4）　したがって、対数乗算型モデルを用いた房河男・李成均（1996）のような研究は、本章では扱わない。

（相馬直子 訳）

第四章　現代中国における社会移動
――改革・開放前後の移動モデルの比較――

李　春　玲

一　はじめに

この半世紀余りの間、中国社会は大きな社会的、政治経済的変化を数度にわたって経験してきた。第一回目の変化は、一九四九年における中国共産党の政権獲得。新政府が従来の社会構造を徹底的に改造する中で、資本家階級と地主階級が消滅し、労働者と農民の社会政治経済的地位が高められた。第二回目の変化は、一九六〇年代から一九七〇年代にわたって行われた文化大革命。それによって、大量の知識者と一部の革命幹部が攻撃を受け、一部の労働者と農民が造反運動を通じて新たな政治貴族になった。第三回目の変化は、一九七〇年代末に実施された改革・開放。私有財産権の復活と市場経済の発展により、新たに裕福な階層が生まれるとともに、新しい政治的、文化的エリートが現れ、労働者と農民は次第に社会の下層に位置づけられるようになった。

こうした政治経済的な変化はいずれも著しい社会移動をもたらし、社会構造の改造を引き起こした。その結果、改革・開放を境に完全に異なる社会移動のモデルができあがることになった。

本章では、改革前後における社会移動のルートとその障壁についての比較を行い、中国社会の構造変動のプロセスと社会階層の形成について考察を深める。

中国社会科学院社会学研究所の「現代中国社会構造変遷研究」プロジェクトの研究報告によると、現在の中国社会には一〇の社会階層が存在しているという。具体的には、国家と社会の管理職層（党・政府の役人）、管理職層、私営企業主層、専門技術職層、事務職層、零細経営者層、商業・サービス業従業員層、労働者層、農業労働者層、無職・失業・半失業者層である（陸学芸 2002：10-23）。

本章における社会移動分析では、この一〇の階層分類を用い、個々の階層の出自、構成及び移動の障壁と境界について考察を行う。そして、改革・開放前後の社会移動の異同を比較することで、現代中国に階層が形成されたかどうかを考察する。

本章では、中国社会科学院社会学研究所の「現代中国社会構造変遷研究」プロジェクトが二〇〇一年一一月から一二月にかけて、全国一二省の七三県で収集したデータを使用する。

調査では、多段ランダムサンプリングの方法を採用した。調査対象者の年齢は一六～七〇歳で、有効サンプル数は六一九三。ウエイトづけをした結果(1)、本調査のサンプルは、基本的な分布と個人の主要な社会経済的背景の両面で、二〇〇一年の第五回人口センサスときわめて似た特性を示している（表4-1を参照）。

表 4-1　調査対象者の属性と第5回人口センサス1000分の1抽出サンプルとの対比(%)

		ウエイトづけする前の調査データ	ウエイトづけした後の調査データ	人口センサスのデータ
性別	男	52.4	50.4	50.9
	女	47.6	49.6	49.1
年齢	14－20歳	5.4	11.2	11.1
	21－30歳	14.1	22.7	21.9
	31－40歳	25.1	26.3	26.3
	41－50歳	23.8	18.7	19.0
	51－60歳	17.6	12.5	12.8
	61－70歳	14.0	8.7	8.9
戸籍	非農村戸籍	61.5	27.1	27.1
	農村戸籍	38.5	72.9	72.9
流動人口	非流動人口	94.5	86.9	86.9
	本省出身の流動人口	2.5	6.0	6.0
	外省出身の流動人口	3.0	7.1	7.1
1世帯の人数	1人	2.8	3.4	2.7
	2人	20.5	16.7	12.3
	3人	34.7	31.5	28.9
	4人	24.0	27.0	25.6
	5人	11.0	13.1	17.8
	6人	4.6	5.7	7.6
	7人以上	2.4	2.6	5.1
婚姻状態	配偶者なし	10.9	17.6	21.3
	配偶者あり	84.2	78.8	74.8
	離婚し、再婚せず	1.3	0.8	0.9
	死別し、再婚せず	3.6	2.8	3.0
学歴	学歴なし	8.0	8.6	8.7
	小学校	24.3	28.8	30.3
	中学校	34.2	39.6	41.1
	高校・職業高校	16.7	13.6	10.5
	専門学校	7.0	4.3	4.4
	短大	6.7	3.5	3.3
	大学	3.0	1.5	1.6
	大学院	0.2	0.1	0.1
就職	仕事あり	66.0	76.4	75.0
	仕事なし	34.0	23.6	25.0

注：本調査データでは，1世帯の人数が4人より少ない世帯の比率が人口センサスのデータより若干高く，4人より多い世帯数が若干低くなっているが，これは本調査で，世帯人数を聞く際に常駐人口（その家で週に4日間以上，3ヶ月以上住んでいる人のことを指す）のことを特に強調したためと考えられる。

二　世代間移動――職業的地位の継承パターンに見られる中国社会の変化

世代間移動の研究は、社会構造の特徴と変動を考察するための重要な方法である。父職と子職のクロス表についての分析を通して、人々の社会移動を制約する要素や、移動のパターンを決定するメカニズムが考察でき、それにより、社会構造の開放度や社会階層の存在の有無を判断できるからである。

表4−2は二〇〇一年に調査した際の対象者の現職と父職の移動を表したものであるが、これは、この半世紀における世代間移動の基本的な状況を映し出している。

表4−3と表4−4は、一九八〇年以前に就職した者と一九八〇年以降に就職した者の世代間移動を、それぞれ表しているが、そこからは改革・開放前後の世代間移動の異同を考察することができる。世代間移動の表で、黒斜体数字は移動なし、黒斜体数字の左側の数字は上昇移動、右側の数字は下降移動を、それぞれ表している。

表4−2から半数余りの人が世代間移動をしていることがわかる。そのうち、三七・二%は上昇移動で、一三・三%は下降移動。四九・五%が移動を経験していない(2)。

一九八〇年以降に就職した人は一九八〇年以前に就職した人に比べ、世代間移動率が明らかに高くなっている。一九八〇年以前に就職した人の中では四三・七%が世代間移動を行っているが、そのうち、三二・六%が上昇移動で、一一・一%が下降移動。五六・三%が移動を経験していない。これに対して、一九八〇年以降に就職した人の中で、五六・一%が世代間移動をしており、うち四一%が上昇移動で、一五・一%が下降移動である。

改革・開放以降、世代間移動率は明らかに高くなっており、その点では上昇移動も下降移動も変わりない。

表 4-2　世代間移動表（学生サンプルを除く）

父親の職業		本人の職業：党・政府の役人	管理職	私営企業主	専門技術職	事務職	零細経営者	商業・サービス業従業員	労働者	農民	無職・失業・半失業者	合計
党・政府の役人 管理職 私営企業主	度数	*10*	*9*	*4*	19	38	16	19	20	8	27	170
	期待値	*1.9*	*2.6*	*1.9*	7.2	13.6	18.9	19.6	22.5	73.3	8.6	170.0
	行の%（流出率）	*5.9%*	*5.3%*	*2.4%*	11.2%	22.4%	9.4%	11.2%	11.8%	4.7%	15.9%	100.0%
	列の%（流入率）	*15.4%*	*9.9%*	*6.3%*	7.7%	8.1%	2.5%	2.8%	2.6%	0.3%	9.1%	2.9%
専門技術職	度数	6	8	2	*49*	27	18	17	24	27	25	203
	期待値	2.3	3.2	2.2	*8.6*	16.2	22.6	23.4	26.9	87.5	10.2	203.0
	行の%（流出率）	3.0%	3.9%	1.0%	*24.1%*	13.3%	8.9%	8.4%	11.8%	13.3%	12.3%	100.0%
	列の%（流入率）	9.2%	8.8%	3.1%	*19.8%*	5.8%	2.8%	2.5%	3.1%	1.1%	8.4%	3.5%
事務職	度数	6	7	1	15	*54*	13	23	39	38	29	225
	期待値	2.5	3.5	2.5	9.5	*18.0*	25.0	25.9	29.8	97.0	11.4	225.0
	行の%（流出率）	2.7%	3.1%	0.4%	6.7%	*24.0%*	5.8%	10.2%	17.3%	16.9%	12.9%	100.0%
	列の%（流入率）	9.2%	7.7%	1.6%	6.1%	*11.5%*	2.0%	3.4%	5.0%	1.5%	9.8%	3.8%
零細経営者	度数	2	1	3	8	7	*33*	15	15	2	5	91
	期待値	1.0	1.4	1.0	3.8	7.3	*10.1*	10.5	12.0	39.2	4.6	91.0
	行の%（流出率）	2.2%	1.1%	3.3%	8.8%	7.7%	*36.3%*	16.5%	16.5%	2.2%	5.5%	100.0%
	列の%（流入率）	3.1%	1.1%	4.7%	3.2%	1.5%	*5.1%*	2.2%	1.9%	0.1%	1.7%	1.6%
労働者	度数	11	24	4	46	108	110	*184*	*215*	108	99	909
	期待値	10.1	14.1	9.9	38.3	72.7	101.1	*104.6*	*120.3*	392.0	45.9	909.0
	行の%（流出率）	1.2%	2.6%	0.4%	5.1%	11.9%	12.1%	*20.2%*	*23.7%*	11.9%	10.9%	100.0%
	列の%（流入率）	16.9%	26.4%	6.3%	18.6%	23.0%	16.9%	*27.3%*	*27.7%*	4.3%	33.4%	15.5%
農民	度数	30	42	50	110	235	462	417	463	*2346*	111	4266
	期待値	47.3	66.2	46.6	179.7	341.2	474.3	491.1	564.5	*1839.8*	215.3	4266.0
	行の%（流出率）	0.7%	1.0%	1.2%	2.6%	5.5%	10.8%	9.8%	10.9%	*55.0%*	2.6%	100.0%
	列の%（流入率）	46.2%	46.2%	78.1%	44.5%	50.1%	70.9%	61.8%	59.7%	*92.8%*	37.5%	72.7%
合計	度数	65	91	64	247	469	652	675	776	2529	296	5864
	期待値	65.0	91.0	64.0	247.0	469.0	652.0	675.0	776.0	2529.0	296.0	5864.0
	行の%（流出率）	1.1%	1.6%	1.1%	4.2%	8.0%	11.1%	11.5%	13.2%	43.1%	5.0%	100.0%
	列の%（流入率）	100.0%	100.0%	100.0%	100.0%	100.0%	100.0%	100.0%	100.0%	100.0%	100.0%	100.0%

表 4-3　1980年以前に就職した人の世代間移動表（学生サンプルを除く）

父親の職業		本人の職業：党・政府の役人	管理職	私営企業主	専門技術職	事務職	零細経営者	商業・サービス業従業員	労働者	農民	無職・失業・半失業者	合計
党・政府の役人 管理職 私営企業主	度数	*5*	*2*	*1*	8	13	3	8	7	5	5	57
	期待値	*1.0*	*1.1*	*0.3*	2.3	5.0	4.3	4.6	6.5	29.6	2.3	57.0
	行の%(流出率)	*8.8%*	*3.5%*	*1.8%*	14.0%	22.8%	5.3%	14.0%	12.3%	8.8%	8.8%	100.0%
	列の%(流入率)	*10.6%*	*3.7%*	*6.7%*	7.5%	5.5%	1.5%	3.7%	2.3%	0.4%	4.6%	2.1%
専門技術職	度数	5	5	0	*14*	10	1	9	12	7	5	68
	期待値	1.2	1.4	0.4	*2.7*	6.0	5.1	5.5	7.7	35.3	2.8	68.0
	行の%(流出率)	7.4%	7.4%	0.0%	*20.6%*	14.7%	1.5%	13.2%	17.6%	10.3%	7.4%	100.0%
	列の%(流入率)	10.6%	9.3%	0.0%	*13.2%*	4.3%	0.5%	4.1%	3.9%	0.5%	4.6%	2.5%
事務職	度数	3	5	0	7	*14*	4	9	16	21	11	90
	期待値	1.6	1.8	0.5	3.6	*7.9*	6.8	7.3	10.3	46.7	3.7	90.0
	行の%(流出率)	3.3%	5.6%	0.0%	7.8%	*15.6%*	4.4%	10.0%	17.8%	23.3%	12.2%	100.0%
	列の%(流入率)	6.4%	9.3%	0.0%	6.6%	*6.0%*	2.0%	4.1%	5.2%	1.5%	10.1%	3.4%
零細経営者	度数	2	1	0	3	4	*5*	5	5	0	2	27
	期待値	0.5	0.5	0.2	1.1	2.4	*2.0*	2.2	3.1	14.0	1.1	27.0
	行の%(流出率)	7.4%	3.7%	0.0%	11.1%	14.8%	*18.5%*	18.5%	18.5%	0.0%	7.4%	100.0%
	列の%(流入率)	4.3%	1.9%	0.0%	2.8%	1.7%	*2.5%*	2.3%	1.6%	0.0%	1.8%	1.0%
労働者	度数	7	15	1	27	59	20	*58*	*98*	45	35	365
	期待値	6.4	7.4	2.0	14.4	32.0	27.4	*29.6*	*41.6*	189.3	14.9	365.0
	行の%(流出率)	1.9%	4.1%	0.3%	7.4%	16.2%	5.5%	*15.9%*	*26.8%*	12.3%	9.6%	100.0%
	列の%(流入率)	14.9%	27.8%	6.7%	25.5%	25.1%	10.0%	*26.7%*	*32.1%*	3.2%	32.1%	13.6%
農民	度数	25	26	13	47	135	168	128	167	*1311*	51	2071
	期待値	36.3	41.8	11.6	82.0	181.7	155.4	167.8	235.9	*1074.2*	84.3	2071.0
	行の%(流出率)	1.2%	1.3%	0.6%	2.3%	6.5%	8.1%	6.2%	8.1%	*63.3%*	2.5%	100.0%
	列の%(流入率)	53.2%	48.1%	86.7%	44.3%	57.4%	83.6%	59.0%	54.8%	*94.4%*	46.8%	77.3%
合計	度数	47	54	15	106	235	201	217	305	1389	109	2678
	期待値	47.0	54.0	15.0	106.0	235.0	201.0	217.0	305.0	1389.0	109.0	2678.0
	行の%(流出率)	1.8%	2.0%	0.6%	4.0%	8.8%	7.5%	8.1%	11.4%	51.9%	4.1%	100.0%
	列の%(流入率)	100.0%	100.0%	100.0%	100.0%	100.0%	100.0%	100.0%	100.0%	100.0%	100.0%	100.0%

表 4-4 1980年以降に就職した人の世代間移動表（学生サンプルを除く）

父親の職業		本人の職業：党・政府の役人	管理職	私営企業主	専門技術職	事務職	零細経営者	商業・サービス業従業員	労働者	農民	無職・失業・半失業者	合計
党・政府の役人 管理職 私営企業主	度数	*4*	*7*	*3*	10	25	13	11	13	4	21	111
	期待値	*0.6*	*1.3*	*1.7*	4.9	8.1	15.7	16.0	16.4	39.9	6.5	111.0
	行の%（流出率）	*3.6%*	*6.3%*	*2.7%*	9.0%	22.5%	11.7%	9.9%	11.7%	3.6%	18.9%	100.0%
	列の%（流入率）	*25.0%*	*19.4%*	*6.1%*	7.2%	10.7%	2.9%	2.4%	2.8%	0.4%	11.1%	3.5%
専門技術職	度数	1	2	2	*34*	16	16	8	11	20	20	130
	期待値	0.7	1.5	2.0	*5.7*	9.5	18.4	18.7	19.2	46.7	7.26	130.0
	行の%（流出率）	0.8%	1.5%	1.5%	*26.2%*	12.3%	12.3%	6.2%	8.5%	15.4%	15.4%	100.0%
	列の%（流入率）	6.3%	5.6%	4.1%	*24.5%*	6.9%	3.6%	1.7%	2.3%	1.8%	10.8%	4.1%
事務職	度数	2	2	1	8	*40*	9	14	22	17	18	133
	期待値	0.7	1.5	2.1	5.8	*9.8*	18.8	19.2	19.6	47.8	7.8	133.0
	行の%（流出率）	1.5%	1.5%	0.8%	6.0%	*30.1%*	6.8%	10.5%	16.5%	42.8%	13.5%	100.0%
	列の%（流入率）	12.5%	5.6%	2.0%	5.8%	*17.2%*	2.0%	3.1%	4.7%	1.5%	9.7%	4.2%
零細経営者	度数	0	0	3	5	3	*27*	9	10	2	3	62
	期待値	0.3	0.7	1.0	2.7	4.5	*8.8*	8.9	9.2	22.3	3.6	62.0
	行の%（流出率）	0.0%	0.0%	4.8%	8.1%	4.8%	*43.5%*	14.5%	16.1%	3.2%	4.8%	100.0%
	列の%（流入率）	0.0%	0.0%	6.1%	3.6%	1.5%	*6.0%*	2.0%	2.1%	0.2%	1.6%	2.0%
労働者	度数	4	9	3	19	49	90	*126*	*117*	63	64	544
	期待値	2.7	6.2	8.4	23.8	39.9	76.9	*78.4*	*80.3*	195.4	31.9	544.0
	行の%（流出率）	0.7%	1.7%	0.6%	3.5%	9.0%	16.5%	*23.2%*	*21.5%*	11.6%	11.8%	100.0%
	列の%（流入率）	25.0%	25.0%	6.1%	13.7%	21.0%	20.0%	*27.5%*	*24.9%*	5.5%	34.4%	17.1%
農民	度数	5	16	37	63	100	294	290	296	*1035*	60	544
	期待値	11.1	24.9	33.9	96.1	161.1	310.5	316.7	324.3	*788.9*	31.9	544.0
	行の%（流出率）	0.2%	0.7%	1.7%	2.9%	4.6%	13.4%	13.2%	13.5%	*47.1%*	11.8%	100.0%
	列の%（流入率）	31.3%	44.4%	75.5%	45.3%	42.9%	65.5%	63.3%	63.1%	*90.7%*	34.4%	17.1%
合計	度数	16	36	49	139	233	449	458	469	1141	186	3176
	期待値	16.0	36.0	49.0	139.0	233.0	449.0	458.0	468.0	1141.0	186.0	3176.0
	行の%（流出率）	0.5%	1.1%	1.5%	4.4%	7.3%	14.1%	14.4%	14.8%	35.9%	5.9%	100.0%
	列の%（流入率）	100.0%	100.0%	100.0%	100.0%	100.0%	100.0%	100.0%	100.0%	100.0%	100.0%	100.0%

党・政府の役人層に見られる特徴

職業別の世代間移動に注目すると、党・政府の役人層には一定した世代間継承率が見られ、父親が党・政府の役人や管理職だと、子どもは党や政府の幹部になりやすい。また専門技術職と事務職を父親にもつ者も、同種の職業に就きやすい。

これに対して農民や、零細経営者、私営企業主の場合、父親と子どもが同じ職業に就く確率は、それらの職業が全職業に占める比率より低い。また、父親が労働者の場合、子どもが党・政府の役人になる確率は労働者が全職業に占める割合にほぼ等しい。

世代間移動の表を時代ごとに比べてみると、党・政府の役人層の世代間継承率は時代によって異なっている。改革・開放前に就職した人の世代間継承率は、改革・開放後に就職した人より低い。たとえば、一九八〇年代以前に就職した党・政府の役人のうち、父親が党・政府の役人か管理職の比率は一〇・六%で、この数字は、党・政府の役人層が父親の全職業に占める割合（二・一%）の五倍である。これに対して、一九八〇年以降に就職した党・政府の役人のうち、父親が党・政府の役人か管理職の割合は二五%で、この数字は、党・政府の役人層が父親の全職業に占める割合（三・五%）の七倍に達している。

また、一九八〇年以前に就職した党・政府の役人の五三・二%が農民階層の出身で、その比率は、農業労働者が父親の全職業に占める割合（七七・三%）より約二四ポイント低い。これに対して、一九八〇年以降に就職した党・政府の役人の三一・三%が農民階層の出身で、その比率は、農業労働者が全職業に占める割合（六九・一%）より約三八ポイント低い。

このように、農民階層の出身者が党・政府の役人になる比率は、改革前の方が高く、党・政府の役人や管理職階層の出身者が党・政府の役人になる比率は、改革後の方が高くなっている。

管理職層や私営企業主層に見られる特徴

父親が管理職である者と党・政府の役人である者とでは、多少の類似性は見られるものの、世代間継承率に関しては、後者の方が高い。父親の職業が党・政府の役人か管理職である場合、本人が管理職になる比率は高く、農民階層の出身者が管理職になる比率は相対的に低いが、この点で党・政府の役人層に似ている。

労働者階層の出身者が管理職になれる可能性は、党・政府の役人層になれる可能性より高い。しかも改革・開放後、管理職の世代間継承率は上昇している。

一九八〇年以降に就職した管理職のうち、党・政府の役人や管理職を父親にもつ者の比率は明らかに高くなっている。また一九八〇年以降に就職した管理職に占める農民や労働者の出身者比率は若干落ちているが、この点でも党・政府の役人層の特徴に似ている。

私営企業主層は改革・開放後、特に一九九〇年代になって出現した階層である。党・政府の役人層や管理職層に比べて、世代間継承率は低い。また世代間移動表によると、私営企業主の出身階層の分布には大きな偏りは見られない。

党・政府の役人や管理職を父親にもつ者が、私営企業主になる比率は全体の平均より若干高く、労働者階層の出身者が私営企業主になる比率は平均より若干低いのを除き、私営企業主の出身階層には大きな特徴は見られない。私営企業主になるにあたって、出身階層による影響は少なく、多くは当人の努力や能力、チャンスによっているのである。

私営企業主には父親からの経済資本の蓄積もなければ、文化資本や権力資本の世代間継承もほとんどない。私営企業主の大多数（七八・一％）は農民階層の出身である。

しかし、インタビュー記録によると、二種類の資本の世代間継承が大企業経営者としての地位獲得に影響を与えているようだ。

第一に、一部の国家幹部や国有・集団企業の管理職は、国有資源の調達・分配権や経営上の特権をもっているが、これは彼らの子弟が大企業経営者になるのに有利に働く。第二に、一部の大企業経営者の父親や祖父は以前、企業家か商人をやっており、彼らが子孫に伝達する経営上の経験は、子孫の経営に大いに役立っている。もっとも、このようなケースは少ないのだが。

専門技術職層や事務職層に見られる特徴

世代間移動表によると、専門技術職層の世代継承性は比較的強く、専門技術職の階層出身者が専門技術職になる比率は高い。父親の職業が専門技術職である者の比率（一九・八％）は、父親の全職業に占める専門技術職の割合（三・五％）の五・六倍にあたる。

党・政府の役人や管理職の階層出身者が専門技術職になる比率は相対的に高く、農民階層の出身者が専門技術職になる比率は相対的に低い。ただ、これも農民人口の絶対数が高いからで、専門技術職に占める農民階層出身者の比率（四四・五％）は比較的高い。

改革・開放後、専門技術職の世代間継承率は明らかに高くなっており、専門技術職階層の出身者が専門技術職になる比率は高くなっている。これに対して、労働者階層の出身者が専門技術職になる比率は大きく落ち込んでいる。

一九八〇年以前に就職した専門技術職のうち、専門技術職層の出身者が一三・二%であったのが、一九八〇年以降、その比率は二四・五%になっている。また一九八〇年以前に就職した専門技術職のうち、労働者階層の出身者が二五・五%であったのに対し、一九八〇年を境に低下し、その比率は一三・七%になっている。

事務職層は社会移動のルートにとって「踊り場」となっており、社会的地位の低い職業グループが上昇移動を行う際の重要な通過ルートとなっている。

事務職、党・政府の役人、管理職、専門技術職を父親にもつ者が事務職になる可能性は比較的高く、労働者階層の出身者にも事務職が多い。

事務職層の二三%は労働者階層の出身で、その比率は、父親の全職業に占める労働者の割合（一五・五%）より七・五ポイントほど高い。事務職は、労働者階層の出身者が上昇移動を行う際の重要なルートになっているのである。

改革・開放後、党・政府の役人や管理職、専門技術職、事務職の階層出身者が事務職層に入る比率は若干高まったものの、労働者や農民階層の出身者が事務職層に入る比率は大きく落ち込んでいる。

その他の階層に見られる特徴

零細経営者の出身階層の分布は、全体構造に占める平均値に非常に近い。私営企業主と零細経営者の出身者が零細経営者になる比率が若干高いのを除くと、その他の階層出身者が零細経営者になる比率に大きな開きはない。

商業・サービス業従業員の出身階層の分布も、これに似ている。この階層には出身階層による影響が少なく、労働者階層の出身者が商業・サービス業従業員になる比率が若干高い程度である。

商業・サービス業従業員の出身階層には時代による変化もほとんど見られないが、一つだけ例外がある。改革・開放後になって、党・政府の役人や管理職、専門技術職、事務職の階層出身者が商業・サービス業従業員になる比率が若干低下しているのである。

労働者の出身階層の分布は、商業・サービス業従業員の特徴に酷似している。労働者階層の出身者が労働者になる比率が高いことを除けば、その出身階層の分布はきわめて均質的である。労働者階層の出身者が労働者になる比率は、改革・開放前の方で高く、農民階層の出身者が労働者になる比率は、改革・開放後の方で高い。

農業労働者層は、世代間継承率が一番高い。農業労働者の九二・八%が農民階層の出身で、その半数以上に相当する五五%が、農業労働者にとどまっている。

こうした背景には、都市と農村を分割する戸籍制度の存在がある。農業労働者のうち、農村戸籍をもつ者が九八・四%、農村に居住している者は八九・八%に達している。

このように、世代間移動だけで、改革・開放後に社会が開放的になったかどうかを判断するのはむずかしい。世代間移動率全体を見ると、この数値が大きくなっていることから、改革・開放後、開放的になったように見える。ところが、各階層の世代間継承率を見ればわかるように、事情はさほど単純ではない。党・政府の役人や管理職、専門技術職といった、職業的地位が高い階層の場合、その世代間継承率は高くなり、職業的地位の低い階層の出身者が上昇移動しづらくなっているのである。その意味では、社会の一部で閉鎖化が進行し、階層間の移動に障壁ができつつあるともいえる。

世代間継承率がもっとも高い農民の事情も、また複雑である。

農民の社会移動の機会は広がり、労働者や商業・サービス業従業員、零細経営者、私営企業主になる機会は増えているものの、党・政府の役人や管理職、事務職になる比率は、以前に比べて低くなっている。

三　世代内移動――階層移動の趨勢と顕在化する階層間ギャップ

従来の社会移動研究の多くは世代間移動に注目しているものの、中国の社会移動研究においては、世代内移動の研究の方が重要である。ここ五、六〇年の間、中国社会の変化は激しく、社会移動のメカニズムは時期によって異なっていたからである。

たとえば、経済資本は、一九四九年以前では上昇移動にとって有利だったものの、一九四九年以降には不利な要素となった。一九八〇年以前、上昇移動に影響を及ぼさなかった文化的資本も、一九八〇年以降、もっとも重要な要素になっている。

また、中国の階層状況も時期によって様相を異にし、階層分類――階層が存在していればだが――も、改革・開放の前後で異なっている。こうした状況にあって、世代間移動だけで、それぞれの時期に特徴的な移動モデルを論じにくく、世代内移動のほうが移動メカニズムやその変化、とりわけ改革・開放以降の社会移動を分析するのに都合がよい。

世代内移動の概要

表4-5は、調査対象者の最初の職業と現在の職業を表し、表4-6と表4-7は、一九八〇年以前と以降にそれぞれ就職した人の、最初の職業と現在の職業を表しているが、これら三つの表からもわかるように、世代内移動率の差は

表 4-5　世代内移動表（就職経験のないサンプルを除く）

最初の職業		現在の職業：党・政府の役人	管理職	私営企業主	専門技術職	事務職	零細経営者	商業・サービス業従業員	労働者	農業労働者	無職・失業・半失業者	合計
党・政府の役人	度数	*13*	2	0	0	6	0	0	0	1	0	22
	期待値	*0.2*	0.4	0.2	0.9	1.8	2.4	2.6	2.8	9.7	0.9	22.0
	行の%(流出率)	*59.1%*	9.1%	0.0%	0.0%	27.3%	0.0%	0.0%	0.0%	4.5%	0.0%	100.0%
	列の%(流入率)	*21.3%*	2.2%	0.0%	0.0%	1.3%	0.0%	0.0%	0.0%	0.0%	0.0%	0.4%
管理職	度数	0	*17*	0	0	1	1	1	0	0	2	22
	期待値	0.2	*0.4*	0.2	0.9	1.8	2.4	2.6	2.8	9.7	0.9	22.0
	行の%(流出率)	0.0%	*77.3%*	0.0%	0.0%	4.5%	4.5%	4.5%	0.0%	0.0%	9.1%	100.0%
	列の%(流入率)	0.0%	*18.9%*	0.0%	0.0%	0.2%	0.2%	0.2%	0.0%	0.0%	0.8%	0.4%
私営企業主	度数	0	0	*11*	0	0	0	0	0	0	0	11
	期待値	0.1	0.2	*0.1*	0.5	0.9	1.2	1.3	1.4	4.9	0.5	11.0
	行の%(流出率)	0.0%	0.0%	*100.0%*	0.0%	0.0%	0.0%	0.0%	0.0%	0.0%	0.0%	100.0%
	列の%(流入率)	0.0%	0.0%	*18.0%*	0.0%	0.0%	0.0%	0.0%	0.0%	0.0%	0.0%	0.2%
専門技術職	度数	16	7	5	*179*	31	12	7	4	24	11	296
	期待値	3.2	4.8	3.2	*12.7*	23.9	32.3	34.8	37.5	130.8	12.7	296.0
	行の%(流出率)	5.4%	2.4%	1.7%	*60.5%*	10.5%	4.1%	2.4%	1.4%	8.1%	3.7%	100.0%
	列の%(流入率)	26.2%	7.8%	8.2%	*74.6%*	6.9%	2.0%	1.1%	0.6%	1.0%	4.6%	5.3%
事務職	度数	19	20	8	13	*217*	21	20	26	48	27	419
	期待値	4.6	6.8	4.6	18.0	*33.8*	45.7	49.2	53.1	185.2	17.9	419.0
	行の%(流出率)	4.5%	4.8%	1.9%	3.1%	*51.8%*	5.0%	4.8%	6.2%	11.5%	6.4%	100.0%
	列の%(流入率)	31.1%	22.2%	13.1%	5.4%	*48.1%*	3.4%	3.0%	3.7%	1.9%	11.3%	7.5%
零細経営者	度数	0	1	0	0	5	*185*	89	18	20	3	321
	期待値	3.5	5.2	3.5	13.8	25.9	*35.0*	37.7	40.7	141.9	13.7	321.0
	行の%(流出率)	0.0%	0.3%	0.0%	0.0%	1.6%	*57.6%*	27.7%	5.6%	6.2%	0.9%	100.0%
	列の%(流入率)	0.0%	1.1%	0.0%	0.0%	1.1%	*30.4%*	13.6%	2.5%	0.8%	1.3%	5.7%
商業・サービス業従業員	度数	4	8	3	6	42	53	*213*	20	15	31	395
	期待値	4.3	6.4	4.3	17.0	31.9	43.1	*46.4*	50.1	174.6	16.9	395.0

	行の%(流出率)	1.0%	2.0%	0.8%	1.5%	10.6%	13.4%	*53.9%*	5.1%	3.8%	7.8%	100.0%
	列の%(流入率)	6.6%	8.9%	4.9%	2.5%	9.3%	8.7%	*32.5%*	2.8%	0.6%	13.0%	7.1%
労働者	度数	4	19	9	14	65	117	124	*436*	100	108	996
	期待値	10.9	16.1	10.9	42.8	80.5	108.6	117.0	*126.3*	440.3	42.6	996.0
	行の%(流出率)	0.4%	1.9%	0.9%	1.4%	6.5%	11.7%	12.4%	*43.8%*	10.0%	10.8%	100.0%
	列の%(流入率)	6.6%	21.1%	14.8%	5.8%	14.4%	19.2%	18.9%	*61.6%*	4.1%	45.2%	17.8%
農業労働者	度数	5	16	25	28	84	218	191	202	*2259*	49	3077
	期待値	33.6	49.6	33.6	132.3	248.6	335.6	361.5	390.2	*1360.2*	131.7	3077.0
	行の%(流出率)	0.2%	0.5%	0.8%	0.9%	2.7%	7.1%	6.2%	6.6%	*73.4%*	1.6%	100.0%
	列の%(流入率)	8.2%	17.8%	41.0%	11.7%	18.6%	35.8%	29.1%	28.5%	*91.5%*	20.5%	55.1%
無職・失業者	度数	0	0	0	0	0	2	11	2	1	*8*	24
	期待値	0.3	0.4	0.3	1.0	1.9	2.6	2.8	3.0	10.6	*1.0*	24.0
	行の%(流出率)	0.0%	0.0%	0.0%	0.0%	0.0%	8.3%	45.8%	8.3%	4.2%	*33.3%*	100.0%
	列の%(流入率)	0.0%	0.0%	0.0%	0.0%	0.0%	0.3%	1.7%	0.3%	0.0%	*3.3%*	0.4%
合計	度数	61	90	61	240	451	609	656	708	2468	239	5583
	期待値	61.0	90.0	61.0	240.0	451.0	609.0	656.0	708.0	2468.0	239.0	5583.0
	行の%(流出率)	1.1%	1.6%	1.1%	4.3%	8.1%	10.9%	11.7%	12.7%	44.2%	4.3%	100.0%
	列の%(流入率)	100.0%	100.0%	100.0%	100.0%	100.0%	100.0%	100.0%	100.0%	100.0%	100.0%	100.0%

表 4-6　1980年以前に就職した人の世代内移動表（就職経験のないサンプルを除く）

最初の職業		現在の職業：党・政府の役人	管理職	私営企業主	専門技術職	事務職	零細経営者	商業・サービス業従業員	労働者	農業労働者	無職・失業・半失業者	合計
党・政府の役人	度数	*7*	2	0	0	6	0	0	0	1	0	16
	期待値	*0.3*	0.3	0.1	0.6	1.4	1.2	1.3	1.7	8.5	0.5	16.0
	行の%（流出率）	*43.8%*	12.5%	0.0%	0.0%	37.5%	0.0%	0.0%	0.0%	6.3%	0.0%	100.0%
	列の%（流入率）	*15.9%*	3.8%	0.0%	0.0%	2.6%	0.0%	0.0%	0.0%	0.1%	0.0%	0.6%
管理職	度数	0	*6*	0	0	1	1	1	0	0	1	10
	期待値	0.2	*0.2*	0.1	0.4	0.9	0.8	0.8	1.1	5.3	0.3	10.0
	行の%（流出率）	0.0%	*60.0%*	0.0%	0.0%	10.0%	10.0%	10.0%	0.0%	0.0%	10.0%	100.0%
	列の%（流入率）	0.0%	*11.3%*	0.0%	0.0%	0.4%	0.5%	0.5%	0.0%	0.0%	1.1%	0.4%
私営企業主	度数	0	0	*0*	0	0	0	0	0	0	0	0
	期待値	0.0	0.0	*0.0*	0.0	0.0	0.0	0.0	0.0	0.0	0.0	0.0
	行の%（流出率）	0.0%	0.0%	*0.0%*	0.0%	0.0%	0.0%	0.0%	0.0%	0.0%	0.0%	0.0%
	列の%（流入率）	0.0%	0.0%	*0.0%*	0.0%	0.0%	0.0%	0.0%	0.0%	0.0%	0.0%	0.0%
専門技術職	度数	11	2	2	*74*	22	4	3	3	20	3	144
	期待値	2.4	2.9	0.8	*5.8*	12.8	10.8	11.7	15.7	76.2	4.9	144.0
	行の%（流出率）	7.6%	1.4%	1.4%	*51.4%*	15.3%	2.8%	2.1%	2.1%	13.9%	2.1%	100.0%
	列の%（流入率）	25.0%	3.8%	13.3%	*71.2%*	9.6%	2.1%	1.4%	1.1%	1.5%	3.4%	5.6%
事務職	度数	15	11	2	7	*78*	8	9	11	32	6	179
	期待値	3.0	3.7	1.0	7.2	*15.9*	13.5	14.5	19.5	94.7	6.1	179.0
	行の%（流出率）	8.4%	6.1%	1.1%	3.9%	*43.6%*	4.5%	5.0%	6.1%	17.9%	3.4%	100.0%
	列の%（流入率）	34.1%	20.8%	13.3%	6.7%	*33.9%*	4.1%	4.3%	3.9%	2.3%	6.8%	6.9%
零細経営者	度数	0	0	0	0	1	*37*	21	2	4	1	66
	期待値	1.1	1.3	0.4	2.6	5.9	*5.0*	5.3	7.2	34.9	2.2	66.0
	行の%（流出率）	0.0%	0.0%	0.0%	0.0%	1.5%	*56.1%*	31.8%	3.0%	6.1%	1.5%	100.0%
	列の%（流入率）	0.0%	0.0%	0.0%	0.0%	0.4%	*19.0%*	10.0%	0.7%	0.3%	1.1%	2.5%
商業・サービス業従業員	度数	3	3	0	4	19	11	*38*	13	7	7	105
	期待値	1.8	2.1	0.6	4.2	9.3	7.9	*8.5*	11.4	55.5	3.6	105.0

	行の%(流出率)	2.9%	2.9%	0.0%	3.8%	18.1%	10.5%	*36.2%*	12.4%	6.7%	6.7%	100.0%
	列の%(流入率)	6.8%	5.7%	0.0%	3.8%	8.3%	5.6%	*18.1%*	4.6%	0.5%	8.0%	4.1%
労　働　者	度　数	3	14	1	5	37	17	47	*158*	27	35	344
	期待値	5.8	7.0	2.0	13.8	30.5	25.9	27.9	*37.4*	182.0	11.7	344.0
	行の%(流出率)	0.9%	4.1%	0.3%	1.5%	10.8%	4.9%	13.7%	*45.9%*	7.8%	10.2%	100.0%
	列の%(流入率)	6.8%	26.4%	6.7%	4.8%	16.1%	8.7%	22.4%	*56.0%*	2.0%	39.8%	13.3%
農業労働者	度　数	5	15	10	14	66	117	88	93	*1279*	33	1720
	期待値	29.2	35.2	10.0	69.0	152.6	129.4	138.4	187.1	*909.8*	58.4	1720.0
	行の%(流出率)	0.3%	0.9%	0.6%	0.8%	3.8%	6.8%	5.1%	5.4%	*74.4%*	1.9%	100.0%
	列の%(流入率)	11.4%	28.3%	66.7%	13.5%	28.7%	60.0%	41.9%	33.0%	*93.3%*	37.5%	66.4%
無職・失業者	度　数	0	0	0	0	0	0	3	2	1	*2*	8
	期待値	0.1	0.2	0.0	0.3	0.7	0.6	0.6	0.9	4.2	*0.3*	8.0
	行の%(流出率)	0.0%	0.0%	0.0%	0.0%	0.0%	0.0%	37.5%	25.0%	12.5%	*25.0%*	100.0%
	列の%(流入率)	0.0%	0.0%	0.0%	0.0%	0.0%	0.0%	1.4%	0.7%	0.1%	*2.3%*	0.3%
合　計	度　数	44	53	15	104	230	195	210	282	1371	88	2592
	期待値	44.0	53.0	15.0	104.0	230.0	195.0	210.0	282.0	1371.0	88.0	2592.0
	行の%(流出率)	1.7%	2.0%	0.6%	4.0%	8.9%	7.5%	8.1%	10.9%	52.9%	3.4%	100.0%
	列の%(流入率)	100.0%	100.0%	100.0%	100.0%	100.0%	100.0%	100.0%	100.0%	100.0%	100.0%	100.0%

表 4-7 1980年以降に就職した人の世代内移動表（就職経験のないサンプルを除く）

最初の職業		現在の職業：党・政府の役人	管理職	私営企業主	専門技術職	事務職	零細経営者	商業・サービス業従業員	労働者	農業労働者	無職・失業・半失業者	合計
党・政府の役人	度数	*6*	0	0	0	0	0	0	0	0	0	6
	期待値	*0.0*	0.1	0.1	0.3	0.4	0.8	0.9	0.9	2.2	0.3	6.0
	行の%（流出率）	*100.0%*	0.0%	0.0%	0.0%	0.0%	0.0%	0.0%	0.0%	0.0%	0.0%	100.0%
	列の%（流入率）	*33.3%*	0.0%	0.0%	0.0%	0.0%	0.0%	0.0%	0.0%	0.0%	0.0%	0.2%
管理職	度数	0	*11*	0	0	0	0	1	0	0	1	13
	期待値	0.1	*0.2*	0.2	0.6	1.0	1.8	1.9	1.8	4.8	0.7	13.0
	行の%（流出率）	0.0%	*84.6%*	0.0%	0.0%	0.0%	0.0%	7.7%	0.0%	0.0%	7.7%	100.0%
	列の%（流入率）	0.0%	*29.7%*	0.0%	0.0%	0.0%	0.0%	0.2%	0.0%	0.0%	0.7%	0.4%
私営企業主	度数	0	0	*11*	0	0	0	0	0	0	0	11
	期待値	0.1	0.1	*0.2*	0.5	0.8	1.5	1.6	1.6	4.0	0.6	11.0
	行の%（流出率）	0.0%	0.0%	*100.0%*	0.0%	0.0%	0.0%	0.0%	0.0%	0.0%	0.0%	100.0%
	列の%（流入率）	0.0%	0.0%	*24.4%*	0.0%	0.0%	0.0%	0.0%	0.0%	0.0%	0.0%	0.4%
専門技術職	度数	5	5	3	*105*	9	9	4	1	5	8	154
	期待値	0.9	1.9	2.3	*7.0*	11.4	21.4	22.9	21.9	56.5	7.7	154.0
	行の%（流出率）	3.2%	3.2%	1.9%	*68.2%*	5.8%	5.8%	2.6%	0.6%	3.2%	5.2%	100.0%
	列の%（流入率）	27.8%	13.5%	6.7%	*77.8%*	4.1%	2.2%	0.9%	0.2%	0.5%	5.3%	5.2%
事務職	度数	5	9	6	6	*138*	14	11	15	16	21	241
	期待値	1.5	3.0	3.6	10.9	*17.8*	33.5	35.9	34.3	88.4	12.1	241.0
	行の%（流出率）	2.1%	3.7%	2.5%	2.5%	*57.3%*	5.8%	4.6%	6.2%	6.6%	8.7%	100.0%
	列の%（流入率）	27.8%	24.3%	13.3%	4.4%	*62.4%*	3.4%	2.5%	3.5%	1.5%	14.0%	8.1%
零細経営者	度数	0	1	0	0	5	*145*	67	16	20	2	255
	期待値	1.5	3.2	3.8	11.5	18.9	*35.5*	38.0	36.3	93.6	12.8	255.0
	行の%（流出率）	0.0%	0.4%	0.0%	0.0%	2.0%	*58.0%*	26.3%	6.3%	6.3%	0.8%	100.0%
	列の%（流入率）	0.0%	2.7%	0.0%	0.0%	2.3%	*35.6%*	15.1%	3.8%	1.5%	1.3%	8.5%
商業・サービス業従業員	度数	2	5	3	2	23	42	*174*	7	7	24	289
	期待値	1.7	3.6	4.4	13.1	21.4	40.2	*43.0*	41.1	106.1	14.5	395.0

	行の%(流出率)	0.7%	1.7%	1.0%	0.7%	8.0%	14.5%	*60.2%*	2.4%	2.4%	8.3%	100.0%
	列の%(流入率)	11.1%	13.5%	6.7%	1.5%	10.4%	10.1%	*39.1%*	1.6%	0.6%	16.0%	7.1%
労　働　者	度　数	0	6	7	9	28	100	77	*278*	73	73	651
	期待値	3.9	8.1	9.8	29.4	48.1	90.6	96.9	*92.3*	238.9	32.7	651.0
	行の%(流出率)	0.0%	0.9%	1.1%	1.4%	4.3%	15.4%	11.8%	*42.7%*	11.2%	11.2%	100.0%
	列の%(流入率)	0.0%	16.2%	15.6%	6.7%	12.7%	24.0%	17.3%	*65.4%*	6.7%	48.7%	21.8%
農業労働者	度　数	0	0	15	13	18	101	103	108	*980*	15	1353
	期待値	8.1	16.7	20.4	61.1	100.0	188.3	201.4	192.4	*496.6*	67.9	1353.0
	行の%(流出率)	0.0%	0.0%	1.1%	1.0%	1.3%	7.5%	7.6%	8.0%	*72.4%*	1.1%	100.0%
	列の%(流入率)	0.0%	0.0%	33.3%	9.6%	8.1%	24.3%	23.1%	25.4%	*89.3%*	10.0%	45.3%
無職・失業者	度　数	0	0	0	0	0	2	8	0	0	*6*	16
	期待値	0.1	0.2	0.2	0.7	1.2	2.2	2.4	2.3	5.9	*0.8*	16.0
	行の%(流出率)	0.0%	0.0%	0.0%	0.0%	0.0%	12.5%	50.0%	0.0%	0.0%	*37.5%*	100.0%
	列の%(流入率)	0.0%	0.0%	0.0%	0.0%	0.0%	0.5%	1.8%	0.0%	0.0%	*4.0%*	0.5%
合　計	度　数	18	37	45	135	221	416	445	425	1097	150	2989
	期待値	18.0	37.0	45.0	135.0	221.0	416.0	445.0	425.0	1097.0	150.0	2989.0
	行の%(流出率)	0.6%	1.2%	1.5%	4.5%	7.4%	13.9%	14.9%	14.2%	36.7%	5.0%	100.0%
	列の%(流入率)	100.0%	100.0%	100.0%	100.0%	100.0%	100.0%	100.0%	100.0%	100.0%	100.0%	100.0%

さほど大きくない。

調査対象者の初職と現職の全体の移動率は三六・六％である。そのうち上昇移動が二四・一％で、下降移動が一二・五％。一九八〇年以前に就職した者の全体の移動率は三五・二％で、そのうち上昇移動が二四・三％、下降移動が一〇・九％。一九八〇年以降に就職した者の場合、それぞれ、三七・九％、二四％、一三・九％となっている。

一九八〇年以降に就職した人の移動率は、一九八〇年以前に比べ若干高い。一九八〇年以前に就職した人の方が、勤続年数が長く、職業を移動した可能性も高いため、この二つを比べて、改革・開放前後における世代内移動の機会を論じることはむずかしい。

そこで、職業移動が最後に起こった時期、ないし現在の職業に就いた時期を基準に、調査対象者を三つのグループに分け、それぞれの世代内移動と移動パターンを示したものが、表4-9、表4-10、表4-11である。

改革・開放前の一九四〇年から一九七九年の間に前職に就いた者（職業移動が一回もなく、この時期に就職した者を含む）は一六八五名で、その移動率は一三・三％。そのうち上昇移動が七・五％、下降移動が五・八％であった。

次に、一九八〇年から一九八九年の間、すなわち改革・開放後の最初の一〇年の間に前職に就いた者（職業移動が一回もなく、この時期に就職した者を含む）は一二七〇名で、その移動率は二九・九％。そのうち上昇移動が一九％、下降移動が一〇・九％であった。

最後に、前職に就いたのが一九九〇年から二〇〇一年の間、すなわち改革・開放後の一〇年目から二〇年目にかけてであった者（職業移動が一回もなく、この時期にかけて就職した者を含む）は二六二三名で、その移動率は五三・九％。そのうち上昇移動が三二・九％、下降移動が二一％であった。

以上のデータから、改革・開放後、世代内移動率が確実に上昇しており、上昇移動だけでなく、下降移動も増えていることがわかる。しかし重要なのは、時期によって、個々の階層が示す移動の方向性とそのパターンが異なっている点である。

社会の上層としての党・政府の役人層

世代内移動の全体的なパターンを見ると、党・政府の役人層は流入が多く、流出が少ない（表4-5、表4-8参照）。党・政府の役人は通常、移動の最終目的地であって、いったん幹部になると他の階層に移動しないが、これからも、この階層が社会構造の上位に位置していることがわかる。

最初から党・政府の役人だった者の過半数（五九・一%）は、同じ職業にとどまっており、一部が管理職層（九・一%）や事務職層（二七・三%）に移動しているにすぎない。[3] 一九九〇年代になって、管理職や私営企業主になった者も若干いるが、これはこの時期に起きた「下海《シアハイ》（仕事をやめて、新しくビジネスを始めること）」ブームによるものであろう。政治的資源をもつ彼らが、経済的資源をもつ階層に移動していくことは、経済的資源の価値が高くなってきていることを意味する。

しかし、その移動率はきわめて少ない。「下海」ブームが去った後、新しく抜擢された中年以下の幹部層に「下海」はさほど見られず、大多数は元の職場での昇進を望むようになっている。「下海」した幹部には、実権がなかったか、昇進の見込みがなかった幹部が多かったようだ。

また、党・政府の役人層への流入ルートも限られている。

最初から党・政府の役人である者が約二割、専門技術職か事務職である者が約六割。残りの約二割は、労働者層や商業・サービス業従業員層、農業労働者層から流入している。このように、専門技術職と事務職が党・政府の幹部の

表 4-8　現在の職業と直前の職業の移動表（就職経験のないサンプルを除く）

直前の職業		現在の職業：党・政府の役人	管理職	私営企業主	専門技術職	事務職	零細経営者	商業・サービス業従業員	労働者	農業労働者	無職・失業・半失業者	合計
党・政府の役人	度数	*28*	6	2	3	8	1	0	0	0	1	49
	期待値	*0.5*	0.8	0.5	2.1	4.0	5.8	6.2	6.2	21.7	2.1	49.0
	行の%(流出率)	*57.1%*	12.2%	4.1%	6.1%	16.3%	2.0%	0.0%	0.0%	0.0%	2.0%	100.0%
	列の%(流入率)	*45.9%*	6.7%	3.2%	1.2%	1.8%	.2%	0.0%	0.0%	0.0%	0.4%	0.9%
管理職	度数	4	*28*	1	1	7	1	1	2	2	1	48
	期待値	0.5	*0.8*	0.5	2.1	3.9	5.2	5.6	6.1	21.2	2.0	48.0
	行の%(流出率)	8.3%	*58.3%*	2.1%	2.1%	14.6%	2.1%	2.1%	4.2%	4.2%	2.1%	100.0%
	列の%(流入率)	6.6%	*31.5%*	1.6%	0.4%	1.5%	0.2%	0.2%	0.3%	0.1%	0.4%	0.9%
私営企業主	度数	0	0	*13*	0	0	1	1	0	1	0	16
	期待値	0.2	0.3	*0.2*	0.7	1.3	1.7	1.9	2.0	7.1	0.7	16.0
	行の%(流出率)	0.0%	0.0%	*81.3%*	0.0%	0.0%	6.3%	6.3%	0.0%	6.3%	0.0%	100.0%
	列の%(流入率)	0.0%	0.0%	*21.0%*	0.0%	0.0%	0.2%	0.2%	0.0%	0.0%	0.0%	0.3%
専門技術職	度数	11	6	4	*183*	30	11	7	3	24	9	288
	期待値	3.1	4.6	3.2	*12.4*	23.3	31.4	33.8	36.6	127.3	12.3	288.0
	行の%(流出率)	3.8%	2.1%	1.4%	*63.5%*	10.4%	3.8%	2.4%	1.0%	8.3%	3.1%	100.0%
	列の%(流入率)	18.0%	6.7%	6.5%	*75.9%*	6.6%	1.8%	1.1%	0.4%	1.0%	3.8%	5.2%
事務職	度数	14	15	3	13	*237*	23	24	28	49	22	428
	期待値	4.7	6.8	4.7	18.5	*34.6*	46.7	50.3	54.4	189.1	18.2	428.0
	行の%(流出率)	3.3%	3.5%	0.7%	3.0%	*55.4%*	5.4%	5.6%	6.5%	11.4%	5.1%	100.0%
	列の%(流入率)	23.0%	16.9%	4.8%	5.4%	*52.4%*	3.8%	3.7%	3.9%	2.0%	9.2%	7.7%
零細経営者	度数	0	3	6	0	7	*180*	95	16	24	6	337
	期待値	3.7	5.4	3.7	14.5	27.3	*36.7*	39.6	42.8	148.9	14.4	337.0
	行の%(流出率)	0.0%	0.9%	1.8%	0.0%	2.1%	*53.4%*	28.2%	4.7%	7.1%	1.8%	100.0%
	列の%(流入率)	0.0%	3.4%	9.7%	0.0%	1.5%	*29.6%*	14.5%	2.3%	1.0%	2.5%	6.0%
商業・サービス業従業員	度数	2	7	7	4	41	67	*230*	21	36	38	453
	期待値	4.9	7.2	5.0	19.5	36.6	49.4	*53.2*	57.6	200.2	19.3	453.0

	行の%(流出率)	0.4%	1.5%	1.8%	0.9%	9.1%	14.8%	*50.8%*	4.6%	7.9%	8.4%	100.0%
	列の%(流入率)	3.3%	7.9%	11.3%	1.7%	9.1%	11.0%	*35.1%*	3.0%	1.5%	16.0%	8.1%
労　働　者	度　数	1	14	7	15	69	121	144	***459***	130	110	1070
	期待値	11.7	17.0	11.9	46.2	86.6	116.6	125.6	***136.0***	472.9	45.6	1070.0
	行の%(流出率)	0.1%	1.3%	0.7%	1.4%	6.4%	11.3%	13.5%	***42.9%***	12.1%	10.3%	100.0%
	列の%(流入率)	1.6%	15.7%	11.3%	6.2%	15.3%	19.9%	22.0%	***64.6%***	5.3%	46.2%	19.2%
農業労働者	度　数	1	10	18	22	52	191	146	176	***2199***	43	2858
	期待値	31.2	45.5	31.7	123.3	231.2	311.5	335.6	363.2	***1263.0***	121.7	2858.0
	行の%(流出率)	0.0%	0.3%	0.6%	0.8%	1.8%	6.7%	5.1%	6.2%	***76.9%***	1.5%	100.0%
	列の%(流入率)	1.6%	11.2%	29.0%	9.1%	11.5%	31.4%	22.3%	24.8%	***89.1%***	18.1%	51.2%
無職・失業者	度　数	0	0	1	0	1	14	7	5	4	*8*	40
	期待値	0.4	0.6	0.4	1.7	3.2	4.4	4.7	5.1	17.7	*1.7*	40.0
	行の%(流出率)	0.0%	0.0%	2.5%	0.0%	2.5%	35.0%	17.5%	12.5%	10.0%	*20.0%*	100.0%
	列の%(流入率)	0.0%	0.0%	1.6%	0.0%	0.2%	2.3%	1.1%	0.7%	0.2%	*3.4%*	0.7%
合　計	度　数	61	89	62	241	452	609	656	710	2469	238	5587
	期待値	61.0	89.0	62.0	241.0	452.0	609.0	656.0	710.0	2469.0	238.0	5587.0
	行の%(流出率)	1.1%	1.6%	1.1%	4.3%	8.1%	10.9%	11.7%	12.7%	44.2%	4.3%	100.0%
	列の%(流入率)	100.0%	100.0%	100.0%	100.0%	100.0%	100.0%	100.0%	100.0%	100.0%	100.0%	100.0%

表4-9　現在の職業と直前の職業の移動表：1940～79年（就職経験のないサンプルを除く）

直前の職業		現在の職業：党・政府の役人	管理職	私営企業主	専門技術職	事務職	零細経営者	商業・サービス業従業員	労働者	農業労働者	無職・失業・半失業者	合計
党・政府の役人	度数	*6*	2	0	0	3	0	0	0	0	0	11
	期待値	*0.1*	0.1	0.0	0.5	0.5	0.3	0.4	1.0	8.0	0.1	11.0
	行の%(流出率)	*54.5%*	18.2%	0.0%	0.0%	27.3%	0.0%	0.0%	0.0%	0.0%	0.0%	100.0%
	列の%(流入率)	*46.2%*	13.3%	0.0%	0.0%	3.7%	0.0%	0.0%	0.0%	0.0%	0.0%	0.7%
管理職	度数	0	*5*	0	0	0	0	0	0	0	0	5
	期待値	0.0	*0.0*	0.0	0.2	0.2	0.1	0.2	0.5	3.7	0.0	5.0
	行の%(流出率)	0.0%	*100.0%*	0.0%	0.0%	0.0%	0.0%	0.0%	0.0%	0.0%	0.0%	100.0%
	列の%(流入率)	0.0%	*33.3%*	0.0%	0.0%	0.0%	0.0%	0.0%	0.0%	0.0%	0.0%	0.3%
私営企業主	度数	0	0	*0*	0	0	0	0	0	0	0	0
	期待値	0.0	0.0	*0.0*	0.0	0.0	0.0	0.0	0.0	0.0	0.0	0.0
	行の%(流出率)	0.0%	0.0%	*0.0%*	0.0%	0.0%	0.0%	0.0%	0.0%	0.0%	0.0%	0.0%
	列の%(流入率)	0.0%	0.0%	*0.0%*	0.0%	0.0%	0.0%	0.0%	0.0%	0.0%	0.0%	0.0%
専門技術職	度数	1	0	0	*51*	6	0	0	1	7	0	66
	期待値	0.5	0.6	0.0	*2.8*	3.2	1.6	2.7	6.1	48.2	0.4	66.0
	行の%(流出率)	1.5%	0.0%	0.0%	*77.3%*	9.1%	0.0%	0.0%	1.5%	10.6%	0.0%	100.0%
	列の%(流入率)	7.7%	0.0%	0.0%	*71.8%*	7.3%	0.0%	0.0%	0.6%	0.6%	0.0%	3.9%
事務職	度数	5	1	0	4	*44*	1	2	6	18	0	81
	期待値	0.6	0.7	0.0	3.4	*3.9*	2.0	3.3	7.5	59.2	0.4	81.0
	行の%(流出率)	6.2%	1.2%	0.0%	4.9%	*54.3%*	1.2%	2.5%	7.4%	22.2%	0.0%	100.0%
	列の%(流入率)	38.5%	6.7%	0.0%	5.6%	*53.7%*	2.4%	2.9%	3.9%	1.5%	0.0%	4.8%
零細経営者	度数	0	0	0	0	0	*29*	19	2	4	0	54
	期待値	0.4	0.5	0.0	2.3	2.6	*1.3*	2.2	5.0	39.5	0.3	54.0
	行の%(流出率)	0.0%	0.0%	0.0%	0.0%	0.0%	*53.7%*	35.2%	3.7%	7.4%	0.0%	100.0%
	列の%(流入率)	0.0%	0.0%	0.0%	0.0%	0.0%	*70.7%*	27.9%	1.3%	0.3%	0.0%	3.2%
商業・サービス業従業員	度数	0	2	0	2	6	2	*26*	2	3	0	43
	期待値	0.3	0.4	0.0	1.8	2.1	1.0	*1.7*	4.0	31.4	0.2	43.0

	行の%(流出率)	0.0%	4.7%	0.0%	4.7%	14.0%	4.7%	*60.5%*	4.7%	7.0%	0.0%	100.0%
	列の%(流入率)	0.0%	13.3%	0.0%	2.8%	7.3%	4.9%	*38.2%*	1.3%	0.2%	0.0%	2.6%
労　働　者	度　数	0	4	0	2	10	2	9	*114*	13	1	155
	期待値	1.2	1.4	0.0	6.5	7.5	3.8	6.3	*14.3*	113.2	0.8	155.0
	行の%(流出率)	0.0%	2.6%	0.0%	1.3%	6.5%	1.3%	5.8%	*73.5%*	8.4%	0.6%	100.0%
	列の%(流入率)	0.0%	26.7%	0.0%	2.8%	12.2%	4.9%	13.2%	*73.5%*	1.1%	11.1%	9.2%
農業労働者	度　数	1	1	0	12	13	7	11	28	*1186*	8	1267
	期待値	9.8	11.3	0.0	53.4	61.7	30.8	51.1	116.5	*925.0*	6.8	1267.0
	行の%(流出率)	0.1%	0.1%	0.0%	0.9%	1.0%	0.6%	0.9%	2.2%	*93.6%*	0.6%	100.0%
	列の%(流入率)	7.7%	6.7%	0.0%	16.9%	15.9%	17.1%	16.2%	18.1%	*96.3%*	88.9%	75.2%
無職・失業者	度　数	0	0	0	0	0	0	1	2	0	*0*	3
	期待値	0.0	0.0	0.0	0.1	0.1	0.1	0.1	0.3	2.2	*0.0*	3.0
	行の%(流出率)	0.0%	0.0%	0.0%	0.0%	0.0%	0.0%	33.3%	66.7%	0.0%	*0.0%*	100.0%
	列の%(流入率)	0.0%	0.0%	0.0%	0.0%	0.0%	0.0%	1.5%	1.3%	0.0%	*0.0%*	0.2%
合　計	度　数	13	15	0	71	82	41	68	155	1231	9	1685
	期待値	13.0	15.0	0.0	71.0	82.0	41.0	68.0	155.0	1231.0	9.0	1685.0
	行の%(流出率)	0.8%	0.9%	0.0%	4.2%	4.9%	2.4%	4.0%	9.2%	73.1%	0.5%	100.0%
	列の%(流入率)	100.0%	100.0%	100.0%	100.0%	100.0%	100.0%	100.0%	100.0%	100.0%	100.0%	100.0%

表4-10　現在の職業と直前の職業の移動表：1980～89年（就職経験のないサンプルを除く）

直前の職業		現在の職業 党・政府の役人	管理職	私営企業主	専門技術職	事務職	零細経営者	商業・サービス業従業員	労働者	農業労働者	無職・失業・半失業者	合計
党・政府の役人	度数	*10*	1	0	0	2	0	0	0	0	0	13
	期待値	*0.2*	0.2	0.1	0.5	1.0	1.2	1.3	1.5	6.8	0.2	13.0
	行の%(流出率)	*76.9%*	7.7%	0.0%	0.0%	15.4%	0.0%	0.0%	0.0%	0.0%	0.0%	100.0%
	列の%(流入率)	*58.8%*	4.3%	0.0%	0.0%	2.2%	0.0%	0.0%	0.0%	0.0%	0.0%	1.0%
管理職	度数	1	*12*	0	0	1	0	1	0	0	0	15
	期待値	0.2	*0.3*	0.1	0.5	1.1	1.4	1.5	1.7	7.9	0.2	15.0
	行の%(流出率)	6.7%	*80.0%*	0.0%	0.0%	6.7%	0.0%	6.7%	0.0%	0.0%	0.0%	100.0%
	列の%(流入率)	5.9%	*52.2%*	0.0%	0.0%	1.1%	0.0%	0.8%	0.0%	0.0%	0.0%	1.2%
私営企業主	度数	0	0	*5*	0	0	0	0	0	1	0	6
	期待値	0.1	0.1	*0.1*	0.2	0.4	0.6	0.6	0.7	3.2	0.1	6.0
	行の%(流出率)	0.0%	0.0%	*83.3%*	0.0%	0.0%	0.0%	0.0%	0.0%	16.7%	0.0%	100.0%
	列の%(流入率)	0.0%	0.0%	*41.7%*	0.0%	0.0%	0.0%	0.0%	0.0%	0.1%	0.0%	0.5%
専門技術職	度数	3	0	0	*36*	8	1	3	0	6	0	57
	期待値	0.8	1.0	0.5	*2.0*	4.2	5.4	5.7	6.6	30.0	0.7	57.0
	行の%(流出率)	5.3%	0.0%	0.0%	*63.2%*	14.0%	1.8%	5.3%	0.0%	10.5%	0.0%	100.0%
	列の%(流入率)	17.6%	0.0%	0.0%	*80.0%*	8.6%	0.8%	2.4%	0.0%	0.9%	0.0%	4.5%
事務職	度数	2	5	1	2	*42*	6	3	4	9	0	74
	期待値	1.0	1.3	0.7	2.6	*5.4*	7.1	7.4	8.6	39.0	0.9	74.0
	行の%(流出率)	2.7%	6.8%	1.4%	2.7%	*56.8%*	8.1%	4.1%	5.4%	12.2%	0.0%	100.0%
	列の%(流入率)	11.8%	21.7%	8.3%	4.4%	*45.2%*	5.0%	2.4%	2.7%	1.3%	0.0%	5.8%
零細経営者	度数	0	0	0	0	0	*47*	38	2	0	0	87
	期待値	1.2	1.6	0.8	3.1	6.4	*8.3*	8.7	10.1	45.8	1.1	87.0
	行の%(流出率)	0.0%	0.0%	0.0%	0.0%	0.0%	*54.0%*	43.7%	2.3%	0.0%	0.0%	100.0%
	列の%(流入率)	0.0%	0.0%	0.0%	0.0%	0.0%	*38.8%*	29.9%	1.4%	0.0%	0.0%	6.9%
商業・サービス業従業員	度数	0	0	1	2	9	3	*25*	3	10	2	55
	期待値	0.7	1.0	0.5	1.9	4.0	5.2	*5.5*	6.4	29.0	0.7	55.0

	行の%(流出率)	0.0%	0.0%	1.8%	3.6%	16.4%	5.5%	*45.5%*	5.5%	18.2%	3.6%	100.0%
	列の%(流入率)	0.0%	0.0%	8.3%	4.4%	9.7%	2.5%	*19.7%*	2.0%	1.5%	12.5%	4.3%
労働者	度数	1	3	2	3	19	15	22	*97*	25	7	194
	期待値	2.6	3.5	1.8	6.9	14.2	18.5	19.4	*22.5*	102.2	2.4	194.0
	行の%(流出率)	0.5%	1.5%	1.0%	1.5%	9.8%	7.7%	11.3%	*50.0%*	12.9%	3.6%	100.0%
	列の%(流入率)	5.9%	13.0%	16.7%	6.7%	20.4%	12.4%	17.3%	*66.0%*	3.7%	43.8%	15.3%
農業労働者	度数	0	2	2	2	12	48	35	40	*612*	6	762
	期待値	10.2	13.8	7.2	27.0	55.8	72.6	76.2	88.2	*401.4*	9.6	762.0
	行の%(流出率)	0.0%	0.3%	0.3%	0.3%	1.6%	6.3%	4.6%	5.2%	*80.7%*	0.8%	100.0%
	列の%(流入率)	0.0%	8.7%	16.7%	4.4%	12.9%	39.7%	27.6%	27.2%	*91.9%*	37.5%	60.0%
無職・失業者	度数	0	0	1	0	0	1	0	1	3	*1*	7
	期待値	0.1	0.1	0.1	0.2	0.5	0.7	0.7	0.8	3.7	*0.1*	7.0
	行の%(流出率)	0.0%	0.0%	14.3%	0.0%	0.0%	14.3%	0.0%	14.3%	42.9%	*14.3%*	100.0%
	列の%(流入率)	0.0%	0.0%	8.3%	0.0%	0.0%	0.8%	0.0%	0.7%	0.4%	*6.3%*	0.6%
合計	度数	17	23	12	45	93	121	127	147	669	16	1270
	期待値	17.0	23.0	12.0	45.0	93.0	121.0	127.0	147.0	669.0	16.0	1270.0
	行の%(流出率)	1.3%	1.8%	0.9%	3.5%	7.3%	9.5%	10.0%	11.6%	52.7%	1.3%	100.0%
	列の%(流入率)	100.0%	100.0%	100.0%	100.0%	100.0%	100.0%	100.0%	100.0%	100.0%	100.0%	100.0%

表4-11　現在の職業と直前の職業の移動表：1990〜2001年（就職経験のないサンプルを除く）

直前の職業		現在の職業：党・政府の役人	管理職	私営企業主	専門技術職	事務職	零細経営者	商業・サービス業従業員	労働者	農業労働者	無職・失業・半失業者	合計
党・政府の役人	度数	*12*	3	2	2	3	0	1	0	0	1	24
	期待値	*0.3*	0.5	0.5	1.1	2.5	4.1	4.2	3.7	5.2	2.0	24.0
	行の%(流出率)	*50.0%*	12.5%	8.3%	8.3%	12.5%	0.0%	4.2%	0.0%	0.0%	4.2%	100.0%
	列の%(流入率)	*40.0%*	6.0%	4.0%	1.6%	1.1%	0.0%	0.2%	0.0%	0.0%	0.5%	0.9%
管理職	度数	3	*11*	1	1	6	1	1	2	2	1	29
	期待値	0.3	*0.6*	0.6	1.4	3.0	4.9	5.1	4.5	6.3	2.4	29.0
	行の%(流出率)	10.3%	*37.9%*	3.4%	3.4%	20.7%	3.4%	3.4%	6.9%	6.9%	3.4%	100.0%
	列の%(流入率)	10.0%	*22.0%*	2.0%	0.8%	2.2%	0.2%	0.2%	0.5%	0.4%	0.5%	1.1%
私営企業主	度数	0	0	*8*	0	0	1	1	0	0	0	10
	期待値	0.1	0.2	*0.2*	0.5	1.0	1.7	1.8	1.5	2.2	0.8	10.0
	行の%(流出率)	0.0%	0.0%	*80.0%*	0.0%	0.0%	10.0%	10.0%	0.0%	0.0%	0.0%	100.0%
	列の%(流入率)	0.0%	0.0%	*16.0%*	0.0%	0.0%	0.2%	0.2%	0.0%	0.0%	0.0%	0.4%
専門技術職	度数	6	5	4	*95*	16	10	4	1	11	9	161
	期待値	1.8	3.1	3.1	*7.7*	16.9	27.3	28.3	24.8	34.9	13.2	161.0
	行の%(流出率)	3.7%	3.1%	2.5%	*59.0%*	9.9%	6.2%	2.5%	0.6%	6.8%	5.6%	100.0%
	列の%(流入率)	20.0%	10.0%	8.0%	*76.0%*	5.8%	2.2%	0.9%	0.2%	1.9%	4.2%	6.1%
事務職	度数	7	9	2	7	*150*	16	18	18	21	22	270
	期待値	3.1	5.1	5.1	12.9	*28.3*	45.8	47.5	41.6	58.5	22.1	270.0
	行の%(流出率)	2.6%	3.3%	0.7%	2.6%	*55.6%*	5.9%	6.7%	6.7%	7.8%	8.1%	100.0%
	列の%(流入率)	23.3%	18.0%	4.0%	5.6%	*54.5%*	3.6%	3.9%	4.5%	3.7%	10.2%	10.3%
零細経営者	度数	0	3	6	0	6	*103*	39	13	19	6	195
	期待値	2.2	3.7	3.7	9.3	20.4	*33.1*	34.3	30.0	42.2	16.0	195.0
	行の%(流出率)	0.0%	1.5%	3.1%	0.0%	3.1%	*52.8%*	20.0%	6.7%	9.7%	3.1%	100.0%
	列の%(流入率)	0.0%	6.0%	12.0%	0.0%	2.2%	*23.1%*	8.5%	3.2%	3.3%	2.8%	7.4%
商業・サービス業従業員	度数	2	5	6	1	26	62	*179*	15	23	37	356
	期待値	4.1	6.8	6.8	17.0	37.3	60.4	*62.6*	54.8	77.1	29.2	356.0

	行の%(流出率)	0.6%	1.4%	1.7%	0.3%	7.3%	17.4%	*50.3%*	4.2%	6.5%	10.4%	100.0%
	列の%(流入率)	6.7%	10.0%	12.0%	0.8%	9.5%	13.9%	*38.8%*	3.7%	4.0%	17.2%	13.6%
労働者	度数	0	7	5	10	40	104	113	*245*	92	103	719
	期待値	8.2	13.7	13.7	34.3	75.4	122.0	126.4	*110.7*	155.7	58.9	719.0
	行の%(流出率)	0.0%	1.0%	0.7%	1.4%	5.6%	14.5%	15.7%	*34.1%*	12.8%	14.3%	100.0%
	列の%(流入率)	0.0%	14.0%	10.0%	8.0%	14.5%	23.4%	24.5%	*60.6%*	16.2%	47.9%	27.4%
農業労働者	度数	0	7	16	9	27	136	99	108	*399*	29	830
	期待値	9.5	15.8	15.8	39.6	87.0	140.8	145.9	127.8	*179.7*	68.0	830.0
	行の%(流出率)	0.0%	0.8%	1.9%	1.1%	3.3%	16.4%	11.9%	13.0%	*48.1%*	3.5%	100.0%
	列の%(流入率)	0.0%	14.0%	32.0%	7.2%	9.8%	30.6%	21.5%	26.7%	*70.2%*	13.5%	31.6%
無職・失業者	度数	0	0	0	0	1	12	6	2	1	*7*	29
	期待値	0.3	0.6	0.6	1.4	3.0	4.9	5.1	4.5	6.3	*2.4*	29.0
	行の%(流出率)	0.0%	0.0%	0.0%	0.0%	3.4%	41.4%	20.7%	6.9%	3.4%	*24.1%*	100.0%
	列の%(流入率)	0.0%	0.0%	0.0%	0.0%	0.4%	2.7%	1.3%	0.5%	0.2%	*3.3%*	1.1%
合計	度数	30	50	50	125	275	445	461	404	568	215	2623
	期待値	30.0	50.0	50.0	125.0	275.0	445.0	461.0	404.0	568.0	215.0	2623.0
	行の%(流出率)	1.1%	1.9%	1.9%	4.8%	10.5%	17.0%	17.6%	15.4%	21.7%	8.2%	100.0%
	列の%(流入率)	100.0%	100.0%	100.0%	100.0%	100.0%	100.0%	100.0%	100.0%	100.0%	100.0%	100.0%

主な供給源となっており、労働者と農業労働者が党・政府の役人になる機会はきわめて少なく、管理職や私営企業主、零細経営者には、移動の機会がほとんどない。

しかも、その流入ルートには改革・開放を境に重要な変化が見られる。改革以前、労働者や商業・サービス業従業員、農民が党・政府の役人になるケースも見られた。特に農民の場合そうで、役人の約一割は、最初に農業に従事していた計算になる。ところが改革・開放後、労働者や商業・サービス業従業員、農民が党・政府の役人となる可能性は、明らかに低下している。商業・サービス業従業員はまだしも、労働者や農民の場合、その落ち込みが激しい。党・政府の役人への流入ルートが変わったのは、以前は政治的自覚や政治的身分が重視されていたのが、改革・開放後、学歴が重視されるようになったなど、役人の選抜規則が変わったからであるが、これは一方で、低い地位にいる階層が役人になりにくくなったことを意味している。

流入ルートが広い管理職層

管理職の場合、党・政府の役人層同様、社会構造の上層に位置しているものの、役人以上に流入ルートは広く、多岐にわたっている。

労働者や商業・サービス業従業員、農民が管理職になる可能性は、党・政府の役人が管理職になる可能性より高い。従来の制度にあって、管理職と国家幹部の地位は同等で、相互流入が予想されることから、この結果は意外に思えるかもしれない。

ところが、大多数の管理職は、勤務先の企業や同業他社から選抜されている。そのため、同じ企業に勤める労働者や商業・サービス業従業員、農業労働者の方が管理職になる機会は多い。もちろん一番可能性の高いのが、事務職である。専門技術職も管理職になっているが、それより党・政府の役人になるケースがはるかに多い。

管理職層は流出率が低い階層である。最初から管理職だった者の七七・三%は管理職にとどまり、他の階層に流出するのは二割強にすぎない。

ところが、党・政府の役人層ともっとも異なるのは、管理職層には安定した就業保障がなく、無職・失業・半失業層に流入するかもしれない点だ。党・政府の役人層には失業の心配がない。

管理職層への流入ルートには、改革・開放を境に多少の変化が見られる。

改革以降、労働者からの流入は大きく減少した。一九八〇年以前に就職した管理職のうち、最初の職業が労働者である者は二四・六%。最初の職業全体に占める労働者の割合（一三・三%）の倍である。ところが、一九八〇年後になると一六・六%にまで落ち込み、最初の職業全体に占める労働者の割合（二一・八%）に満たなくなる。

表4-9、10、11によると、労働者からの流入率は低下しつつある。一九八〇年以前の管理職のうち、労働者から管理職になった者は二六・七%と、前の職業全体に占める労働者の比率（九・二%）の三倍近くになる。ところが一九八〇年代になると、その数値は一三・〇%となり、前の職業全体に占める労働者の割合（一五・三%）に満たなくなる。一九九〇年代には、一四・〇%とさらに低下する。

対照的に、農民が管理職になるケースは増えている。その多くは、一九八〇年以前に仕事に就いた年輩者であるが、これは当時、郷鎮企業が発展したことと関連しているに違いない。

このように、管理職は形成途上の上層階層であり、比較的地位の低い階層に対する排斥度は、党・政府の役人層ほどでない。管理職は、商業・サービス業従業員や労働者、農業労働者といった比較的地位の低い階層に、上昇移動の狭い門戸を開けているのである。

新興階層としての私営企業主層

私営企業主層は改革・開放以降に現れた新しい階層である。前の世代からの資本蓄積がなく、多くは創業者である。また、複雑な職業経歴をもつ者も多い。

最初から私営企業主であった者は、全体の一六・九％。約半数が商売を変えた経歴をもつ。一回転職した経験をもつ者は三五・七％、二回以上転職経験をもつ者は四七・四％に達している。全体の約三分の二が、ブルーカラー的職業に従事した経験をもち、前職が零細経営者であった者が九・七％、商業・サービス業従業員であった者が一一・三％、労働者であった者が一一・三％、農業労働者であった者が二九％いる。

前職が、党・政府の役人、管理職、専門技術職といったホワイトカラー的職業であった者は一割弱。私営企業主の多くは地位の低い階層の出身で、農民が大きな比率を占める。

専門技術職になるには、それなりに専門技術や技能を身につけなければならず、これが専門技術職層への流入の障壁となっている。専門技術の資格を得るには、相応の努力と資金を投入せねばならず、いったんこの職業に従事すると、なかなか職業転換できない。そのため専門技術職の安定性は高く、世代内移動率は農業労働者に次いで低い。

一九九〇年代になり、農業労働者の世代内移動率が高くなる中で、専門技術職層は一〇の階層の中でもっとも安定性の高い階層となった。最初から専門技術職である者が全体の約四分の三（七四・六％）を占め、残りの四分の一は、事務職層、商業・サービス業従業員層、労働者層、農業労働者層から流入している。

党・政府の役人層、管理職層、私営企業主層からの流入はほとんどないが、逆のケースはある程度見られる。これは、上記の三つの階層が専門技術職層より社会経済的地位が上で、専門技術職層はこれらの階層への移動を希望しているものの、これらの階層は専門技術職層への移動を希望していないことを意味している。

大まかに言って、専門技術職層の流出先は「従政（党・政府の役人層や事務職層に流出する場合）」と「下海（管理職層や私営企業主層、零細経営者層に流出する場合）」の二つ。農村地域では、専門技術職と農業労働者の間で頻繁に移動しあうものの、大多数（六〇・五％）は同一階層内に留まり、移動していない。

移動の「踊り場」としての事務職層

事務職は階層移動にとって重要な位置を占めている。事務職は、党・政府の役人や管理職、専門技術職の予備軍であり、労働者や農民が上昇移動をする際の流入先でもある。

世代内移動表によれば、事務職層の約半数（四八・一％と五二・四％）は移動しておらず、約四割が商業・サービス業従業員や労働者、農業労働者から、一割弱が専門技術職から流入している。党・政府の役人や管理職、私営企業主といった階層からの流入はほとんどなく、零細経営者層からの流入も少ない。

約一割が党・政府の役人や、管理職、私営企業主といった上層に流出し、約一割が専門技術職や零細経営者といった中間層、残りの三割程度が、商業・サービス業従業員、労働者、農業労働者、無職・失業・半失業者といった下層へ流出する。

こうした傾向からもわかるように、事務職は全体の社会構造の中で、上層と下層に挟まれた「踊り場」に位置づけられている。中間層とも言えるが、専門技術職層と比べると、事務職層から下降移動する可能性が高く、専門技術職層ほど社会経済的地位は高くない。

中下層としての零細経営者層

零細経営者層は、改革・開放以降に現れた階層であり、その構成メンバーは、多くが体制内に収まりきらなかったか、そこから排除された人々である。

一九七〇年代末から一九八〇年代初めにかけて、国有企業が吸収できなかったか、吸収されることを拒んだ知識青年や受刑者たちが、最初の零細経営者となった。一九八〇年代には、就職できなかった若者や農村の余剰労働力の一部が、一九九〇年代には、国有企業改革のあおりを受けてリストラされた職員の一部や、都市に出稼ぎに来た多くの農民が、それぞれ零細経営者となった。

零細経営者層の大多数は一九九〇年代に経営を始めている。零細経営者のうち、一九八〇年以前にビジネスを始めた者が六・八％、一九八〇年から一九八九年にかけて始めた者が一九・九％、一九九〇年から二〇〇一年にかけて始めた者が七三・三％となっている。うち、一九九五年以降にビジネスを始めた者が三八・九％を占め、ここ一〇年、とりわけここ五、六年の間に集中している。このように、零細経営者層は急速に増加している。

一九八〇年代と一九九〇年代では、零細経営者層の流入ルートに多少の違いが見られる。一九八〇年代には主に農民層が流入してきたが、一九九〇年代には労働者層や商業・サービス業従業員層から流入するケースが多い。また、リストラされた職員も、零細経営者の一五％を占める。

最初から零細経営者であった者が三分の一程度（三〇・四％）、三分の二程度が商業・サービス業従業員、労働者、農業労働者といった、比較的低い階層の出身である。専門技術職や事務職といった中間層の出身者はわずかで、党・政府の役人や管理職、私営企業主といった上層からの流入はほとんどない。

このように、比較的低い階層からの流入を受け入れている点では、零細経営者層は中間層だと言えるが、「踊り場」の機能は半分しか発揮していない。下層からの流入を受け入れているものの、流出も下層に向けてのものがほとんどだからである。

専門技術職や事務職に比べ、零細経営者層が上昇移動をする機会は少ない。党・政府の役人や管理職への移動はほとんどなく、私営企業主への移動も少ない。一九八〇年代後期から一九九〇年代前期にかけて、零細経営者が私営企業主になる機会も少なくなかったが、一九九〇年代も中期以降になると、その確率は大きく落ち込んでいる。

しかも、他の中間層に流出する確率もきわめて低い。零細経営者が専門技術職に就く可能性はほとんどなく、事務職層に流出する者もごくわずかである。

零細経営者層の六割近くが同じ階層内にとどまっており、流出する者は四割程度。しかも商業・サービス業従業員への流出が多いことから、零細経営者層が、専門職や事務職といった他の中間層よりも、低く評価されていることがわかる。

ここでは、零細経営者層の移動が体制障壁によって制限を受けていること、すなわち、体制から排除された者しか吸収できず、体制内に移動できないことを指摘しておこう。

専門技術をもたないブルーカラーにとっては、体制内から体制外への移動は下降移動になる。われわれが作り上げた階層等級の序列では、商業・サービス業従業員や労働者が零細経営者になるのは上昇移動となるが、国有企業や集団企業でリストラされた人には下降移動と映ずるだろう。

商業・サービス業従業員と労働者に見る時代の変化

商業・サービス業従業員のうち、最初から商業・サービス業従業員であった者は全体の約三割。約五割は労働者や農業労働者から、二割近くが他の中間層から流入しているが、これは零細経営者からが主で、専門技術職や事務職からの流入は少なく、党・政府の役人、管理職、私営企業主といった上層からの流入はほとんどない。

商業・サービス業従業員が他の階層に移動したケースは半数弱(四六・一%)。約四分の一が上昇移動だが、大多数は事務職や零細経営者への移動で、党・政府の役人や管理職、私営企業主、専門技術職への移動はごくわずかである。残りは労働者や農業労働者、無職・失業・半失業者になるが、こうしたパターンには時代によって違いが見られる。

一九九〇年以前の段階で、商業・サービス業従業員の割合はさほど大きくなかった。一九八〇年代の後半から増加し始めたものの、その多くは農業労働者からの流入だった。一九九〇年代以降、その増加率はめざましく、全体に占める比率も高まっている。労働者からの流入が増えたからであるが、第二次産業が縮小した結果でもある。以前であれば、事務職への流出が主であったが、一九九〇年代になると零細経営者がこれに替わり、事務職への流出は減少している。

また、改革・開放以降、無職・失業・半失業者層への転落が増えている。一九八〇年以前にはほとんど失業者がいなかったのが、一九八〇年代には三・六%、一九九〇年代には一〇・四%が無職・失業・半失業者層に転落している。

労働者層は商業・サービス業従業員層に似たところもあれば、似ていないところもある。党・政府の役人、管理職、私営企業主といった上層からの流入がほとんどなく、専門技術職、事務職、零細経営者といった中間層からの流入がわずかに見られる点で、両者は似ている。中間層からの流入率は商業・サービス業従業員層に比べてはるかに低い。

上層への流出は約三%と低くなっている点で似ているものの、中間層への流出が約二割と、商業・サービス業従業員層より若干少なくなっている。また、無職・失業・半失業者層への下降移動は、商業・サービス業従業員より高い。

労働者が商業・サービス業従業員になるケースは多いが、その逆のケースは少ない。これは、労働者が減っているのに対して、商業・サービス業従事者が増えているといった、職業構造上の変化を反映している。

また世代内移動における特徴から判断すると、商業・サービス業従業員層の方が労働者層より上位に位置するようだ。上昇移動の機会が多く、下降移動率が低いだけでなく、労働者からの流入ケースがその逆のケースより多いからである。

世代内移動に見られる変化のパターンも、商業・サービス業従業員層に似ている。

一九九〇年以前、労働者は主に事務職へと上昇移動していったが、九〇年代以降、零細経営者に取って代わられている。また、無職・失業・半失業者層への下降移動がほとんどなかったのが、九〇年代になって、これが一四・三%にまで上昇している。

流動性が高まる農業労働者層

農業労働者層は、流出だけで流入がほとんどないという意味で、安定的な階層である。最初から農業労働者である者の比率は九一・五%で、他の階層からの流入は非常に少ない。しかも、最初の職業が農業労働者であった者のうち、現在も農業労働者である者は七三・四%と、全階層でもっとも高い。

最初の職業が農業労働者であった者のうち、約四分の一が他の階層に移動している。党・政府の役人、管理職、私営企業主といった上層への流出が二％弱で、専門技術職、事務職、零細経営者といった中間層への流出は約一割、商業・サービス業従業員と労働者への移動は一五％程度である。これからも、農業労働者の規模が縮小しているとともに、無職・失業・半失業層に次いで、階層等級の最下層に置かれていることがわかる。

改革・開放後、農業労働者層の地域移動と出稼ぎ機会は増加してきたとはいえ、農民層は流出率がもっとも低く、上昇移動の機会がもっとも少ない階層となっている。

ところが、一九八〇年代に入って、このような状況が変わりつつある。

一九八〇年以前には非常に安定的で、流出率（六・四％）、流入率（三・七％）ともに低かったものの、一九八〇年代に入って流出率が増加し、約二割（一九・三％）が他の階層へ流出している。移動した先は零細経営者や商業・サービス業従業員、労働者などだが、流入率（八・一％）は依然として低かった。

これが、一九九〇年代になると、流出率と流入率とも大きく増加するようになった。約半数（五一・九％）が他の階層に移動するようになり、流出先は、零細経営者（一六・四％）や商業・サービス業従業員（一一・九％）、労働者（一三％）が主である。

この時期、約三割（二九・八％）が他の階層から流入している。労働者層からの流入が主だが、これは、郷鎮企業の不振により、郷鎮企業労働者が農業に従事するようになったことを反映したものだろう。事実、東北地区では、リストラされた労働者の一部が農業を始めているケースもある。

最底辺としての失業者層

無職・失業・半失業者層は特殊な過渡的階層である。流入元を見ると約半数（四六・二％）が労働者で、農業労働者（一八・一％）、商業・サービス業従業員（一六％）、事務職（九・二％）と続く。専門技術職（三・八％）や零細経営者（二・五％）の数は少なく、上層からの流入はほとんどない。

九割以上が一九九〇年代以降に職を失っており、一九八〇年代以前の失業者は、主に地位の比較的低い階層（商業・サービス業従業員や労働者、農業労働者）に属しており、中間層や上層にはほとんどいなかった。これも最近、様変わりしつつある。失業者のうち一七・二％が中間層（専門技術職、事務職層、零細経営者）の出身で、今後、上層からも失業者が生まれるかもしれない。

四　改革・開放前後の移動モデルと構造的障壁に関する比較

以上、世代内移動の分析から得られた結果は、世代間移動の分析から得られた結論とおおむね一致している。改革以降、社会移動は大きく増加し、新たな階層の出現により上昇移動の機会は増えた。ところが、社会の上層と下層の間の移動障壁は強化され、階層ごとに異なった移動ルートをもつようになった点では、階層間の境界線は明確化しつつあるといえる。

しかし実際には、改革・開放を境に階層間の境界線そのものが大きく異なっており、移動モデルと構造的障壁を、総合的に比較してみる必要がある。

年代ごとの移動表にもとづいて、改革前後の変化をまとめてみたのが、以下の二つの図である。図4−1は、改革以

図 4-1　1980年以前の社会移動のルートと障壁：世代内移動

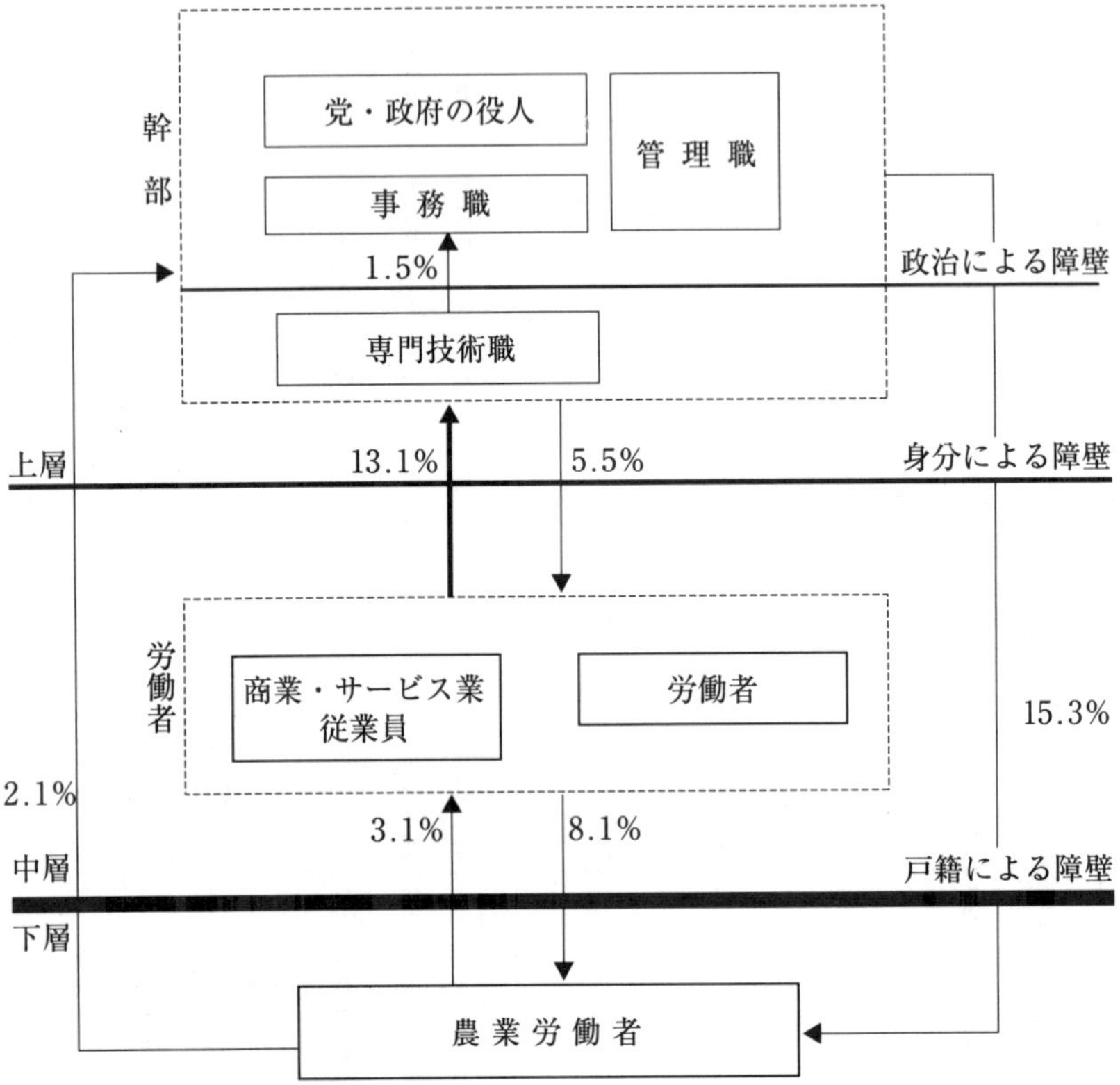

図 4-2　1980年以降の社会移動のルートと障壁：世代内移動

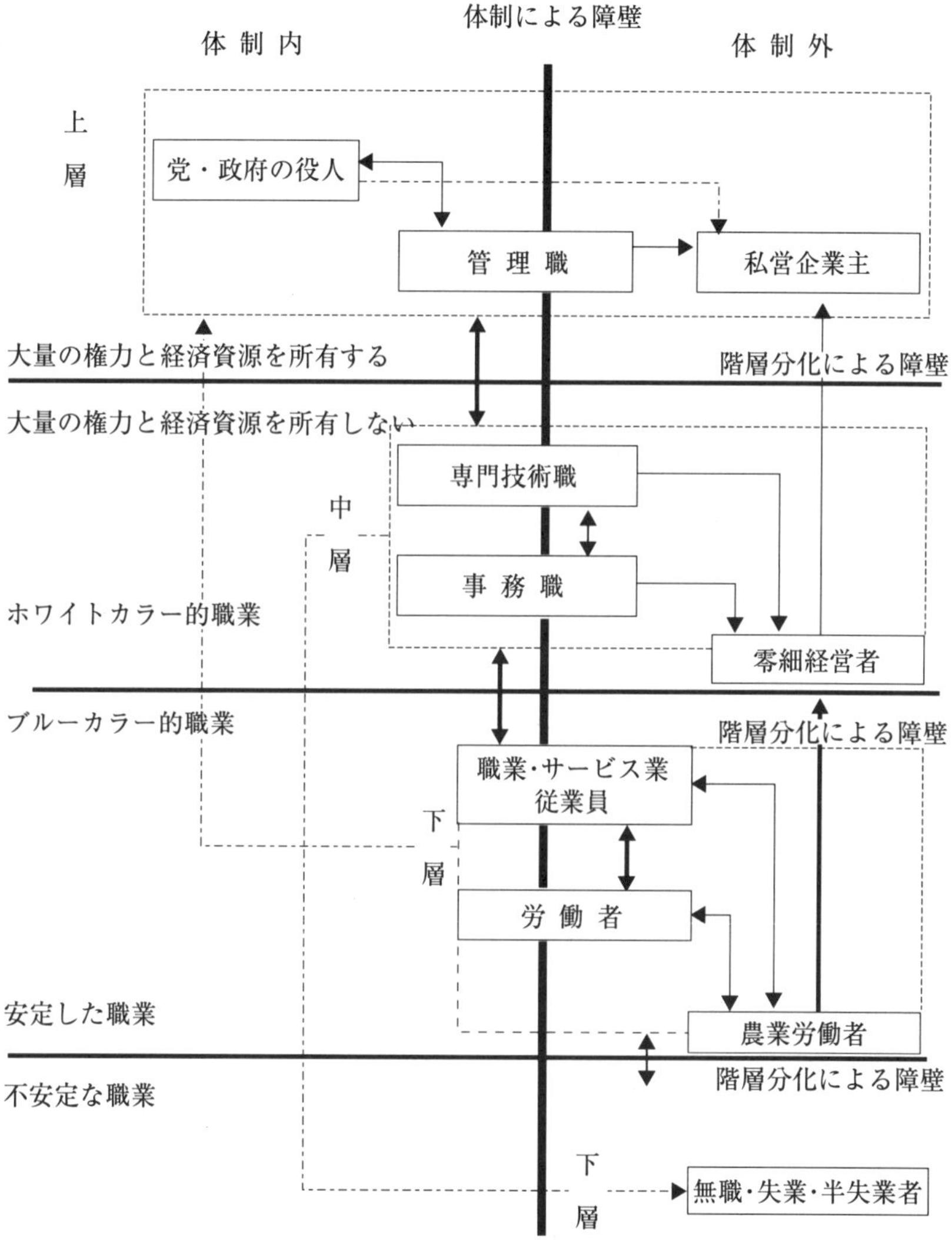

前の社会移動の基本ルートと、そこに存在する主要な構造的障壁を、図4−2は、改革以降、特に一九九〇年代以降の社会移動の基本ルートと、主要な構造的障壁を、それぞれ表している。

改革・開放前——硬直的な制度障壁と政策が作り出した移動ルート

改革・開放以前には一〇の階層は存在していなかった。実際、当時、階級分化や階層分化があったかどうかは確定しにくい[4]。

当時、人々は幹部、労働者、農民の三つに分けられていた。本論の階層分類との関連で言えば、幹部は、党・政府の役人や事務職、管理職、専門技術職、労働者は商業・サービス業従業員と労働者、農民は農業労働者ということになる。

経済的地位や職業移動の特徴をもとに、これらの三つの間に序列をつけると、幹部が上層、労働者が中間層、農民が下層となる。

当時の社会移動において、制度的な障壁が三つ存在していた。戸籍による障壁（戸籍制度）、身分による障壁（行政档案制度）、それに政治による障壁（イデオロギー）がこれである。

そのうち、戸籍による障壁がもっとも大きかった。一九四〇年から七九年にかけて、農民のうち、その障壁を乗り越えた者はわずかに五・二％で、三・一％が労働者、二・一％が幹部になったにすぎない（表4−9参照）。

行政档案制度も厳しかった。政府は一連の規定にもとづき、農民以外の人間を幹部と労働者に分けていた。いったん労働者に分類されると、幹部になるのはむずかしかった。毎年、一部の労働者が幹部になれる制度があったが、これは労働者にとって唯一の上昇移動の機会だった。

同じ幹部でも、政治による障壁が存在しており、専門技術職は国家機関幹部や管理職になりにくかった。当時、政府は専門技術職の政治的な忠誠や政治的立場に懐疑を抱いており、専門技術職は幹部層の中で長く周辺的で、不安定な地位に置かれていた。厳格な政治審査を受けて、国家機関の幹部や管理職になれた者は一・五％にすぎない。共産党に対する忠誠や共産主義への信仰を、さまざまな努力を通して示さないことには、政治による障壁を乗り越えることがむずかしかったからである。

これらの障壁は、社会経済的地位や階層の分化によって形成されたのではなく、行政的な手段によって、人々に身分とそれに相応する社会保障や福利厚生を与え、その身分を固定化させた結果生まれたものである。

その他の移動障壁に比べても、制度的な障壁は厳格で柔軟性に乏しいため、これを突破するのは至難の業であった。戸籍制度や行政档案制度、イデオロギーによって、人々の社会移動に高い壁が作られていたため、改革・開放以前の社会構造は、硬直的、閉塞的で、人々の社会移動を妨げていた。

ところが実際には、幹部、労働者と農民の間では、双方向の移動が行われ、一部では改革・開放後よりも高い移動率が見られる。(5) 農民が党・政府の役人(しかも高級幹部)になったケースもあるが、(6) こうした大幅な移動は、改革後にはほとんど見られない。

労働者の場合も同様である。行政档案制度は労働者の上昇移動を制限したものの、一九八〇年以前には一三・一％が幹部になっており、一九九〇年代の九・三％よりも多い。このように、労働者が上昇移動をする機会は、改革以前のほうが多かった。

しかも意外なことに、幹部から農民への下降移動の割合は五・五％と、通常の社会移動モデルからすると、その数値が高くなっている。労働者から農民への下降移動（八・一％）も、その逆のケース（三・一％）よりはるかに多い。(7) そればかりか、幹部から農民への移動率も一五・三%ときわめて高い[8]。

このように、改革以前には、社会移動を妨げる制度的障壁が存在していたばかりでなく、上層、中間層、下層の間の移動ルートを維持する特殊なメカニズム——学校(教育)や人民解放軍への参加、幹部の登用(左遷)と政治運動、政治変動など——が働いていた。

学校や人民解放軍への参加は、多くの労働者や農民に身分を変えるチャンスを与えた。特に、労働者や農民、軍人から大学生を募集する政策によって、労働者と農民は幹部になる機会を得た。労働者と農民を幹部に入れ替える政策で、一部が制度的身分を変えずに幹部になったが、後に元の身分に戻らされることもあった。

一部の幹部、知識人が下放されて労働者や農民になり、一部の労働者や農民が幹部に昇格して革命委員会のメンバーになるという特殊な移動ルートは、制度によって意図的に作られたものであり、産業社会における移動メカニズムとは別物である。移動機会の獲得は、個人の努力よりも、政府による一時的な政策による部分が大きく、政府はこれらの政策によって、社会移動の方向と移動量をコントロールしたのである。

総じて、改革・開放以前の中国社会には、特殊な社会移動モデルと移動メカニズムが存在していた。階層移動のパターンは産業社会のそれとは異なり、政府が設けた制度的障壁によって、社会移動は妨げられていた。他方で、政府は常に移動ルートを政策的に調整し、社会移動を促すことで、社会の上層が閉鎖的で排他的な特権階級にならないよう配慮した[9]。

こうした状況は、改革・開放前の社会移動に対する従来の認識と事実の間にズレがあることを示している。従来、戸籍制度や単位制度、所有制の影響で、社会移動が少ないとされてきた(許欣欣 2000b;陳嬰嬰 1995;李強 1993)。確かに、戸籍制度によって農民の社会移動は大きく制限されていたが、単位制度は職場の異動を制限しても、社会移動を完全にコントロールすることはできなかったのである。

改革・開放後――階層構造の顕在化と体制分割の移動ルート

図4-2は、改革以降の社会移動の基本ルートと構造的障壁を表わしている[10]。図4-1と比べてみればわかるように、改革後の社会構造の方が複雑で、社会の分化が進み、移動ルートが多い。しかも、移動を妨げる構造的障壁は以前とは完全に異なっている。

改革前に存在していた三つの制度的障壁は、改革後には基本的に崩壊している。

改革後、政治による障壁が最初に崩壊した。共産党のイデオロギーと政策の転換にともなって、政治的身分の影響は少なくなり[11]、特に、専門技術職の上昇移動の機会が増えた。

行政档案制度は、党や政府の機関には依然として存在するものの形だけで、労働者の幹部への上昇移動は国家計画による厳格なコントロールを受けなくなった。幹部やホワイトカラー職への上昇移動は、档案よりも学歴や資格に頼ることが多くなった。

戸籍制度の消滅には時間がかかったものの、一九九〇年代には、農業労働者の半数弱（四八・四%）が他の階層に移動し、戸籍による移動の制限は弱まっている。現在、農民が上昇移動できるかどうかは、都市戸籍の有無というより、むしろ、どれだけ農業以外の就職機会が広がっているかにかかっている。

このように、従来の制度的障壁が急速に消滅しつつあることは、硬直的な制度的障壁も、安定性と持続性に欠けており、階層間に持続的で、明確な社会経済的格差が存在していないかぎり、存在し続けることがむずかしいことを示している。

改革・開放後の最初の十年強で、制度的障壁の力は弱まったが、新たな構造的障壁はまだ形成されていない。上層、中間層、下層は再編成されるとともに、体制外に新しい階層が現れ、社会移動に新たな空間を生み出した。上層においても分化が進み、新しく誕生した上層は、中間層に新たな上層移動の可能性を与えている。

こうした特徴は、体制外においてもっとも顕著に現れている。

一九八〇年代、労働者（＝商業・サービス業従業員と労働者）と農民（＝農業労働者）の上昇機会は明らかに増加した。労働者が党・政府の役人や管理職、私営企業主、事務職、専門技術職といったホワイトカラー層へ移動する割合は一六・一％で、その前後の時期より高い。農民のホワイトカラー層への移動率は二・四％で、九・八％が商業・サービス業従業員と労働者に、六・三％が零細経営者になっている。

もっとも、一九九〇年代に入って状況は変化している。社会経済的格差が広がり、階層分化が生じつつある。階層構造のプロトタイプが現れ、社会移動への影響力を強めつつある。

一九九〇年代の移動状況から判断すると、現在、階層分化によって三つの構造的障壁が存在しているといえる。

一つ目の障壁は、政治的資源と経済的資源といった、重要な資源の有無を軸にしている。以前、これらの資源をもつグループともたないグループの格差は明らかでなかったものの、現在では後者から前者に移動するのがむずかしくなっている。

二つ目の障壁は、ホワイトカラーとブルーカラー、すなわち文化的資源の所有を軸にしている。学歴や各種の資格が重要になりつつあることから、ブルーカラー層からホワイトカラー層への上昇移動は、以前よりむずかしくなっている。

そして三つ目の障壁は、就職口を探すチャンスに恵まれているかどうかを軸にしている。政治的資源や経済的資源、文化的資源をもたず、社会ネットワークや人的資本に恵まれない者は、下層に置かれ、みずからの境遇を改善しにくい。

現在の社会移動の多くは、近い階層間での移動であって、大幅な移動は少ない。階層的地位が近い階層間での移動の方が、構造的障壁を越えた移動に比べ、はるかに多いのである。

五　おわりに

こうした移動障壁と各階層の移動パターンから、現代中国の社会構造を理解することができる。

第一の障壁は、上層と中間層の間にある。党・政府の役人や管理職、私営企業主は、大量の政治的資源と経済的資源を握っている。この三つの階層は社会移動の最終目的地で、総じて流入が多く、流出が少ない、しかも下層を排除しているといった共通点をもつ。特に党・政府の役人層でこうした特徴が見られ、強い閉鎖性と排他性を備えている。

フランク・パーキンによると、閉鎖性と排他性は、階層構造が社会移動に与える影響を象徴する、上層が特権を維持・強化するための策略であり、階層の構造化を促す重要なメカニズムであるという(Parkin 1974)。管理職や私営企業主は、党・政府の役人ほど閉鎖性、排他性は強くなく、下層に狭い門戸を開けているが、これも、この二つの階層が上層としての特権をもち続けていることを意味している。

専門技術職、事務職、零細経営者といった中間層は、大量の政治的資源や経済的資源はもたないものの、文化的資源と少しばかりの経済的資源をもっている点で、下層（ブルーカラー層）とは異なる。これら三つの階層に共通しているのは、上昇移動だけでなく下降移動もありうる点で、下層からの流入を受け入れ、彼らに上昇機会を与えるとともに、上層からの受け皿になっている点で、社会移動の「踊り場」となっている。

商業・サービス業従業員、労働者、農業労働者といったブルーカラー層は、社会の下層を成している。上層の閉鎖性と排他性が強まっているため、上昇移動の可能性は低下しており、失業して社会の底辺に落ちる危険性もある。

このように、現代の中国では、社会経済的地位の格差は構造化され、新しい階層構造が作られる中で、階層間の境界が徐々に明らかになってきているのである。(12)

(1) 当初サンプリングを行うにあたって、都市の社会構成が比較的複雑であるのに対し、農村の社会構成が比較的同質的であることを考慮に入れ、都市サンプル数を増やしている（都市のサンプル数は六六・三％、農村のサンプル数は三三・七％）。そのため、統計処理を行う際に都市のサンプル数にウエイトづけする必要があるが、これは国際的によく用いられる方法である。とはいえ、経費の関係で、海外の流儀とは異なる方法を採用したものもある。一週間連続して訪問しても調査対象者を捉まえられなかった場合、その調査をあきらめるのが通例だが、本調査では、二日連続で数度訪問し、それでも捉まえられなかった場合、予備対象者をサンプルとしている。結果的に、一部の地域では予備対象者の比率が高く、性別と年齢の分布に偏りが見られている。女性より男性、年配者より若者の在宅機会が少ないからであるが、そのため性別と年齢にもウエイトづけする必要がある。今回のサンプルに流動人口の比率が少なかったことも、問題点として指摘しなければならない。これは中国国内の調査で、しばしば直面する問題である。本調査の枠組みでは、流動人口を対象とすることはむずかしく、したがって、流動人口の比率に対してもウエイトづけを施さねばならない。その際の公式は、以下の通り。Wtotal（ウエイト総数）$=W_1$（戸籍数）$\times W_2$（性別数）$\times W_3$（年齢数）$\times W_4$（流動人口数）。

（2）一九八〇年代半ばまで、私営企業主はほとんどおらず、党・政府の役人や管理職、商業・サービス業従業員と労働者の違いも、それぞれ明確ではなかった。したがって、世代間移動表の父親の職業分類においては、党・政府の役人、管理職、私営企業主をまとめ、商業・サービス業従業員と労働者を一緒にしている。

（3）最初の職業が党・政府の役人だった者の二七・三％が現在、事務職に就いているが、この比率の高さは、職業分類の際の誤差と考えられる。質問票では、現在の職業については、部下が何人いるかなど詳しく質問しているものの、最初の職業については、そのような質問を設けていないため、階層分類に誤差が生じる可能性がある。事務職（行政権をもっていない幹部）の一部を、党・政府の役人層に分類してしまった可能性が高いのだが、党・政府の役人が事務職に就くのは、通常、二つのルートを通してである。一つは、実権をもった幹部が肩書きだけの幹部に替わった場合、もう一つは、政治運動などが原因で降格された場合である。とはいえ、こうしたケースは少なく、データ処理による誤差を排除すると、党・政府の役人層の非流動率は八〇～九〇％に達するものと思われる。

（4）当時の中国が「非成層化」された社会であったとする外国の研究者もいる（Parish 1984；Whyte 1975, 1981）。これに対して中国人社会学者の李強（1993, 1999）は、改革・開放以前の中国が、政治的資源によって階層分化した身分制社会であるとしている。

（5）改革・開放前の移動率がさほど低くないことに言及している研究も少なくない。詳しくは、李春玲（1997）、Zhou et.al.（1996）を参照のこと。

（6）陳永貴がその代表例である。

（7）一九五〇年代末から一九六〇年代にかけて、政府の強制的措置により、一部の都市住民が農村に下放され、労働者から農民へと所属階層を変えている。

（8）幹部には、人民公社幹部と生産隊の上層幹部が含まれる。

（9） 旧ユーゴスラビアの研究者ジラスは、旧ソ連と東ヨーロッパの社会政治体制のもとで、特権を享受する「新しい階級（高級幹部と高級知識人）」が現れたと指摘している（Djilas 1957）。しかし、社会の上層と中下層の間に頻繁な移動が見られたことから、改革・開放前の中国に「新しい階級」が存在していたとは考えにくい。

（10） 実際、一九八〇年代と一九九〇年代とでは、社会移動の特徴に違いが見られる。図4-2は、主に一九九〇年代以降の状況を表わしたものである。

（11） 政治的資本（党員資格）が個人の社会経済的地位の獲得に与える影響が大きいとする研究もある。しかし、筆者は、「党員資格」という変数は、他の変数の代理変数だと考えている。一定の特徴や性格を備えた人物が党員になりやすく、こうした特徴や性格を備えたものは、競争に打ち勝ちやすいからである。社会学者が社会移動を分析するのは、社会構造の特徴を見つけ出し、階層構造や階層間の境界、階層分化のメカニズムを明らかにしようとしてのことである。

（12） こうした点を主張するものとして、Giddens（1978），Parkin（1974），Goldthorpe（1980），Erikson ＆ Goldthorpe（1992）などがある。中国国内でも最近、社会移動の分析を通して階級分化や階級構造の出現を論じる動きがある（李春玲 1997）。

（園田茂人・呉冬梅 訳）

第五章　現代中国における向都移動と階層問題
――三都市調査の比較から――

李　路路

一　はじめに

都市化は、経済成長と近代化の過程で生じる不可避なプロセスである。都市への人口集中は経済発展や近代化と密接にかかわっているが、中国の場合、長く戸籍制度が実施されてきたため、農村から都市、都市から都市の二つの移動を含む、向都移動が厳しく制限されてきた点で、他国の都市化とは異なる特徴をもつ。

また市場経済化の試みが二〇年余り行われてきたが、最近まで都市化の過程は政治的影響を強く受けていた。そのため、公式の数値では、中国の都市化水準は同じ発展水準の国々に比べても、著しく低くなっている。

一九八〇年から九〇年にかけて経済・政治体制改革が進み、広く市場システムが導入された結果、従来の食糧配給制度は廃止され、都市化の波が訪れることになった。非国有経済の発展は、都市戸籍をもたない人々が都市で生きるための新しい就労機会を与えることになった。そのため、耕地が少なく、農業生産力が低い地域から多くの人々が離農し、都市に流入してきた。

「遅れた」都市から技能をもつ人々が大都市や発展の可能性をもつ都市にやってきて、高い収入とさらなる機会を求めている点がしばしば看過されているが、ともあれ、「流動人口」の都市への流入は、都市の経済発展と繁栄の必要不可欠な一部分となってきた。

体制改革と経済発展によって都市化が大きな政策課題となり、地域移動を政治がコントロールできなくなって久しい。今日、向都移動は国家がコントロールできる範囲を超えてしまっており、「流動人口」に関する分析や論争、政策に、根本的な路線変換が必要となっている。

従来、「流動人口」や「外来人口」といった概念で地域移動を論じてきたが、本章では、「移民」という概念を使いたい。

分析の際に「流動人口」という概念を用いることもあるが、農村や他の都市から流入してきた者の多くは、すでに「流動人口」ではなくなっている。彼らは流入先で定住し始めているか、定住を考えており、原籍地に帰ろうとしない。その意味で、彼らには「移民」としての特徴が多く見られる。

彼らが依然として「流動人口」や「暫住者」と呼ばれているのは、彼らの都市での居住が依然として合法性を獲得しておらず、彼らが他の都市へ移動することを考えているからである。すでに「合法定住」（流入地の都市戸籍を獲得したことを指す）した移民と区別するため、本章では都市に定住している不法な「流動人口」を「移動性移民」と呼ぶことにする。

二　なぜ向都移動を論じるのか

向都移動をめぐる状況の変化

これまで流動人口に関して、国家は絶えず、経済社会の発展と社会的安定とのバランスをとることに腐心してきた。

移民は、経済社会の発展の大きな原動力であり、伝統的な経済社会体制を変革する有効な手段である。改革・開放後、農村や中小都市、大都市の中で大きく発展したところは、向都移動、とりわけ農村からの向都移動に大きく依存し、新興の工業地区や工業都市に、その傾向が強かった。

ところが、政府と一部の人たちは、大規模な向都移動が社会的安定にマイナスの影響を及ぼすのではないかと危惧してきた。大量の人口が移動にあたって、旧来の管理体制を脱離したら最後、二度と管理体制に戻ってこないことを憂慮したのである。

心配は他にもあった。たとえば、就業市場での競争が都市住民の失業や貧困化をもたらすこと、就業をめぐる競争や流動人口に対するさまざまな制限が原因で、都市住民が流動人口を差別し、流動人口が不満を抱くようになり、結果的に両者の間で摩擦・衝突が生まれること、大量の流動人口が都市に集中することによって、「コミュニティ」や「スラム」が生まれ、従来の管理体制ではコントロールできなくなってしまうこと、などである。こうした事態を憂慮した政府や都市は、今日に至るまで、流動人口の制限を基本的な政策方針としてきた。

では今日、地域移動にはどういった変化や新しい傾向が見られるか、またこれらによって、政策方針を再検討すべきかどうか。本章はこうした問題意識から、以下の三つの政策にかかわる問題を提示し、回答を試みる。

第一に、移民に、どのような傾向が見られるか。彼らはどういった人たちで、その移動には、どのような新しい特徴が見られるか。

第二に、移民と都市住民たちとの関係がいかなるものか。彼らの仕事や生活はいかなる状況にあるか。流動人口と都市住民の間にトラブルが存在しているかどうか。流動人口の中に、大きな不満が見られるかどうか。そして両者の間の関係や大量の向都移動が、都市の社会問題や社会的安定に影響を与えているかどうか。

第三に、将来はどうなるのだろうか。われわれは、移民問題をどう扱うべきか。ごく最近まで移民は制限の対象とされ、地方政府を含む多くの人は、必要ならば移民を本籍地に送還すべきで、これによって都市でのトラブルや衝突を避けられると思っていた。しかし、これは可能だろうか。

本章では、一九九八年一〇月から一二月にかけて行った三つの都市（北京、無錫、珠海）での質問票調査のデータをもとに、上述の問題への回答を試みる。調査にあたって厳密なPPSサンプリングを実施しており、各都市で二五〇〇サンプルを収集している。うち二〇〇〇サンプルは、訪問面接法による質問票調査の結果得られたもので、残りの五〇〇サンプルは、各都市の個別状況を加味した上で外来人口がよく集まる仕事場を訪れ、質問票調査を行った結果得られたものである（王奮宇・李路路 2001）。

向都移動の趨勢と特徴

まず、本研究の中で現れた向都移動の新しい傾向について触れることにしよう。というのも、これらの新しい傾向が、本章の後半で触れる政策的方向性と直接関連しているからである。

従来の研究によると、都市の外来人口の大部分は近隣の省の出身で、彼らの多くは低学歴で年齢的に若く、家族を農村に残し単身でやってきている。彼らは流入先に長く居住しようとせず、就業の機会があればすぐに移動し、金を儲けたら本籍地に戻って家を建て、結婚するのが普通。多くは都市に流入する前に仕事を見つけているものの、こうした仕事のほとんどは就労時間が長く、報酬もきわめて低い。業種も限られ、都市住民が嫌がる仕事に集中している。彼らの住まいも倒壊寸前のものか、簡易宿舎や臨時宿舎が多く、都市住民に比べて貧しい者が多い。医療保険や年金もなく、都市戸籍がないため、子女の教育など、流入先で公衆サービスが受けられない——多くの人たちは現在でも、こうした目で外来人口を見ている。

今回の調査結果でも、こうした面の一部は裏付けられたものの、従来と違った新たな変化も生まれている。二〇年という月日の中で、外来人口は多様なグループを形成するようになったのである。

外来人口の構成をみると、一方の極に、都市出身で比較的高い学歴をもち、外来人口の相当な割合を占めている者がいるとすると、他方の極に、伝統的な業種に従事し、低賃金で働く農村女性たちがいる。今日の向都移動を大雑把に議論してはならず、とりわけ、以下の二点に注目する必要がある。

第一に、都市間の移民が多くなっている点。

まず注目すべきことは、農村労働力の都市への移動だけでなく、都市出身者が他の都市へ移動するケースも多い点である。これは、従来看過されてきた新しい移動傾向でもある。農村から都市への移動性移民が依然として多く、その規模も急速に増大しているが、都市間の移民も外来人口の中で重要な位置を占めつつある。

たとえば今回の調査で、北京の場合、調査対象者の三分の一以上は他の都市からの流入者であり、一九九八年度に流入した流動人口の四〇%以上は他の都市からやってきている。珠海でも同じ傾向が見られ、無錫の場合、数字的にやや落ちるものの、九〇年代には一貫して、流動人口に占める都市からの流動人口の割合は二割前後であった。

したがって、以下の議論では便宜的に、流動人口を農村出身者と都市出身者に区別することにしたい。

第二に、移民の女性化が進んでいる点。

今回の調査で明らかになったのは、三つの都市で、女性の比率が大きいことである。たとえば、無錫と珠海では、近年、女性の数が男性の数を上回っており、流動人口の重要な部分を構成している。しかも、女性の比率は増加傾向

表 5-1　流動人口の基本属性

	北京	無錫	珠海
移民の際の平均年齢（歳）	23	23	22
現在の平均年齢（歳）	29	30	26
女性比率（%）	40	49	50
1994～98年に移民した女性比率（%）	40	51	56

表 5-2　サンプルに占める高卒以上の割合（%）

	北京	無錫	珠海
都市住民（15歳以上）	59	48	42
流動人口（15歳以上）	37	18	33
うち農村出身者	26	14	22
うち都市出身者	57	35	59
都市住民（20～35歳）	78	62	57
流動人口（20～35歳）	39	17	36
うち農村出身者	29	14	25
うち都市出身者	63	−	64

にある。近年の流動人口の構成を見ても、五年前、一〇年前に比べ、女性の数は著しく増えている。

北京では、農村出身者は依然として男性が主流だが、都市出身者に限ってみれば、すでに女性が半数を超えている。無錫と珠海の場合、都市出身者、農村出身者を問わず、性比は半々ぐらい。珠海では、都市出身者に占める女性の割合は五〇%であるが、過去五年以内に流入した都市出身者に限ると五六%になる（表5‐1参照）。

こうした傾向以外にも、いくつかの新しい特徴が見られている。

第一に、従来の移民は二一、二歳が多く、移動時の年齢は二〇歳から二五歳の間に集中していたが、最近の流動人口の平均年齢は三〇歳前後である。

第二に、過去の移民を対象にした移動時の婚姻状況に関するデータはないものの、新移民の場合、未婚の状態で移動する傾向が強い。未婚の単身者ほど移民傾向が強く、都市で何年か居住してから結婚するケースが多い。女性の場合、男性に比べ、移民前に結婚している可能性はさらに低い。

第三に、農村出身者の学歴は流入先の都市人口の学歴より低いものの、都市出身者の増加が続けば、流動人口の学歴が現在より高くなる可能性がある（表5-2参照）。北京における都市出身者の学歴を見ると、高卒以上の学歴のもち主が六三％で、都市住民の七八％に接近している。無錫と珠海の場合は六四％で、都市住民の五七％を超えている。

三　流動人口と都市住民――潜在化する対立の構図

移民や流動人口が世間の関心と注目を集めている理由の一つに、大量の流動人口が都市に集中することで、現地の労働市場と外来労働力の就業市場との間に大きな格差が生じ、就業衝突や都市の貧困化、社会的公平性といった社会問題が生じることが挙げられる。大規模な向都移動が直接的、間接的に生み出す、社会的不安定――たとえば、流動人口、特に農村からの流動人口が高い確率で貧困化する。長時間、報酬の低い仕事に従事しており、住居条件が過酷で社会保障を受けることができず、地元の都市住民に比べ、みずからの生活条件や生活水準への不満が強い。流動人口が流入先の労働市場に参入することによって、都市住民との間に顕在的、潜在的な競争・摩擦が起こり、都市住民の就業が困難になるなど――への人々の心配には根強いものがある。

流動人口の就業状況

流動人口の就業は、経済体制改革によって成長した部門に集中しており、その就業範囲は、以下の三つの産業に集中している。

第一に建設業で、その多くが男性である。北京の全就業人口に占める流動人口の割合は一三%にすぎないが、建設業に限って見れば、その約半数は外来人口。北京で就業している農村出身者の五七%が、建設業に従事している計算になる。

第二に製造業で、第三に販売、飲食業、家政業務などのサービス業。北京の女性流動人口の多くは、サービス業と製造業に従事している。

流動人口の就業状況は、都市における労働市場の需給関係ばかりか、地方政府の流動人口に対する数多くの制限をも反映している。

都市の制度的メカニズムが多様であることから、その制限のあり方もまた多様である。たとえば政治都市である北京の場合、国有企業が優位で、経済成長より社会的安定が重要視されているため、移民に対する制限は他の都市に比べて厳しく、外来人口が就職できない職種は三〇種類強ある。また、調査対象者の五七%の人が「就職の際に差別を受けた」と回答しているが、この比率は他の都市に比べてきわめて高い。

これとも関連するが、北京の調査対象者のうち、家族企業や個人企業のインフォーマル経済に属している者は一〇%に満たない。ところが、珠海では二〇%弱、無錫では約三分の一がインフォーマル経済に属している。もっとも、他の国に比べると、これも相当に低い数字であるが。

多くの発展途上国においては、移民は大量のインフォーマルセクターを発展させ、収入を得ているが、中国では、こうした事態は考えられない。さまざまな政策が流動人口を周縁化させ、彼らの長期居住を妨げているからである。都市出身者の職業的地位は比較的高いものの、農村出身者の就業範囲は厳しく制限されており、従事している職業の九五％以上が、中低位の職業ランクに置かれている。

従事できる職業が限られているため、職業の平均給与が職業選択を大きく左右しており、それ以外に選択の余地がなくなっている。また、彼らの給料が比較的に低いことの要因として、学歴の低さ、政府や雇用主による差別、低い報酬への自己満足などが挙げられる。

高度に職業化、専門化した都市ほど給与の不平等が著しいが、これは、職業移動をめぐる不平等が給与の不平等と結びついており、前者の問題がより深刻であることを意味している。無錫のように、流入先での就職が許可されていれば、都市住民とほぼ同額の給料がもらえるのであるから、問題は、（北京や珠海のように）流動人口が多くの就職機会から排除されていることにある。

「就職の際に差別を受けた」と語った調査対象者は、「就職後に職場で差別を受けた」と語った者の倍に当たる。事実、彼らは通常、労務契約を結ばず、最低賃金やその他の規定を知らない。

流動人口の生活状況

農村出身者の収入に関する多くの研究が示している通り、彼らは労働市場の低層に置かれている。特に女性の場合はそうで、彼女らは移民と女性という「二重のハンディキャップ」を負っている。都市住民に比べ、農村出身者の収入は相当低いが、都市出身者の場合、さほど大きな違いは見られない。

都市住民の貧困率と比較してみると、調査対象者の中で、都市出身者の貧困率が一番低く、農村出身者の貧困率が一番高い。

北京の農村出身者の貧困率は二五％で、都市住民（八％）の約三倍だが、都市出身者の貧困率は七％にすぎない。無錫の場合、全体的に貧困率が低く、農村出身者の一三％、都市住民の五％が貧困層に属している。しかも、都市住民と流動人口の貧困レベルはほぼ同程度である。

無錫の平均収入は北京に比べて低いが、貧困現象が北京より少ないのは、物価が安いことに原因がある。珠海の場合、農村出身者の貧困率は一五％で、都市住民の九％をやや上回っているものの、都市出身者の貧困率は六％。貧困度は、都市住民で一番厳しい。

北京の農村出身者で貧困率が高いのは、流動人口の中で不平等が大きいことと関連している。平均収入では、北京の農村出身者と珠海の農村出身者はほぼ同じであるが、貧困率では北京の方が断然高い（二つの都市の貧困ラインはほぼ同じである）。

農村出身の貧困者とその出生地、低い人的資本とインフォーマルセクターでの就業の間には、一定の相関が見られる。しかし、貧困家庭と非貧困家庭との間に顕著な差は見られず、軽々に貧困家庭を特定化することはできない。たとえば、貧困者と非貧困者との間に学歴格差は存在しているものの、低学歴が貧困を生み出しているとは言い切れない。農村出身の多くは、中卒以下の学歴であるが、非貧困者の場合と大差ない。また、流動人口が従事する産業と貧困率との間にも相関は見られず、都市に流入した直後の方が貧困に陥りやすいとする指摘も根拠に乏しい。

北京の場合、貧困者のうち都市での居住年数が五年を超えている者は三七％であるが、非貧困者の比率もそれとほぼ同じである。珠海の場合、貧困者に占めるニューカマーの比率は非貧困者に占めるそれよりやや高いものの、無錫ではその逆の結果が得られている。

都市では、公的サービスや社会保障の受給資格と戸籍の有無が密接に結びついており、職場組織は疾病や老後へのセイフティ・ネットを用意している。ところが流動人口の場合、疾病や老後への保障がほとんどない。これは、大量の流動人口が民間部門やインフォーマルセクターで働いていることや、国有部門で働いていても、疾病や老後の保障まで認められているケースが少ないことに起因している。

農村出身者に比べ、都市出身者の方が、住宅や公的サービスを受けるルートをもち、その多くは個人的に保険に加入している。ところが流動人口のほとんどは、将来の社会保障、特に年金をみずからの家族に依存せざるをえず、一部、銀行預金で老後に備えようとしている者がいる程度である。

流動人口の子女の教育問題については、原則として都市の学校に通えるものの、実際には、進学の際に高い費用を支払わなければならない。

格差は社会的な不安定を引き起こしているか？

労働市場と生活の場で、都市住民と流動人口との間に大きな格差が存在していることを指摘したが、これらの格差は社会的不安定や衝突を引き起こしているだろうか。この点について、都市住民と流動人口の両面から考えてみよう。

今回の調査結果によると、実際の就業状況や生活状況とは裏腹に、農村出身者の多くは「都市で生活する方が農村に留まっているよりずっとよい」と考えている。貧困率の高さや賃金の低さ、長時間にわたる勤務、厳しい住宅条件、社会保障の欠如などを考えると、彼らが都市住民以上に、みずからの生活に強く不満を感じていてよさそうなものだ。しかし、「多くの家庭に比べて、自分の生活水準をどうだと思いますか」という問いに、過半数はみずからの生活を「中程度」だと認識している。ほとんどの農村出身者は暮らし向きがよくなったと判断しており、特に都市出身者の場合、自分の生活水準を高く評価をしている（表5−3参照）。

表5−3が示しているように、みずからの生活水準に対する評価とは無関係に、流動人口の方が上昇移動（生活水準の向上）の可能性は高いと考えており、しかも、最近、都市に流入してきた流動人口の多くは、実際に生活水準の向上を経験している。

都市での居住年数が五年未満の場合、「過去三年間で生活水準が向上した」としている者は七割強。都市住民に比べ将来の生活を楽観視しており、「この三年で生活水準は向上するだろう」と考えている者は過半数に達している。これに対して、「生活水準が向上するだろう」と思っている都市住民は三〇％にとどまっている。

ところが、都市で長く住むにつれ、その楽観的な心情が弱まる傾向にある。

すでに指摘したように、流動人口の生活水準が低いことを示している研究は少なくない。では、どうして彼らは自分たちの生活を「中程度」としているのだろうか。彼らの準拠集団が都市住民ではなく、彼らの故郷の人々であって、その生活水準がより低いからという解釈が成り立つ。

彼らにとっての比較対象は都市の近隣ではなく、以前住んでいた農村の近隣だ——多分、この解釈は正しいだろう。調査データによると、移動して間もない農村出身者は、都市住民ほど生活満足度は高くなく、居住年数が五年以上一〇年未満の移動者の方が、みずからの生活水準を高く評価する傾向にあるからだ。

以上から、向都移動と社会移動の間には結びつきが見られるものの、生活水準の向上と満足度との関連性は必ずしも明らかではないと言えるだろう。実際には「永久住民」でありながら、正式な「都市住民」としての身分がないがゆえに、移民の不満は激化し社会が不安定化する、というのは誤った議論なのだ。

表 5-3　生活水準に対する自己評価（%）

	過去3年で生活水準が向上した		生活水準が中以上である		3年のうち生活水準が向上する	
楽観	北京：農村出身者5－10	80	北京：都市出身者	79	北京：都市出身者	59
満足	北京：農村出身者＜5	78	珠海：都市出身者＜5	75	珠海：都市出身者＜5	54
↑	珠海：農村出身者＜5	72	北京：農村出身者5－10	75	北京：農村出身者＜5	52
	無錫：農村出身者＜5	71	無錫：農村出身者＜5	75	珠海：農村出身者＜5	50
	北京：都市出身者	64	珠海：都市出身者5－10	67	無錫：農村出身者＜5	49
	珠海：都市出身者＜5	63	珠海：農村出身者＜5	65	北京：農村出身者5－10	44
	珠海：農村出身者5－10	60	無錫：都市出身者	65	無錫：農村出身者5－10	41
	無錫：農村出身者＞10	60	全体平均		珠海：都市出身者5－10	40
	無錫：農村出身者5－10	57		64	珠海：農村出身者5－10	37
	全体平均		無錫：都市住民	64	無錫：農村出身者＞10	32
↓		52	北京：都市住民	62	無錫：都市出身者	31
	北京：都市住民	51	珠海：都市出身者5－10	62	全体平均	
悲観	珠海：都市出身者5－10	48	珠海：都市住民	62		30
不満	無錫：都市住民	44	無錫：農村出身者5－10	62	北京：都市住民	29
	無錫：都市出身者	41	北京：農村出身者＜5	62	無錫：都市住民	25
	珠海：農村出身者＞10	39	無錫：農村出身者＞10	59	珠海：都市住民	23
	珠海：都市住民	34	珠海：農村出身者＞10	48	珠海：農村出身者＞10	21

注：＜５は，都市での居住年数が５年以下であること，５－10は，居住年数が５年以上10年未満であること，＞10は，居住年数が10年以上であることをそれぞれ示している。

図 5-1　都市住民に差別を受けたことがある流動人口の比率：1988〜98年（%）

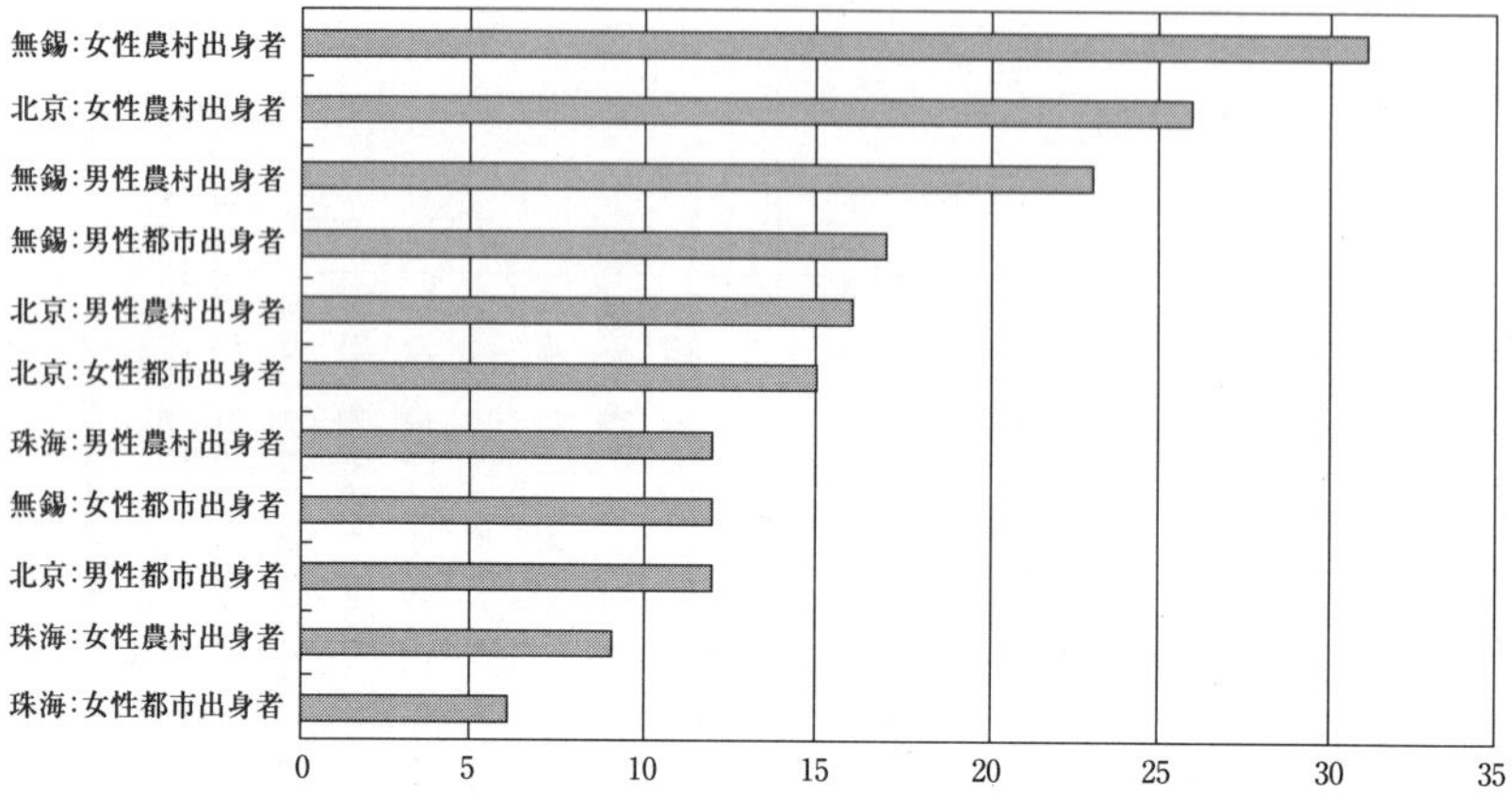

もっとも、将来に対して楽観的であるとはいえ、流動人口のこうした心情も、居住年数が長くなるにつれて悲観的になっていることに注意を喚起したい。このまま向都移動が続けば、流動人口の不満は顕在化しなくても、潜在的な不満は積み重なってゆくだろう。

潜在化する対立の構図

通常、都市住民と流動人口の間に就業をめぐる争いがあり、衝突が起こると言われている。都市住民が失業やリストラといった問題を抱えているため、流動人口がこうした不満のスケープゴートになりやすく、就業の際にさまざまな差別を受ける、というわけだ。

ところが、今回の調査では、こうした考えを支持するデータは得られていない。両者の間に衝突があるとは言えないのである。

北京での居住年数が一〇年未満の調査対象者のうち、約一七%が「都会人から差別を受けたことがある」と答えているが、その多くは農村出身者と女性たちである。他の都市から移動してきた者の場合、農村出身者に比べ、明らかに受けた差別は少ない（図5−1参照）。

では、なぜ衝突が顕在化していないのか。筆者はその原因を、都市における二重労働市場の存在に求めることができるのではないか、と考え

図 5-2 「自分の仕事にとって流動人口は脅威だ」と思う都市住民の比率（%）

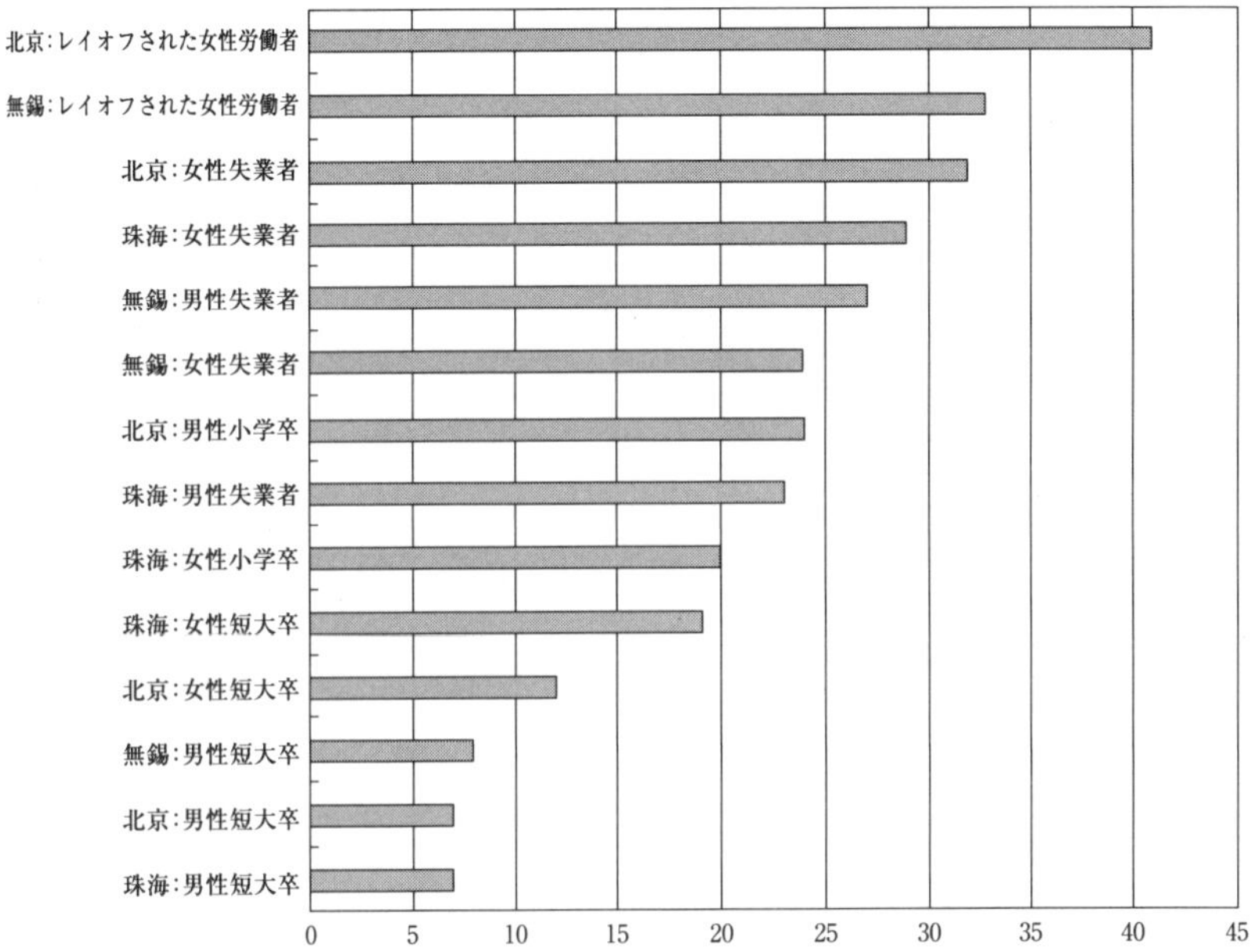

ている。

多くの都市では、流動人口の就業に厳しい制限が設けられている。彼らの多くは過酷な肉体労働に従事し、汚く不安定な産業、職種に集中している。製造業や建設業は、都市住民がもっとも従事したくない産業である。都市住民に比べ、多くは販売部門で働きたがり、私営部門での就業を好んでいる。特に、都市出身者にその傾向が強い。

都市住民にとって一番魅力あるのは国有部門で、政府機関に人気が集中している。ほとんどの回答者は、「仕事の安定性」や「将来の収入や福祉」を国有部門に就職したい理由として挙げ、私営部門を選択した者は、その理由として「よりよい収入」を挙げている。

今回の調査では、都市住民に対して「現在のところ、流動人口を仕事の上での脅威と感じているか」と質問したところ、みずからの生計にとって「脅威と感じている」と回答した者は、全体の一八％にすぎなかった（図5−2参照）。

図5−2に見られるように、都市住民でも高学歴者は、流動人口が都市住民の就業にとって脅威だと思う者が少ないのに対して、学歴が低い者には、流動人口を脅威だと受け止めている者が多い。これは、高学歴者がある程度の競争力を備えており、労働市場での競争を恐れていないためだが、それ以外にも、高学歴者が労働市場で流動人口との大規模な競争を経験していない、農村出身者がまだ十分な競争力を備えていない、都市出身者との競争が始まったばかりである、といった理由も考えられよう。

流動人口と都市住民との間に、現段階では衝突が存在しないとはいえ、衝突の兆しが見られることも指摘しておかなければならない。

就業にあたって苦労した経験をもつ都市住民の一部は、自分たちの仕事が流動人口に脅かされていると思っている。特に、女性や失業者、レイオフされた労働者の場合、その傾向が強く、北京在住のレイオフされた女性の中で、「農民が都市住民の就職口を奪っている」と考えている者は四割に達している。

とはいえ、「農民が都市住民の就職口を奪っている」と思っている者の多くは一般の就業者であって、失業者やレイオフされた労働者は相対的に少ないこともあって、彼らがこうした世論の中心にいるわけではない。

四　新移民、それとも短期居住者？

改革・開放にともなう都市経済の発展と農村の相対的な貧困化を背景に、大量の移動性移民が機会を求めて都市に流入することになった。彼らは新たな都市住民であるとはいえ、都市の社会構造に溶け込みやすい国家による計画的な移住者とは、明らかに性格を異にしている。

新たな移住者たちは、今後どのような行動をとるだろうか。われわれは彼らの将来をどう判断し、どのような政策を打ち立てるべきか。われわれのデータは、強制退去や他の要因がない限り、大多数の農村出身者は帰郷しないであろう、という結論を導いている。

政府と都市住民の多くは、過去はもちろんのこと、現在においても流動人口を短期居住者と見なしがちである。都市で必要とされている限り、補助的労働力として利用すべきであって、貧しい故郷を離れて都市で働き、お金を蓄えた暁には、故郷に戻るべきだと考えているのだ。

政府も、都市で財を築いた後に帰郷することが問題の解決に繋がるとし、都市での稼ぎを農村へ投資し、地方での就業機会を増やすのがもっとも望ましいと考えている。実際、農村出身者は土地に頼って生計を立てており、農地の請負権がその有力な保障となる、と仮定してきた。

そのため、彼らは国家が調節する都市の労働市場から排除されている。都市の職場組織と政府は住民に住宅や年金、医療保障、教育など、さまざまな公的サービスを提供し、最低限の生活を保障しているものの、流動人口の場合、こうしたシステムから事実上排除されており、教育もその例外ではない。

ところが、流動人口が最後には自分の故郷に戻るという仮定は、現実から程遠い。

都市におけるパーソナル・ネットワーク

農村出身者であろうと、都市出身者であろうと、「新移民」の向都移動は個人だけの行為でないし、また一時的な行為の結果でもない。

今回の調査を含めた最近の調査によると、流動人口は移住に当たって明確な目的を持ち、十分な準備をし、パーソナル・ネットワークのサポートを受けている。彼らは「外来人口」でありながらも、一人一人が孤立して都市で生活しているのではなく、さまざまな社会的ネットワークによって、みずからの都市生活を下支えしているのである。都市に流入したものの、いまだ就職先が見つからない人が容易に生活できるのは、こうした巨大な社会的ネットワークが存在しているからである。

多くの者にとって、職探しが都市流入の動機となっている。この点では、男女の差は大きくない。「夫を含めた親族と一緒に暮らすため都市にやってきた」とする女性は、全体の二〇~二五%にすぎないのである。

農村出身者、都市出身者を問わず、流動人口のほとんどが職業や住居を探す際に、頼れる社会関係をもっており、時に、こうした社会関係を通じて経済的支援を行っている。移住前に仕事を見つけている者が大多数である。データによると、都市に入る前の段階で「流入先に親戚がいた」と答えた者は、全体の約半数。「同郷者がいた」者は三〇~四〇%、「友人や同級生などの知り合いがいた」者は一五~二〇%で、「知り合いが一人もいなかった」と答えた者は全体の二割に満たなかった。

以前の流動人口にとって、移住前の社会関係はさほど重要でなかったかもしれないが、今日の移民は、発展したネットワークから多大な利益を得ている。特に流動人口の多い珠海の場合、彼らの九〇%以上が移住以前の段階で、流入先と結びつきをもっていた。

興味深いことにも、男性に比べ女性の方が多くの社会関係をもっている。女性の場合、親戚ネットワークが主であるのに対して、男性は、地元の友人や先に移住した友人が主である。

完全に自力で就業している者は少ない（北京で九%、無錫で一八%、珠海で一二%）。

北京の流動人口の二一%は、企業や政府機関への応募で現職に就いている。特に農村出身者の場合、直接的な募集が主な就業ルートとなっているが、これも北京における流動人口の管理方法を反映したものである。多く（七五%）は上京前に仕事を見つけているが、こうした募集を除けば、そのほとんどが地元の親戚や友人の助けを借りて職を探している。

無錫の場合、移住前に仕事を見つけているのは全体の六割。珠海の場合は四割弱で、多くは移住後に仕事を見つけている。仕事が見つかるまで親戚や友人のところに泊まり、彼らの助けを借りて職探しをしているのである。珠海では、このように仕事が見つかっていない状態で移住するケースが増えており、職探しの際に親戚や友人の力を借りている者は全体の七割に達している。

こうした広範なソーシャル・サポートのネットワークが存在しているために、流動人口全体の七〇〜七五%は移住してから一ヶ月以内で仕事を始め、五〜一〇%が一年以内で仕事を始めている。移住して仕事に就いたことがない者は約一五%だが、そのほとんどは女性である。

弱まる故郷との結びつき

今回の調査では、流動人口がどこに住みたがるかについて、多くの情報を収集している。

資料を収集するにあたって、故郷（農村）との間にどのような結びつきがあるのか、帰郷する動機・計画があるかどうか、都市での定住を考えるにあたって、農村での土地の使用権を考慮に入れているか、の三つを聞いている。

まず、故郷との結びつきについては、多くはその関係が脆弱化している。

調査にあたって、「故郷に戻りたいかどうか」、「この一年間、故郷に送金したことがあるかどうか」、「この一年

図 5-3　流動人口と故郷の絆の強さ

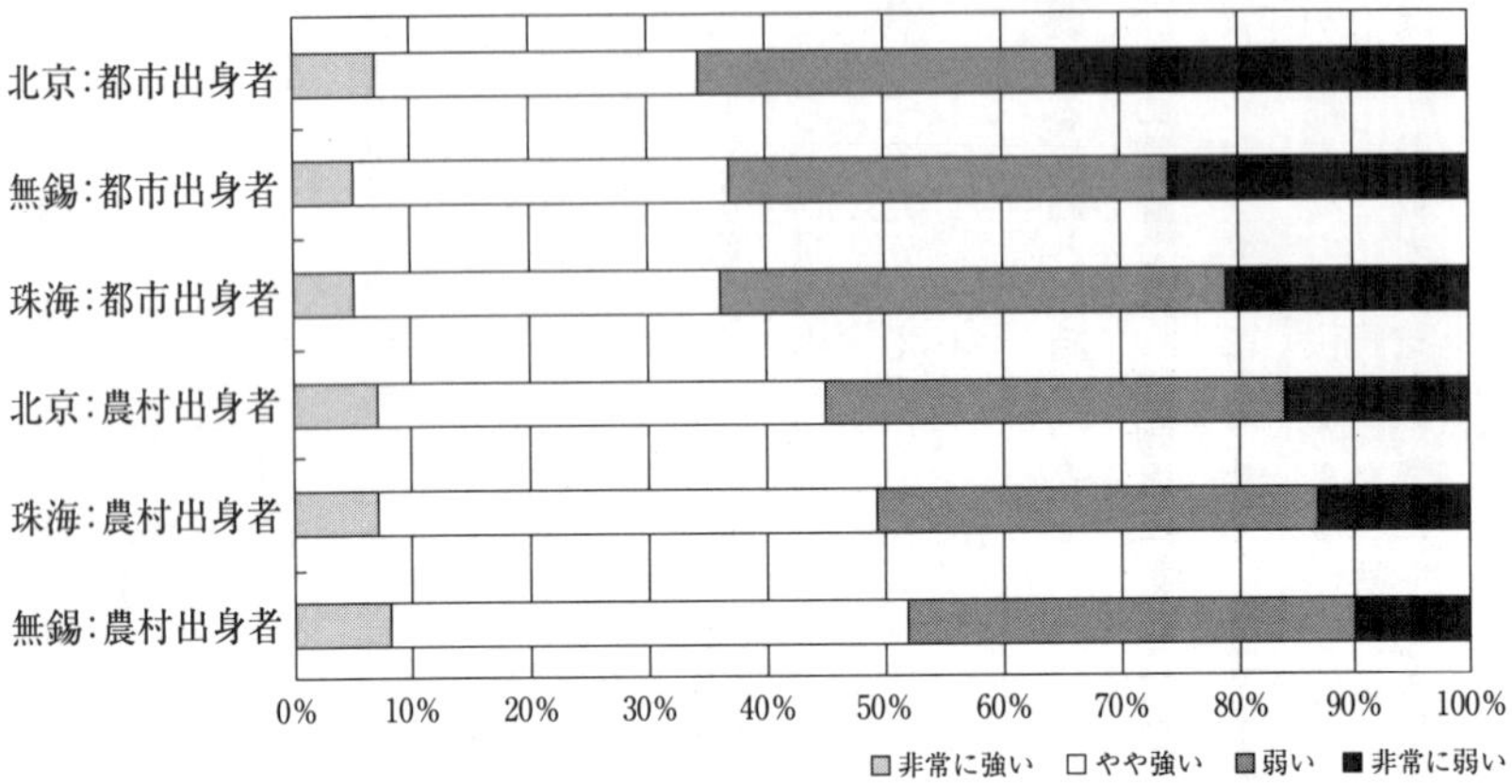

図 5-4　現在の都市で暮らし続けたいか？

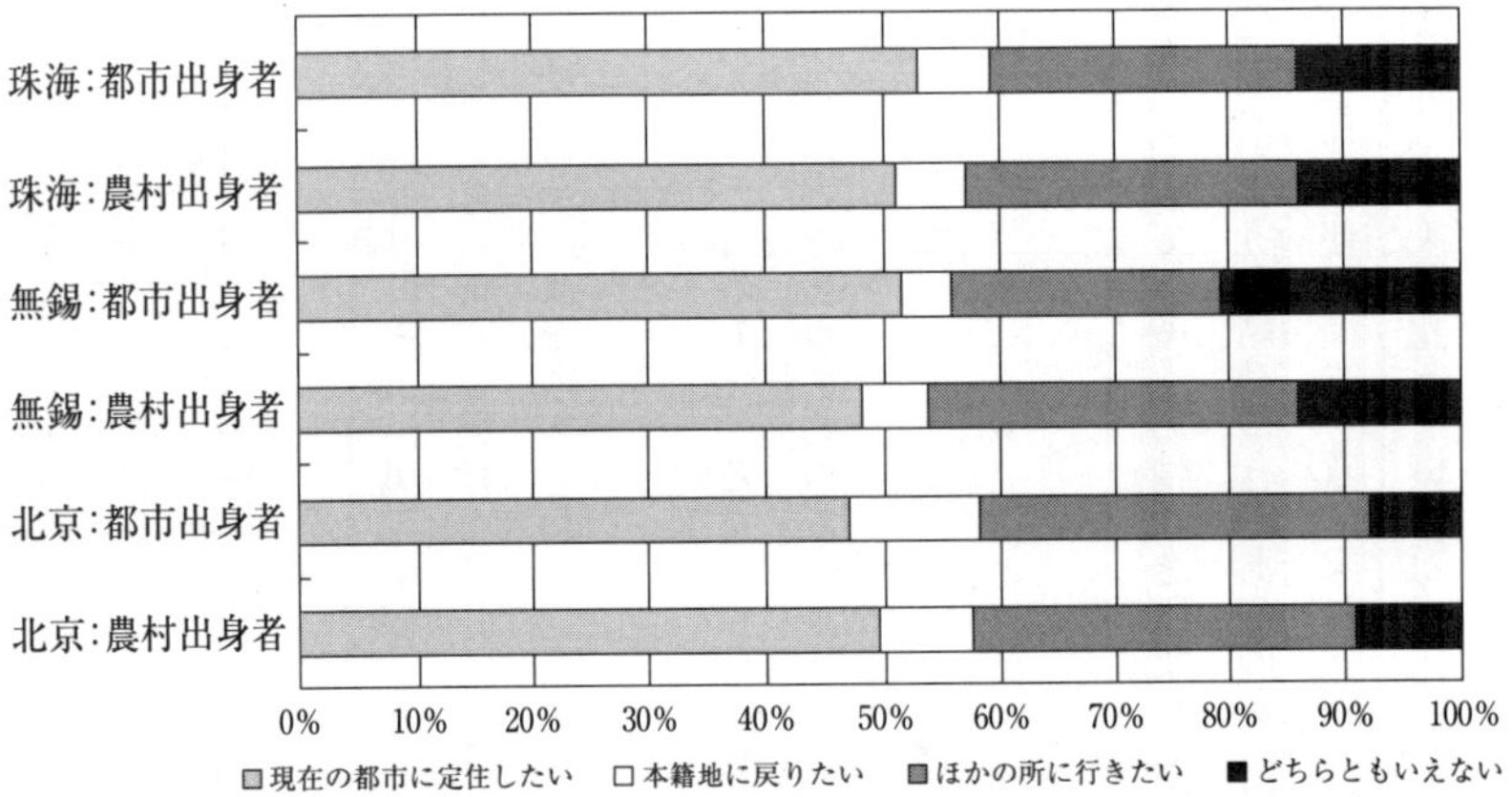

間、実家に帰ったことがあるかどうか」といった三つの質問で、故郷との結びつきを調べている。言うまでもなく、故郷に戻りたくない、故郷に送金していない、実家に帰ったことがない場合には故郷との絆は弱く、その反対であれば故郷との絆は強い。

分析の結果、都市出身者の方で故郷との結びつきが弱く、農村出身者も、故郷との結びつきが強いのは全体の七%にすぎないことが判明している。

北京の流動人口の多くは、故郷との絆が弱い。約半数は実家との絆を弱めており、家に帰らないか、仕送りをしない状態にある。

以上から、定住が許可されれば、移動人口の九割は都市に留まり、農村に帰らないだろうと推定される（図5−3参照）。

また過去の多くの調査結果と異なり、今回の調査では、現住地での長期定住を希望している者が約半数いる。農村出身者が短期居住者にすぎず、お金を稼いだら帰郷するという証拠は得られなかったのである。

調査データによると、農村出身者は農村に帰る計画をしておらず、少なくとも彼らが農村に帰らねばならない事情や動機をもち合わせていない（図5−4参照）。（戸籍のある）出身地に戻りたいとする者は、全体の一割に満たないが、これからも、流動人口の多くが都市に根を下ろし、定住を望んでいることは明らかだ。

八〇年代初期に都市に移住してきた者の中で、長期居住を望んでいる者が約七割、ニューカマーの場合、その約四割が長期居住を望んでいる。都市で家庭を築いた者になると、その約六割が、都市での長期居住を強く望んでいる。

長期居住を望んでないのは、主に若い未婚者たちである。ところが、よそに配偶者がいる場合、多くが現地での長期居住を希望しており（男性の約四割、女性の約六割）、仕事を通じて家族を呼び寄せたいと考えている。

流動人口に対して「他の都市でよい就職先が見つかったら、移動したいと思うか」といった質問をした場合、「安定的でフォーマルな仕事であれば移動したい」という回答が多かった。ところが、北京の流動人口の多くは否定的な回答をし、移動を望んでいなかった。

農村に戻ることに対しては、回答者のほとんどが「戻りたくない」と回答している。北京の場合、農村出身者の五二％は「郷鎮企業で安定した就職口が得られても、農村で暮らしたくない」と述べている（表5−4参照）。

都市での居住年数が長い場合、再び移動する可能性は低いが、農村出身のニューカマーの場合、他都市への移動志

表 5-4 移動志向を示した流動人口の比率（%）

	北京		無錫		珠海	
	農村出身者	都市出身者	農村出身者	都市出身者	農村出身者	都市出身者
郷鎮企業や農業に移りたい	48	23	55	34	43	28
他省の中小都市に移りたい	52	28	55	32	65	45

向が強い。しかし彼らとて、農村で安定した仕事が見つかったとしても、農村に戻りたいとは思っていない。

歯止めにならない農村での土地使用権

第三に、農村での土地使用権が失われたとしても、多くの移民は都市での生活を希望している。

農村移民の多くは、故郷で耕地を所有している。多くは家族の剰余労働力に任せているが、剰余労働力がない場合でも、土地使用権の回収が彼らの帰郷につながるとは言いがたく、その回収をもって流動人口の制限手段とするというのは幻想に近い。

今回の調査によると、家族に剰余労働力を抱え、彼らに耕地を任せているケースが多く、耕地を人に貸すか、人を雇っているケースは一〇%弱にすぎない（表5-5参照）。したがって、帰郷しない農民から土地使用権を回収するといった威嚇手段をとった場合、以下の二つの事態が生じることになる。

第一に、都市の失業や貧困は減るかもしれないが、農村では貧困化に拍車がかかることになる。すでに使用されている土地で、今まで以上の人間を養わなければならないからである。

第二に、これが威嚇手段として効果を発揮しない可能性が高い。

表 5-5　農村出身者による土地の利用状況（%）

	北京	無錫	珠海
家族が土地を耕作している	77	72	70
人に貸すか人を雇っている	8	6	7
村で集団管理している	1	2	1
荒らされている	1	0	2
土地をもっていない	13	20	21
全　体	100	100	100

表 5-6　土地を失ってでも都市に住みたいか（%）

	北京	無錫	珠海
土地を失ってでも都市に住みたい	51	49	44
帰郷して農業に従事する	23	19	15
どちらともいえない	13	13	20
土地をもっていない	13	20	21
合　計	100	100	100
サンプル数	356	549	940

農村出身者に対して、「土地を失ってでも都市で居住する」と「農村に帰って農業に従事する」の二者択一で質問をしたところ、前者を選ぶ者が相対的に多かった（表5−6参照）。

北京の場合、故郷に帰らない農村出身者に「土地使用権を回収するぞ」と脅しても、四分の一しか農村に戻らない計算になる。

五　おわりに――求められる政策転換

以上のように、向都移動が増加する中で、政策への挑戦はますます強まっている。具体的な政策を立案し、実施することには困難がともなうであろうが、政策の基本的な方向転換はすでに不可避になっている。

流動人口を労働市場のショック・アブソーバーと見なし、失業率が上昇した場合には流入者を制限して、流動人口を故郷に送還する。そうすることで、都市住民が受容できない高い失業率を回避する。流動人口を「永久」に「短期居住者」にすることで、都市の持続的安定を確保する――こうした期待は、新たな社会的不安定を招きかねない。故郷への送還に失敗した場合、公共サービスや社会保障が欠如しているため、流動人口が仕事や生活の上で多くの問題を引き起こすことになり、社会的不安定が生じかねないからだ。

現在のところ、都市による制限は厳しいものの、流動人口の流動性の高さと国家への依存度の少なさを考えると、これが効果的だとは言えないし、潜在的な脅威も残る。

安定の確保と衝突の回避以外に、流動人口を制限する別の原因があるとすれば、都市の財政問題が挙げられる。地方政府は財政上、増加する流動人口に都市住民と同じ「特権」を与えることはできないし、そうしたくないと考えている。そうすれば、都市住民の「特権」を制限せざるをえないからだ。こうした政策を歓迎する者もいるだろうが、これはどこから見ても問題のある政策だと言わざるをえない。

向都移動は、農村と都市の人口構造に長期的な変動をもたらしつつある。流動人口の多くは農村や貧しい故郷へ戻ることを望んでいない。進まない都市化、狭い農地、都市と農村との格差。これらの要因が絡み合いながら、大量の向都移動が生まれているのだが、これが改革・開放後、二〇年経った現在の中国の姿である。

政府による制限が徐々に緩和され、都市戸籍がなくても都市で生活できるようになってからというもの、農村からの向都移動は加速化している。また最近では、発展が後れた都市から繁栄している都市へ、さらなる機会と仕事を求めて人々が移動するようになっている。

今回の調査によると、流動人口の多くは勝手に移動しているのではなく、みずからのネットワークを利用して事前に仕事を見つけており、そうでない場合も、流入先にあるネットワークを利用して、現地での生活を安定させている。彼らは仕事に励み、報酬が少ないにもかかわらず、八割以上は我慢できる生活水準で暮らしている。他人に比べ、自分の生活水準をさほど低いと思っておらず、移動後の暮らし向きがよくなっていないとする者は一部にすぎない。多くは将来を楽観視している。

流動人口の多くは都市での長期定住を望んでおり、彼らが農村に帰る可能性は低い。就業制限がある以外に、まともな職に就いたとしても多くは貧困状態に置かれ、いまだに貧困から抜け出す道を知らない状態にあるのを、どう解決してゆくか。住宅問題や健康保険、老後の保障、子女の教育問題をどうしてゆくか。問題は少なくない。

移動者の居住年数も長くなり、生活水準が向上するスピードが緩慢になると、比較の対象が従来の出身地ではなく、都市の住民になることで、彼らの都市生活に対する満足度は著しく低下することになるだろう。

総じて、中国の都市化や地域移動に対する既存の政策は、修正すべき段階にある。移動性移民は、都市建設に大きな貢献を果たした。ところが彼らは、多くの人が期待している「臨時居住者」にはなりたくないと思っている。こうした現実にあって、厳しい制限を続けるべきか、それとも方向転換するか、政策上の選択が迫られている。

最近、注目に値する有益な転換がなされつつあるが、これらもある程度、政策上の変化を反映したものといえる。一部の都市では戸籍の制限が緩和され、一定の範囲内で、農村からの流動人口を含む外来人口を、平等で合法的な「永久居住者」として認めつつある。流動人口を農村に送還するのではなく、深刻化しつつある不平等やニューカマーの受け入れ、都市人口の増加にどう対応するか。政策論議も、その性格を変えているのである。

（園田茂人・方明豪 訳）

Ⅲ　比較の視点から見た中産階級

第六章　韓国の中間階級
——将来の比較研究に向けて——

梁　鐘　會

一　はじめに

韓国の階級構造は、類を見ない急速な産業化とその後の経済成長により、二〇世紀後半、大きく変化した。半世紀の間で、韓国社会は伝統的な農耕社会から近代的な階級構造をもつ近代産業化社会へと変貌をとげた。ある推計によれば（洪斗承 1992b）、労働者階級は一九六〇年の八・九％から一九九〇年の三四・七％へ、中間階級は一五・五％から四六・六％へと三倍に増加した。

その結果、中間階級は研究者だけでなく政治家や政策立案者からも注目をあびるようになった。政治家は、資本家階級と労働者階級間の緩衝剤として、そして、民主化と改革への大きな勢力として、主に中間階級の政治的役割へと関心を寄せた。政治家だけでなく社会学者も、中間階級の政治的役割に注目したが、その関心の中心は、概念上の問題や中間階級の特徴に関する経験的調査に向けられた。

韓国の中間階級を記述する試みとして、古典的なマルクス主義的アプローチ（金泳謨 1982；徐寛模 1987）、マルクス主義・ウェーバー主義の両者を用いたアプローチ（洪斗承 1983；Koo 1982）、韓国の中間階級のさまざまな側面に関する実証研究に階層論を用いるアプローチ（韓相震 1987；韓完相・權泰煥・洪斗承 1987）などが挙げられる。

咸仁姫・李東瑗・朴善雄（2001）によれば、韓国の中間階級に関する第一の議論は、定義と境界線の問題に大部分焦点が当てられてきた。一連の議論では、韓国の階級構造に関する多様なモデルが提示され、中間階級の規模が検証されてきた。そして、使用されるモデルにかかわらず、中間階級は急速に増加していることが示された。一九八〇年代初頭には全人口の約半数へと中間階級が増大したことが、大部分の研究により明らかにされている。

一九八〇年代半ばからの一連の政治変革により、特に、中間階級の政治的役割とイデオロギー的性格に関して、新たに関心の目が向けられた。一九六一年軍事クーデター後、韓国社会は二〇年以上にわたる独裁的な支配下に置かれた。その後、学生、反体制派の知識人や労働者によるさまざまな民主化運動が起こり、一九八七年六月二九日の盧泰愚大統領による「民主化宣言」へと結実した。

研究者の間では、中間階級が民主化の過程で大きな役割を果たしたかどうかについて論争がなされ、これが韓国の中間階級に関する第二の議論であったといえる。

大部分の進歩的な研究者は、韓国の中間階級が産業化の主な受益者であったために基本的に保守的で、現状維持志向であると主張する（金晉均・趙喜연 1985；崔章集 1985；崔載賢 1987；林玄鎭 1987）。一方で、韓国の中間階級が権威主義体制下で政治的に疎外されていたため、民主主義改革を支持する革新勢力であるととらえる見方もある（韓相震 1986；韓完相・權泰煥・洪斗承 1987；金成國 1988）。これらの研究者によると、韓国の中間階級は、権威主義体制・不平等・民主化の遅れに批判的であるが、抜本的改革よりは段階的な改革を志向することが示されている。

さらに、第三の見方として、中間階級の政治傾向の二重性を強調するものがある（Koo 1999；金成國 1991；朴濬植 1992；洪斗承・具海根 1993）。この見方によれば、中間階級は、政治情勢次第で革新勢力にも保守勢力にもなりうる。たとえば、中間階級は一九八〇年代半ばに民主化運動に深く関与していたが、労働者階級が市や国に対して敵対的になったとき、中間階級は保守勢力へと転換した。

こうした中間階級のイデオロギー的志向の二重性に加え、中間階級内部の異質性や分化への関心も高まりを見せてきた。実際、経験的研究により、政治的態度とイデオロギー的志向性において、中間階級内部の新・旧、上層・下層の間で明らかに差異があることが明らかにされてきた。

政治的な民主主義と経済的豊かさを与えられ、特に上層の韓国人において、ライフスタイル・余暇・消費やアイデンティティのような生活の質への関心が一九九〇年代より高まってきた。こうした中間階級の文化的側面を扱う研究も多くなっており（洪斗承・金美姫 1998；白旭寅 1991；文玉杓 1992；文玉杓・崔惠卿・鄭順姫 2000；咸仁姫・李東瑗・朴善雄 2001）、全体もしくは一部の中間階級のライフスタイル、消費文化、家庭生活、文化的価値、日常生活やアイデンティティなどが問われてきた。

こうした韓国の中間階級をめぐる三つの議論は、現在も行われている。時間的には、一九八〇年代初頭から概念的な問題をめぐる第一の議論がはじまり、一九九〇年代初頭の文化的問題へと議論が展開していった。しかし、これらの問題は相互に関連しており、幾度も繰り返されている。たとえば、東アジア諸地域（香港・韓国・シンガポール・台湾）において、一九九一年から一九九四年の間に行われた「東アジアの中間階級（ＥＡＭＣ）プロジェクト[1]」の場合、①〔階級間の〕境界と②その社会的属性、③ライフスタイルと階級アイデンティティ、④階級政治といった四つの主要な問題が取り上げられている（Hsiao & So 1999：3）。

ところが近年、大きな経済的変化により、韓国における中間階級研究は転換期をむかえている。

一九九七年の経済危機は、韓国社会全般、特に中間階級へと重大な影響を及ぼした。経済危機は暴風のごとく多くの韓国人を襲ったが、こうした危機に加えて、すでに一九九〇年代に生活諸領域において変化――社会主義体制の終焉、急激なグローバリゼーションの進行、脱近代的な文化と新自由主義的支配の誕生——が生じていた。経済危機とともにこれらの変化は、韓国の中間階級に大きな影響を及ぼしてきた。

本論文の目的は、一九九七年に起きた経済危機の影響に焦点を当て、上述した四つの問題の視点から、韓国の中間階級の変化への最近の社会変化のインパクトを分析することである。限界はあるものの、ＥＡＭＣプロジェクトのデータを活用し、東アジア諸地域と韓国の中間階級との比較も行いたい。そのため、この主題に関連する既存の研究とデータを主に活用していく。

もっとも、韓国の中間階級の多様な側面を分析する前に、一九九〇年代に生じた主な社会的変化、とりわけ一九九七年の経済危機とその後の改革を簡潔に検討しなければならない。次に、韓国の中間階級の定義と分類の問題、規模と構成、政治的役割とイデオロギー的志向性、文化的価値とライフスタイルに関する考察を行い、最後に、今後の研究のための示唆を行い、仮説を提示したい。

二　一九九〇年代に生じた社会的変化

韓国において一九九〇年代は歴史的な転換点であった。

一九九七年経済危機とその余波、与野党間の初めての政権交代、北朝鮮との交流増大によるイデオロギー的自由、新自由主義による伝統的な儒教的価値体系の崩壊などがそうした変化として挙げられるが、ここでは、これらの変化が中間階級問題に及ぼしたインパクトについて、簡単に論じてみたい。

グローバリゼーションと経済危機

三〇年間にわたる急成長の後、一九九〇年代に入って経済成長のペースがやや落ちたものの、成長率は一九九七年まで約七％であり、ＧＮＰは一九九五年に一人当たり一万ドルを超えた。このめざましい経済的発展は、一般に輸出志向的開発戦略と強い開発国家によるものとされている。実際、韓国経済の外国貿易に対する依存度はかなり高く、この意味において、韓国はグローバリゼーションを活用してきたといえよう。

一九九〇年代初期、金泳三政権（一九九三〜一九九七年）は、一九九五年のＷＴＯ加盟、一九九六年のＯＥＣＤ加盟により、韓国経済のさらなるグローバリゼーションをもたらした。一九六一年の軍事クーデター以来、初めての真の文民政府は、基本的なイデオロギーとして新自由主義を採用し、柔軟な労働市場、独占的財閥の制限、国内の金融改革、金融市場の開放など、さまざまな経済改革の政策を実施したことで、韓国経済は、より一層外国の影響を受けやすくなった。

ところが一九九七年末、外貨の払底を原因とした流動性の不足により、財政危機が起こった。この突然の危機は、当初は東南アジアの外貨危機による国際的な金融市場の不安定性に起因していたが、また、韓国経済固有の構造的問題——国際市場の変動に左右されやすいこと、企業のモラルハザード、商取引上の縁故主義、「法による規制」の欠如など——にも原因があった（Lim 1999：6-8）。

金泳三政権は多くの施策を講じたものの対応に失敗し、最終的にＩＭＦに緊急融資を求めた。ＩＭＦは通常、融資条件を提示するが、その条件は、施策の制限と目標数値の設定という一連の勧告であり、新自由主義的、市場主義的な経済的イデオロギーを帯びたものであった。

一九九八年初頭、金泳三政権後の金大中政権（一九九八〜二〇〇二年）は、自由化、規制緩和と民営化を強調するＩＭ

Ｆの経済改革政策に従わざるをえなかった。できるだけ早く危機を克服しようとする韓国政府は、市場の自由化・企業の構造調整・国内経済のグローバリゼーションといった政策手段によって、企業の生産性と国際的な競争力強化に力を注いだ。

数年にわたる混乱・困難と構造調整の後、危機は収束したものの、経済制度や慣行だけではなく、社会組織や文化的価値にも大きな変化が生じるようになった。

韓国社会はこれまで、効率、自由競争、物質的な豊かさ、グローバリゼーション、適者生存といった価値に表される自由主義的経済論理によって、これほど徹底的に支配されてこなかった。現在、儒教的価値に支えられてきた伝統的システムは急速な終焉を迎えている。

経済危機とＩＭＦ主導による新自由主義的改革の結果のうち、ここでは雇用システム、所得分布、文化的価値の三つに焦点を当ててみよう。

韓国の雇用システムは、日本のシステムによって影響されており、終身雇用と年功序列によって特徴づけられるが、現在、こうしたシステムが急速に変化している。合併やＭ＆Ａによる企業の構造調整、ダウンサイジング、工場閉鎖、解雇、臨時雇用者の採用、賃金カットといった労働市場の柔軟化の結果、失業が大量に発生し、雇用が不安定になった（金均・朴順成 1998）。

失業率は経済危機以前の二％程度から、一九九八年には六・八％まで増加し、二〇〇二年に三・一％まで下がったものの、危機以前に比べ、依然として高い水準にある。雇用状態も変化し、全雇用者に占める臨時や日雇い雇用者の割合は、一九九六年の二七・三％から一九九九年の三二・五％、二〇〇二年の三三％へと増加している（表6－1参照）。このような雇用傾向により、雇用安定性が急速に悪化していることは明らかである。

表 6-1　経済諸指標：1990～2002年

	1990	1995	1996	1997	1998	1999	2000	2001	2002
一人当たりGNP(USドル)	5886	10823	11385	10315	6744	8595	9770	9000	10013
就業状況									
正規雇用（%）	32.8	36.3	35.5	33.9	32.3	29.3	29.7	30.4	30.9
臨時・日雇い（%）	27.7	26.2	27.3	28.8	28.8	32.5	32.7	32.0	33.0
失業率（%）	2.4	2.0	2.0	2.6	6.8	6.3	4.1	3.7	3.1
所得分布（5段階）									
Ⅰ（下位20%）	8.4	8.5	8.2	8.3	7.4	7.3	7.5	7.5	7.7
Ⅱ	13.2	13.5	13.3	13.6	12.8	12.6	12.7	12.5	12.7
Ⅲ	17.2	17.5	17.5	17.7	17.1	16.9	17.0	16.9	17.1
Ⅳ	22.5	23.0	23.1	23.2	22.9	22.9	22.7	22.8	22.9
Ⅴ（上位20%）	38.8	37.5	37.9	37.2	39.8	40.2	40.1	40.4	39.1
V/Iの割合	4.64	4.41	4.62	4.49	5.41	5.49	5.32	5.36	5.15
ジニ係数	0.295	0.284	0.291	0.283	0.316	0.320	0.317	0.319	0.312

出典：統計庁（各年）

分化する韓国社会

とはいえ、韓国人のあらゆる層で失業率が上昇し、雇用が不安定になったわけではない。

下層の階級は上層の階級よりも失業へ転化しやすく、所得も減少しやすく、実際に所得の不平等は拡大している。不平等を測る指標の一つであるジニ係数は、一九九七年の〇・二八三から一九九九年の〇・三二〇、二〇〇二年の〇・三一二へと上昇した。

所得集団も分化する傾向が見られる。具体的に、下位二〇％に対する上位二〇％の割合を見ると、上層はより豊かになった一方で、下層はより貧しくなっている。その比率は、一九九七年で四・四九であったが、その後、五・〇以上まで上昇した（表6―1参照）。

さらに、この分化の重要な結果の一つとして、中間階級の縮小を挙げることができる。

中間階級の縮小とともに、所得格差が増大し、保守と革新との間のイデオロギー的分裂が深まり、人々の価値やライフスタイルにおいて文化的差異が拡大する傾向がある。

経済危機後の調査によれば、社会経済的地位間・世代間で、イデオロギー的志向性と文化的価値の格差が生じているようだ。社会経済的地位が高い者は、低い者に比べ、さまざまな社会問題に関して革新的な傾向を見せているのである（『中央日報』二〇〇二年二月四日）。

価値志向に関しても世代間格差があることはこれまでも知られているが、最近では、儒教的価値の受容に関して、世代間の断絶が深まっている。

二〇〇一年に一七のアジア太平洋諸国で実施された国際比較調査からは、韓国の若者が儒教的価値の受容をもっとも強く忌避しているといった知見が得られている（『中央日報』二〇〇一年一〇月一一日）。その代わり、彼らは個人主義、物質主義、手段的合理性といった新自由主義的価値に共鳴しているが、これも彼らが、経済危機後の新自由主義的市場によってもたらされる新しい環境に順応しつつあることを示している。

へゲモニー的なイデオロギーとしての新自由主義は、ＩＭＦや世界銀行といった国際機関によって導入されたが、それは、競争・個人主義・物質主義・効率・手段的合理性のような価値を促進させている。これらの価値は、謙虚さ・集合体、理想主義・調和のような儒教的価値とは相反するものである。

韓国の儒教は、近代的な制度や新たな環境に適応することで、多様な歴史的変化と近代化をくぐりぬけてきた。現在の新自由主義的改革は、一九九七年の経済危機に続き、主要な制度や日常生活から、伝統的な儒教的価値を取り除いていった。このように、新自由主義的改革は、儒教的遺産がもはや残存し得ない社会環境のみならず、上層と下層の階級間、若年層と老年層との間の価値対立をも生み出すことになったのである。

政治的変化の広がり

また、一九九〇年代には政治的にも重要な変化が起こった。

第一に、一九九二年の自由選挙により金泳三という文民の大統領が当選したことで、政治的民主主義が回復した。五年間の金泳三大統領の任期後、野党の党首である金大中が大統領となった。初めての与野党間の政権交代であり、金大中は韓国における初めての大衆的・革新的な大統領であった。

その後、二〇〇二年に当選した盧武鉉大統領は、金大中元大統領よりも、さらに大衆的・革新的である。その結果、政治的民主化は韓国でさほど重要な問題ではなくなり、権威主義体制下で盛んであった民主化運動は実質的に消滅した。その代わりに、経済的・社会的民主化が中心課題となっている。

そして、この時期、もう一つの重要な政治的成果があった。

比較的短期間で経済危機を解決することに成功した金大中政権は、北朝鮮に対し、いわゆる「太陽政策」を精力的に実行した。貧困に苦しむ北朝鮮に多額の経済援助を行い、長い間外界に対して閉ざされてきた鉄のカーテンを開けようとしたのである。その結果、北朝鮮は韓国に門戸を広げた。そして、南北間の経済的・社会的交流は加速し、南北分断以降初めて、北朝鮮の首都・平壌で首脳会談が行われるにいたった。

この政治的発展は、韓国におけるイデオロギー的環境を変え、冷戦時代のメンタリティ、特に、共産主義への反発は、ある程度は軽減され、社会主義的思考がある程度、受け入れられるようになった。限界はあるものの、以前よりイデオロギー的な自由がある。現在の盧武鉉政権は、こうしたイデオロギー的自由の流れをさらに推し進めているようであり、それが保守派からの反発を得て、激しいイデオロギー闘争を引き起こしている。

こうした政治的なイデオロギー的変化は、現在の中間階級の政治的役割とイデオロギー的志向性に大きな意味をもっていると考えられる。

三　韓国における中間階級の特徴

定義と分類

韓国における初期の階級構造論は、古典的なマルクス主義理論を基礎に、比較的単純な階級モデルを提示しているが、金泳謨（1982）や徐寛模（1987）が、その代表的な論者である。彼らは、職業と雇用上の地位（金）、産業セクターや生産関係（徐）といった基準で、資本家と労働者階級を区分する。これらのモデルでは、中間層とは、二つの基本的階級の間に位置する存在であり、専門職・技術・管理・事務職を含む新中間層と、中小企業の雇用者・自営業者という旧中間層（徐の場合は「プチブルジョワジー」）から構成されている。

これらの古典的なマルクス主義的階級モデルは、韓国社会の特徴を説明できないとされてきた。たとえばKoo（1982）や洪斗承（1983）は、マルクス主義とウェーバー主義を折衷させ、韓国の階級構造のセクター・モデルを提示している。両モデルではセクターの定義が微妙に異なっており、Kooのモデルでは、企業・官僚・インフォーマル・農業という四セクターを含んでおり、これを四つの中間層として順に、ホワイトカラー・官僚・プチブルジョワジー・富農と区分する。一方、洪のモデルは、組織・自営業・農業の三セクターに分け、これを新中間階級・旧中間階級・独立自営農階級と三つの中間階級を設定しており、ＥＡＭＣプロジェクトにおける韓国の階級構造のベースとなっている。

韓国における中間階級への他のアプローチとして、ウェーバー主義と階層論を挙げることができる。中間階級や中間層に対するこれまでの関心は、経済的・社会的地位において中間である人々を表す「中間層」に集中しており、この言葉は政治家や一般大衆の間で広く使われてきた。

韓相震（1987）は、中間層の定義に客観的かつ主観的な基準を用いている。客観的な基準とは、所得、教育、職業、住宅であり、主観的な基準とは、階級帰属意識である。後に彼は、中間層の政治的役割を説明するために、「中民」といった概念を用いるようになった（韓相震 1999）。

同様に、韓完相・權泰煥・洪斗承（1987）は、ライフスタイルや生活機会から中間層を定義し、中間層の多様な特徴を明らかにした。

一九九〇年代になっても、これらの階級モデルは生き延びた。韓相震（1999）は、中間層と、「社会的地位が中間だが、意識とふるまいにおいて、既得権の保護よりも変化と改革を支持する社会集団」として定義される「中民」の関係を検証し、特に、中間層内部における分化に焦点を当てた。金泳謨（1997）は、マルクス主義的階級モデルにもとづき、韓国の階級構造の変化をたどり、中間階級に関して重要な論点を挙げている。

ところが同時期に、韓国の中間階級に対する新たなアプローチが提起されている。申光榮・趙敦文・趙恩（2003）によるモデルが、その代表である。これはE・O・ライトのモデルに近く、資本や組織的資産の所有という二つの基準を活用した修正マルクス主義的モデルである。

そのモデルによれば、資本家、プチブルジョワジー、プロレタリアート、中間階級を含む一二の階級的地位がある。中間階級は、資本ではなく組織的・技術的資産をもっており、資本家に労働を売る人々から構成される層であり、専門職・管理・監督の三集団の組み合わせ（専門的管理・専門的監督など）からなる。

他には、階層論的見地を取り入れ、所得、住宅、教育、職業といった客観的基準と、階級帰属意識のような主観的な基準で中間層を定義したものも挙げられる。たとえば、文玉杓・崔惠卿・鄭順姫（2000）は、韓国の中産層のライフスタイル・価値・活動に関する研究において、経済企画院（以下、ＥＰＢ）による中産層の定義を採用する。

ＥＰＢは、中産層を定義する際に、四つの基準を提示する。

第一に、世帯収入は、最低生計費の二・五倍以上であること。

第二に、自己所有の住居か、最低限、独立した居住環境にあること。

第三に、フルタイムか自営業者として安定した職業に従事していること。

そして第四に、高卒以上の学歴であること。

他方、朴濬植（1993）は、「中間層」、「民衆」、「中民」の関係を明確にすべく、この三集団を定義する際、客観的な基準として職業と雇用上の地位を、主観的な基準として階級帰属意識を、それぞれ用いている。

多くの研究において、階級帰属意識は中間階級を定義する重要な基準であるが、中間階級研究が文化的・心理的側面を重視するようになるにつれ、これらの指標はますます重要になっている。

金秉祖（2000）は、階級帰属意識に関する既存研究を検討し、インタビューで得られた階級カテゴリーの数が、主観的中間階級の規模に非常に関係していることを明らかにした。また、所得や教育、職業は、この順番で階級帰属意識に影響を及ぼしていることを示した。

中間階級研究の重要なもう一つの領域として、中間階級内部の分類に関する研究を挙げることができる。

資本家と労働者階級とは異なり、中間階級は多様な職業及び所得集団から構成される混合体である。中間階級内部において、社会経済的な特徴、文化的価値、政治的イデオロギー、その他に関して差異が見られることは、多くの研究によって示されている（具海根 1991など）。

マルクス主義的研究ではたいてい、旧中間層と新中間層、プチブルジョワジーとホワイトカラーを区別する。たとえば、金泳謨（1982）と徐寛模（1987）は、政治的志向性と階級のダイナミクスに関して、新中間層と旧中間層との間に明らかな差異を発見し、洪のモデルは、上層、新中間層、下層と三つの中間階級を区別する。事実、洪のモデルを用いた研究により、中間階級内部では、社会経済的な特徴（Hong 1999）、社会態度と政治的志向（Kim 1999）、ライフスタイルや文化的志向（Yang 1999）といった諸側面において大きく差異が見られることが明らかにされている。

また、ライトの階級モデルを使った申光榮・趙敦文・趙恩（2003）は、生産システムにおける機能を基準に、中間層を三集団に分類している。すなわち、専門職は技術的資産をもち、管理的監督は組織的資産をもち、専門的管理は技術と組織的資産をもつものとし、この三集団の間では、社会経済的特徴や階級特性において差異が見られると論じている。

一方で、朴濬植（1993）は、中民という韓相震の理論をもとに、中産層と民衆との関係を明確にし、二つのカテゴリーをクロスさせて四つのサブグループ――中民、中産層、民衆、その他――を区分している。

また、これらの研究よりも適切と思われる中間階級の分類がある。たとえば、金至燮（1994）は、大邱市で実施した調査を踏まえ、職業分業の機能・雇用セクター（民間か公共部門か）・官僚制組織における権威関係という三つの基準をもとに、ホワイトカラーの内部分化モデルを提示し、公共部門の管理職と事務職、民間部門の雇用者・被雇用者・専門職という三つのサブグループに分類している。

中間階級内部の一集団もしくは諸集団に焦点を当てたものもある。たとえば、鄭喆熙（2002）は、彼が「新しい階級」と呼ぶ層に注目し、社会的組織におけるスペシャリストと専門職からなる、新たな中間階級内部の層について論じ、「新しい階級」が他のどの階級よりも民主化を支持しているとの仮説を提示している。

以上、中間階級の定義と分類に関する先行研究のレビューから、今後の研究に対するいくつかの示唆を引き出すことができるだろう。

第一に、韓国社会には西欧とは異なった独自の性質や社会の力学があり、単純な分類ができないため、マルクス主義・ウェーバー主義・ライトまたはゴールドソープによる中間階級の古典的定義を、現在の韓国社会にそのまま当てはめることはできない。

第二に、中間階級は、決して均質な集団ではなく、単一の実体と見なすことはできない。たとえば、新・旧中間階級といった階級の伝統的な分類では、複雑な階級のダイナミクスやライフパターンを十分に把握することができない。

第三に、教育、所得、職業もしくはそれらの組み合わせに加えて、性、世代、地域、ライフスタイルといったカテゴリーも含めて検討しなければならない。また、脱近代化、情報化、グローバリゼーションが進む、韓国人の政治的・文化的生活にもアプローチしていかなければならないだろう。

規模と構成――中間階級の縮小テーゼ

中間階級は民主化のための安定的勢力かつ重要な要因と見なされていたこともあり、中間階級の規模や構成に関して、長い間焦点が当てられてきた。研究者だけでなく政治家も、中間階級の規模が拡大しているのかどうか、どういった人々から構成されているかという点について関心をもってきた。ここでは、いくつかの代表的な事例を見てみよう。

金泳謨（1982）は一九五五年の時点で、新中間階級は六・二％、自営農を大部分含んだ旧中間層は七〇％と推計する。それ以降、新中間階級は急速な産業化により一九八〇年に一七・三％まで激増した一方で、旧中間階級は三五・八％まで減少した。またHong（1999）は、一九六〇年から一九九〇年の間に六・六％から一九・八％へと新中間階級が急増したことを示し、類似の傾向を明らかにしている。

しかし、旧中間階級は一九六〇年の一三％から一九八〇年の二〇・八％へと増加し、一九九〇年まで一九・八％と横ばいであることから、旧中間階級は新中間階級と傾向を異にしている。この三〇年間で、中間階級に含まれる自営農は、四〇・〇％から一四・五％へと激減した。

申光榮・趙敦文・趙恩（2003）は階級モデルと階級定義が異なるため、他の研究とは中間階級の規模が異なる推計となっている。彼らによれば、新中間階級は、一九六〇年には七・七％に過ぎなかったが、続く三〇年間に三二・〇％へと、三倍以上拡大した。他方、もう一方の中間階級を構成するプチブルジョアジーは、同じ三〇年間で、七三・四％から三四・三％へと半減した。

これらのさまざまな研究から、過去数十年間に起こった中間階級の変化に、いくつかのパターンがあることがわかる。

まず全体的に、モデルとは無関係に、一九九〇年までに中間階級は全労働力の半分以上に達している。第二に、中間階級の中で、新中間階級が急増した一方で、旧中間階級が半分以下まで減少している。第三に、中間階級の規模と構成における変化は、農業セクターの激減にともなう産業化に起因している。

しかし、これらの結論には一つ注意しなくてはならない点がある。産業化の時代に中間階級はかなり縮小したものの、韓国の旧中間階級は、他国と比較しても依然大きく、消滅する徴候が見られない点がこれである。

ＥＡＭＣ調査によると、新中間階級の三〇・一％に比べて、旧中間階級はソウルで三〇・八％に達する。しかし、他国では、旧中間階級（四・五％〜一六・六％）は、新中間階級（一七・六％〜六九・一％）より少なく、韓国の半分にも満たない。シンガポールは四カ国の中でもっとも極端で、新中間階級（六九・一％）がもっとも高く、旧中間階級（四・五％）はもっとも低くなっている（Hsiao & So 1999：10）。

このように、客観的基準にもとづいた中間階級の推定とは別に、階級帰属意識を基準に中間階級の規模が測定されている。主観的な階級帰属意識による中間階級の規模は、インタビューで得られた階級カテゴリーの数や、個人的・心理的変数など多くの要因で変動しうる（金秉祖 2000）。

また、この主観的基準は社会的安定性と文化的・政治的志向性の適切な指標となりうる。一九八一年に実施された調査では、全体の七四％が自分を中流と認識している（金璟東・崔泰龍 1983）。しかし、同年の別の調査では、自分を中間階級と認識しているのは六三・四％であった（洪斗承 1983）。

実際、極端なケース（Kim 1999：250）を除いて、主観的な中間階級の規模は、一九八〇年代は六〇％から七五％前後であり、一九九〇年代は、一九九〇年の六八％から一九九五年の八二％へと増加した（車鐘千 1997：113）。他の調査においても、一九九七年まで主観的な中間階級の規模が拡大しているという似た傾向が報告されている。しかし、経済危機直後には、六〇％まで急激に減少し、その後わずかに増加している。

階級の主観的区分は、当然ながら客観的な階級位置と密接に関係している。EAMCデータによると、中間階級の約半数以上が自分自身を中間階級と認識しており、この点では、中間階級内部の三集団の間に違いはない。ところが、新中間階級の四分の一が「自分たちは上層の中間階級だ」としているのに対して、旧中間階級と周辺的中間階級では八％に過ぎず、対照的な結果となっている。

他方、周辺的中間階級の四〇％は、自分たちを労働者階級か下層の階級とみなしており、新・旧中間階級の低い数値と比べて対照的である。台湾の旧中間階級は、新中間階級や周辺的中間階級より自分たちを下層と見なす傾向があるが、こうした台湾のケースを除き、同様のパターンは他の東アジア地域でも見受けられる（Hsiao & So 1999 : 14）。

ところで、二節で論じたように、経済危機は所得分布、雇用上の地位と階級構造へ重大な影響を及ぼし、階級分化と中間階級の縮小をもたらした。

たとえば、所得が中央値の五〇％から一五〇％の間を中産層と定義するならば、労働力の中での中産層の規模は一九九七年の五八・三％だが、一九九八年には五三・〇三％へと縮小している。中産層の定義として、異なる所得範囲――八〇～一二五％、六六・七～一三三・三％、あるいは、五〇～二〇〇％――を適用しても、類似の傾向が見られる（崔熙甲 2003 : 13）。

韓相震（1999）は、経済危機が中産層を脅かす問題として、安定した仕事の損失、所得分配の悪化、中間階級帰属意識の低下の三つを指摘する。申光榮・趙敦文・趙恩（2003）は、一九六〇年以来、主に独立自営農から構成されるプチブルジョワジーの減少が原因となって中間階級が減少する一方、一九六〇年から九〇年の間にかけて、資本家階級は四・八〇％から六・二二％へ、プロレタリアートは一四・四％から二七・四六％へと増加したとする。

同様に、金泳謨（1997）は階級分化論を支持し、産業化以前には主に独立自営農から構成されていた旧中間階級が、工業化・都会化の進展にともない急激に減少したとする。しかし、農地から離れた農民の多くは、プロレタリアートや新中間階級に移行せず、その代わりに、都市の商工下層階級または自営業者となった。旧中間階級の崩壊が新中間階級の拡大につながらなかったため、中間階級が縮小し階級分化が続いた、というのである。

他方、咸仁姫（1999）は、中間層の縮小が不景気による一時的な現象にすぎないことを示唆する。彼女は、中間層の階級帰属意識が経済危機の直後に激減するが、危機が二、三年という短期間で克服されたこともあり、一九九九年には経済危機以前のレベルに回復した事実に着目する。

階級分化論や中間階級縮小説に関するこれらの多様な解釈は、概念上、測定上の差によると考えられるかもしれないが、いずれにせよ、包括的なアプローチが必要であることを示している。

イデオロギー的志向性と政治的役割

特に社会・政治的役割を期待されていたために、中間階級は階層研究だけでなく、政治家や政策立案者からも注目されてきた。ここでは、中間階級に関連した階級政治のいくつかの領域について検討したい。

前述したように、韓国の中間階級（あるいは中間層）は、保守か革新、もしくは、時に保守的であり時に革新的であるという意味で二重性を帯びていると特徴づけられてきた。

しかし、社会的・政治的状況の変化にともなって、イデオロギー的志向性も変化すると考えるのがより現実的である（Koo 1999）。また、韓国の中間階級がある領域、たとえば、民主化運動などでは革新的かもしれないが、文化的な価値では保守的であるともいえる（朴濬植 1993）。そして、中間階級、あるいは中間層内部では、政治的態度やイデオロギー的傾向において異なっているかもしれない。実際、ＥＡＭＣ調査では、新中間階級が革新的であるのに対して、上層の中間階級がもっとも保守的であることがわかっている（Kim 1999）。

権威主義体制が三〇年以上の間韓国を支配していたこともあって、政治的民主化は長く韓国の重要な問題であった。そして、中間階級が権威主義的体制から民主主義体制へ移行する上で、主導的な役割を果したとされた。

韓国では、一九八〇年代後半の民主主義的移行と政治的自由化は、しばしば「中間階級の拡大と活発な役割」に起因すると考えられてきた（Koo 1999）。民主主義と政治的自由を強く支持するものの、彼らは基本的に保守的で、受動的な政治的勢力である。

経験的研究からは、韓国の中間階級に政治意識と態度の間、政治的民主化への態度と経済的民主化への態度の間に、それぞれ矛盾が見られることが明らかになっている。たとえば任奉吉（1992）は、都市中間層が社会的・政治的問題に関心をもつものの、発言もせず、行動も起こさない傾向があると指摘している。また、彼らは政治的な自由を求めるが、経済的な自由は求めないと指摘する。

洪斗承（1992a）と朴濬植（1993）も、一九九〇年代初期に実施された、いくつかの調査から、同様の知見を導き出している。すなわち、中間階級の政治に対する批判的態度は、行動をともなっておらず、彼らは抜本的な改革より段階的な改革を望んでいる、というのである。

資本家や労働者階級と中間階級の政治的な性格を比較し、中間階級は資本家と労働者階級との中間に位置すると論じている研究もある（申光榮・趙敦文・趙恩 2003）。中間階級内部の分化に注目した彼らは、職場での資本家や労働者との関係が異なるため、専門職は革新的で労働者寄りであるのに対して、経営者や管理職は保守的で、資本家寄りになりやすいというのである。

ＥＡＭＣデータは、この点について興味深い事例を提供してくれる。大企業、労働者、国家に対する態度で測ると、韓国の中間階級は、総じて革新的な傾向を示しているのである。たとえば、中間階級の八〇％以上が「大企業はあまりに多くの権力を有している」ことに賛成し、六〇％以上は「労働者は、より多くの政治的権力がなければならない」ことに賛成している。

似たパターンは台湾、香港、シンガポールでも見られ、特にシンガポールは、約半数以下の中間階級が反・大企業である（Hsiao & So 1999 : 15–16）。

しかし、国家や民主主義への態度は、中間階級内部の三集団で異なり、民主主義については、新中間階級がもっとも関心を示している。新中間階級の二三・六％は、「政府が利益をもたらすことができるならば、民主主義であるかないかは重要でない」ことに賛成しているのに対して、旧中間階級の四〇％と周辺的中間階級の三四・三％が同項目に賛成している。

東アジアのほかの三カ国では、韓国と同様に、中間階級内部の三集団の中で旧中間階級がもっとも民主化に関心がないが、新中間階級は周辺的中間階級と同様、政治的に革新的でない（Hsiao & So 1999 : 32-33）。このように、韓国の中間階級は、他の東アジア地域の中間階級よりも政治的に革新的であり、中間階級内部の三集団間のイデオロギー的差異も、韓国でもっとも顕著に現れている。

多くの研究が示すように、少なくとも、韓国の中間階級の一部は権威主義体制に対抗する民主化闘争で労働者階級と連携した。しかし、政治的民主主義が回復し、強力な労働組合ができると、中間階級は攻撃的な労働者に背を向け、政治的に保守的になった。

その代わりに、女性運動や消費者運動といった新しい社会運動に関わっていった（Koo 1999 ; Kim 1999）。特に、中間階級の主婦は、自然食品、消費者保護、困難を抱えた人々への真の教育やサービスといった、生活の質の問題に取り組む新しい社会運動に積極的に参加していった。実際、中間階級の女性は、新しい社会運動の潜在的な担い手となっている（文玉勺 1992）。

朴濬植（1993）は、一九九〇年代初期に、中間階級が戦闘的な労働組合運動に批判的であることを明らかにしたが、この点においては、中間階級の間で差が見られる。たとえば、申光榮・趙敦文・趙恩（2003）によれば、専門職は管理・監督より、政治活動や社会運動に参加する傾向があるという。

比較の視点から見ると、新しい社会運動において、韓国の中間階級が東アジア諸地域の中でもっとも活発であることがわかる。

ＥＡＭＣのデータによると、韓国の中間階級の九〇％以上が消費者運動や環境運動を支持しているのに対して、台湾の中間階級では二五～四三％、香港では三～二三％、シンガポールでは六～二四％が、それぞれ消費者運動や環境保護運動を支持しているにすぎない。韓国と他国との違いは、女性運動に対する支持においても顕著である。韓国の中間階級の半数以上が女性運動を支持しているのに対して、台湾では一五％、香港では二％弱、シンガポールでは一〇％弱に過ぎない（Hsiao & So 1999：42-43）。

中間階級が異なる生産関係と異なる職業の人々から構成された異質な集団であることもあり、中間階級内の一部が活発で革新的な政治的役割を果たしているとも考えられる。従来の分類では、新中間階級、すなわち専門職、知識人、研究者といった階級の一部が、こうした政治的役割を果たしていると見なされてきた。しかし、新中間階級は、均質な集団でない。そのため、一部の研究者は、主導的な政治的勢力である新中間階級、もしくは、中間階級一般内部の諸集団を区別しようと試みている。

たとえば、韓相震（1999）は、変化と改革を好む「中民（文字通り「中間の民衆」）」という新しい用語を創出したが、この中民は、若くて教養がある専門職、知識、文化、情報を扱うホワイトカラー、組織労働者の中核的人物を含んでいる。

同様に、鄭喆熙（2002）は民主主義の強化を促す新中間階級を区別して、「新階級」と呼ぶ。新階級は、社会組織におけるスペシャリストと専門職から構成され、管理・監督に比べて、高い教育レベルと職業的自律性により、ヒエラルキーのない、自主的かつ参加的な社会秩序、すなわち、社会的民主主義を支持する傾向がある。しかし中間階級は、職業集団や生産関係だけでなく、教育レベルや世代、ジェンダーによっても政治的に異なっているとも思われる。

では、一九九七年の経済危機以降、中間階級政治に何が起こったのだろうか。階級政治に関する研究が乏しいこともあって、この質問に対する十分な回答を与えることはむずかしい。しかし、経済危機後の社会変化について、他の研究から、ある程度は推測することができる。

もし、階級対立が実際に起こり深刻化するならば、そして、結果として、中間階級がかなり縮小するならば、中間階級の政治的役割は大きく減退し、より保守的になると論じるものもある。しかし、中間階級が縮小しなかったならば、おそらく労働者階級よりも中間階級の政治的役割が重要であるに違いないとする研究もある。なぜなら、現在の政治問題は、政治的民主化、すなわち権威主義体制から民主主義体制への移行にあるというよりはむしろ、社会的・経済的民主主義か、民主主義の強化だと考えられるからである。

さらに、経済危機が中間階級の政治的性格に及ぼした影響を議論する前に、一見矛盾しているように思える二つの関連した問題を考えねばならない。

一つは、経済的な新自由主義が韓国社会のあらゆる領域に浸透している点。危機とそれにともなう経済的な困難により、経済的回復が最優先課題に置かれ、政治は日常生活の中であまり重要とされなかった。

もう一つは、突然の景気後退によって人々が政府を非難するようになり、最近の新しい社会運動の拡大に見られるように、社会運動が活発化している点。韓国社会が脱近代的でグローバル化した、情報化社会へと転換しているように、政治風土もまた変化している。

二〇〇二年の盧武鉉大統領の勝利は、インターネットを使う支持者の流動化によるものといわれている。彼の支持者は、ある程度、階級に基盤をもっているかもしれないものの、若い「ネチズン〔インターネットのような電子ネットワークが生活で不可欠な市民）」と、イデオロギー面での革新派から支持を得た可能性がある。

近年、保守と革新とのイデオロギー的対立が先鋭化しているが、これはおそらく、盧武鉉大統領がこれまでの政権の中でもっとも革新的で、政治的イデオロギー的自由を許容しているからであろう。

このような状況にあって、中間階級の政治は、危機以前と同様であるはずがない。この点は、韓国の中間階級政治をめぐる今後の研究において、検証されるべき重要な問題である。

文化的な特徴――価値観とライフスタイル

ＥＡＭＣ調査による主張の一つとして、シンガポール、香港、台湾、韓国の四つの社会が、急速な産業化を遂げた点では類似しているものの、国家レベルの文化では大きく異なっているという点を挙げることができる。

たとえば、先行研究によれば、韓国は四つの社会の中でもっとも儒教的と見なされている。急速な産業化と近代化を遂げたものの、韓国社会のあらゆる面で儒教は依然として大きくたち現れると同時に、西欧文化も韓国人の生活に深く浸透している。このように、現代の韓国文化の特徴は、伝統的な儒教文化と近代的な西欧文化が混ざり合っている点にある。

もちろん、階級間、集団間、カテゴリー間で両者の混ざり合い方は異なる。近代化の産物である中間階級、とりわけ新中間階級は、価値やライフスタイルの点で、他の階級よりも近代的・西欧的だとされている。

Yang(1999)は、ＥＡＭＣプロジェクトでの報告にあたって、韓国の中間階級の文化に関して、①韓国の中間階級文化に見られる特殊性、②階級以外の基準での地位区分の可能性、③中間階級内部の文化的バリエーション、④韓国の中間階級文化の内容、⑤文化資本の継承性、といった五つのテーマを取り上げている。このＥＡＭＣプロジェクトの調査結果は、以下のようにまとめることができる。

第一に、韓国の中間階級は、生活上の関心事と価値において、家族中心的、物質主義的で、この点で中間階級以外の階級と大差ない。

新中間階級は、自己中心的で脱物質主義的な傾向を見せはじめているようであるが、この韓国に関する調査結果は、他のEAMC調査対象国と同じ傾向を示している。韓国の中間階級と同様、台湾、香港とシンガポールの中間階級も、調和的で安定的な家族を重視し、仕事上の成功よりもはるかに重要なものだと考えている。また、彼らの価値志向は物質主義的で、理想主義や言論の自由のような脱物質主義的な価値より、経済成長や社会秩序の維持に強い関心をもっている。

第二に、ライフスタイルと消費パターンに関して、中間階級内部で差が見られる。上層の中間階級は、余暇活動やハイ・カルチャーへの好みにおいて突出している。他方、新中間階級は、ハイ・カルチャーな活動への参加がもっとも多い。とはいえ、メディアのポピュラー・カルチャーを好む点で、階級間に違いはない。

第三に、ライフスタイルと文化的志向性は、階級変数のみで完全に決定されない。年齢や教育、職業、社会的出自といった変数も、生活と文化の面に影響を及ぼしている。

第四に、ハイ・カルチャーへの好みは、一部〔世代間で〕継承されている。

第五に、文化資本に関しては、階級間だけでなく、中間階級内部でも、明確に異なっている。

最後に、文化階級の可能性を考えてみよう（Yang 1999）。一九九〇年代初めの多くの研究は、これらの結論を支持する。

たとえば、朴濬植（1993）は、事務職や管理職への調査から、彼らが個人主義より集団主義を支持し、儒教倫理に対して肯定的であり、権威に服従すると論じている。

それでは、ＥＡＭＣ調査以来過去一〇年間、特に経済危機後、韓国の中間階級文化に何が起こったのだろうか。一九九七年の危機後に実施された、いくつかの調査報告から考えてみよう。

一九九九年、ソウルの中間層を調査した文玉杓・崔惠卿・鄭順姫（2000）は、韓国の中間階級の価値には二重構造が見られ、理想的な道徳的価値と現実的な物質面の強調との間にギャップが見られるとしている。中間階級は家族を生活上最重要とみなし、核家族では家庭生活を中心にしているものの、祖先と子孫をつなぐ家族のつながりを強調する。また彼らは、調和、誠実、人間性、愛と公正さに価値を置きながらも、出自やジェンダーといった他の社会的経済的要因から見て世界は不平等であると考えている。全体として、彼らは、理想と現実の間、伝統と近代の間で、混乱と葛藤を経験しているようである。

同年に実施された、咸仁姫・李東瑗・朴善雄（2001）らの調査も、中産層の消費文化とライフスタイルについて明らかにしている。

調査結果のうちの一つに、階級間で消費パターンにはっきりとした違いがある、というものがある。上層の階級は感覚的な消費性向をもつのに対して、下層の階級は現実的な消費性向をもつ。中間階級の消費パターンは折衷的であり、基本的に上層の階級に類似しているが、その性向は二重性を帯びて矛盾している、というのである。これは、短期間で急速に階層移動を行った中間階級が、世代間で継承される独自の性向を作り上げてこなかったことを意味している。

余暇活動に関して、中間階級の大部分はポピュラー・カルチャーを好むのに対して、上層の階級はハイ・カルチャーの活動を好む。中間階級は多くの時間とお金を余暇活動に費やさないし、ハイ・カルチャーを楽しむための文化資本や志向性をもたない。中間階級の志向性は、「上昇志向」と「下層の階級とは別」と特徴づけられる。

また、この調査は中産層の生活と文化に及ぼす経済危機のインパクトを分析しており、経済危機後の最初の年は、中間階級の消費パターンへのインパクトは大きかったものの、経済危機以前のレベルにまで消費が徐々に回復していることを示している。経済的困難が短期間であったために、経済危機は、中間階級のアイデンティティや消費者文化に根本的な変化をもたらしていない、ということのようだ。

しかし、この結論については慎重でなければならない。主な経済指標が急速な経済的回復を示した一九九九年、危機は終焉をむかえたように思えたものの、それ以後、経済は再び下降線をたどっており、第二の危機を懸念する声が上がり始めている。危機の影響について論じるのは時期尚早で、経済危機の長期的なインパクトを評価するには、詳細な研究の蓄積が必要だろう。

張美恵(2002)は、大学生を対象にした二〇〇一年の調査において、中間階級の中の上層が、芸術への志向と認知スキルにおいて、資本家よりも多くの文化資本をもつことを示している。これは以上の研究結果と矛盾しているようだが、実際、文化的志向性とライフスタイルをめぐって中間階級内部で違いが見られることを示唆している。

これらの諸研究によれば、一九九〇年代の韓国の中間階級文化に大きな変化が生じなかったことになるが、サンプルが限定され、調査設計も異なっているため、実際にそうかどうかは断定できない。これらの諸研究は、中間階級内部の差異、文化の二重性、消費態度の違い、物質主義的で安全志向という価値志向、ライフスタイルや文化的価値をめぐる階級的差異を超えた世代とジェンダーによる違い、といった中間階級研究の方向性を示している。

四　おわりに――今後の研究課題

一部の特徴を残しながらも、近年、韓国の中間階級は多くの点で変化してきた。中間階級が変化した要因は多様である。国民経済の成熟とグローバリゼーション、一九九七年の経済危機とＩＭＦによる介入、大量の失業と所得不平等を拡大させている新自由主義的改革、伝統的な儒教的価値と相反する新自由主義的価値の浸透、政治的民主化と革新的・大衆的大統領の当選、増大する南北間の交流、イデオロギー的自由と保守・革新間での激しい対立、などである。一九九〇年代はさまざまな意味で、韓国史における転換点であった。

これらの変化は、中間階級へ影響を及ぼしていった。

ＥＡＭＣプロジェクトは、一九九〇年代初期に実施されたが、その結論の大部分は、依然として現在の韓国の状況にあてはまるかもしれない。しかし、ＥＡＭＣプロジェクトの当初の研究テーマに加え、今後の研究課題として以下の点を挙げることができる。

まず、新階級モデル、中間階級の新たな定義や中間階級内部の新たな分類を、新しい状況の下で検討されなければならない。中間階級の政治的性格に関して、より政治的でイデオロギー的自由（そして、対立）が許容される新たな政治環境を考えていかなければならないし、中間階級の二重の性質にも留意する必要がある。

さらに、プロジェクトで提出された〔中間階級の多くは第一世代であるとする〕第一世代命題、〔労働者階級に比べて豊かさを享受しているとする〕豊かさ命題、〔中間階級が今後の社会をリードしてゆくとする〕台頭命題、〔中間階級の中に複数のタイプがあるとする〕中間階級複数命題、〔中間階級の特徴が国ごとによって異なるとする〕国民文化命題の五つは再検討する必要があるだろうし、これ以外にも追加すべき命題もあるだろう。近年の韓国における中間階級研究のレビューを踏まえ、最後に、今後の研究のための代替的な仮説を提示したい。

第一に階級分化仮説、あるいは中間階級崩壊仮説。

旧中間階級やプチブルジョアジーの衰退を根拠に、一部の、とりわけマルクス主義的な研究者たちは、韓国における階級の分化を論じてきたが、最近の経済危機により、この問題に関する議論が再燃した。すなわち、所得が集中し、労働者の大多数が窮乏化する点を強調する者もいれば、危機解決後に中間階級の自信が回復した点を指摘する者もいる。こうした議論には、中間階級の規模という問題だけでなく、階級帰属意識の主観的・客観的な面も含む。

第二に、第二世代仮説。

かなりの中間階級が第一世代であるため、第一世代命題は依然として有効だろう。しかし、第二世代の中間階級は成長しつつあり、無意識的に第一世代と自分たちをさまざまな点で区別している。彼らはまだ、二〇代や三〇代と若く、比較的裕福な家族出身で、豊かな時代の子どもたちである。その結果、彼らは消費や余暇、政治をリードしているようだ。もちろん、第二世代の中間階級が、第一世代の中間階級の若いメンバーと意見が合わないかどうかは調べる必要があるし、この点に関する階級継承と移動の問題も検討されなければならない。

第三に、世代とジェンダー仮説。

中間階級複数命題は現代でも妥当だろうが、少し修正を加える必要がある。中間階級が均質的な集団ではなく、資本の所有といったマルクス主義的概念を基礎に、新中間階級と旧中間階級が区分されてきた。しかし、世代やジェンダーによる階級の分化も重視されなければならない。

先行研究が示唆するように、韓国のような急速に変化する社会にあって、ライフスタイルや価値観、政治には世代の違いが顕著に見られる。特に、イデオロギー的自由（混乱？）の時代にあって、世代間に見られる政治的イデオロギーの違いは、より先鋭化しているように思われる。

ジェンダーの問題も、また重要である。

女性は、生活の質にかかわる社会運動に積極的に参加するようになった。主婦は、食物や衣類、子どもの教育、余暇といった多くの家族問題について、男性よりも意見を述べる傾向がある。

世代差や性差は、おそらく中間階級に限ったものではないだろう。むしろ、これらの二変数が階級と重なりあい、場合によっては、階級よりも重要な変数となっている可能性がある。

第四に、文化的アイデンティティ仮説。

階級的な位置を特定化する際、中間階級のもつ文化的・地位的特徴は、以前にも増して重要になっているように思える。消費パターンや余暇スタイル、日常生活の様式といったライフスタイルは、集団やカテゴリーを区別する上で重要な特徴となっており、下層階級との違いを強調するために、中間階級のメンバーによってしばしば利用されている。このように、職業や所得といった他の社会経済的指標よりも、文化的要因によって、当人のアイデンティティが確認されているのである。

最後に、イデオロギー的混乱仮説。

韓国の中間階級は、イデオロギー的に分断しているか、混乱しているように思える。彼らは、権威主義体制から民主政府への政治的移行を支持し、活発に参加した。しかし、いったん政治的な民主主義が回復し、言論の自由や結社の自由、政治的イデオロギーの自由までもが保証されると、突然、多様な、時には相対する政治的主張や運動に直面することになる。ＩＭＦ体制下で導入され、その後、社会全体を覆うようになった新自由主義は、伝統的な儒教的価値と真っ向から対立している。

韓国の中間階級は、現在曲がり角にある。保守と革新の政治的イデオロギーとの間で、新自由主義的と伝統的価値の間で、揺れ動いている。

これらの五つの仮説、すなわち、分化仮説、第二世代仮説、世代とジェンダー仮説、文化的アイデンティティ、イデオロギー的混乱仮説は、韓国における中間階級に関する先行研究のレビューから導き出される仮説の域を出るものではない。これらは今後、より精査され、経験的根拠にもとづいて検証される必要があるだろう。

（1）「東アジアの中間階級（EAMC）プロジェクト」は、一九九一年から一九九四年にかけ、台湾、韓国、香港、シンガポールの一三名の研究者が参加した、複数年の多国間研究プロジェクトであり、台湾の蒋経国基金による助成を受けた。台北、ソウル、香港、シンガポールの各都市における中間階級に関する調査は、一九九二年に実施されている。

（相馬直子 訳）

第七章　台頭する中間層と中国社会の現在

張　宛　麗

一　はじめに

一九四〇年代、西洋の先進諸国では、管理職や公務員を中心とする新中間層が次々と出現した。「中産層」や「新中産階級」、「新中間層」と呼ばれる彼らは、全就業人口の約三〇%を占め、消費の牽引や社会の安定、規範の定着、主な社会的価値観の形成など、さまざまな面で社会の中核的な勢力になっている。

先進諸国における中間層の比率を見ると、日本の場合、一九七五年時点で新中間層が全労働人口に占める比率は三四%で、アメリカでは、都市中間層の全成人に占める比率が一九五〇年には一六・九%、一九七〇年には一八・二%となっている。イギリスの中間層は一九五一年に一五・三%、一九七一年には一九・一%に達し、西ドイツでは一九五〇年に一六%、一九七〇年には一六・一%で、フランスでは一九五四年に一八%、一九七二年には一八・七%を占めていた（倪力亜 1989：161）。

改革・開放以降、特に九〇年代になって、中国では企業制度改革や人事制度改革、金融体制改革など一連の改革が推し進められ、計画ある社会主義市場経済に向かって進んでいった。その結果、第三次産業の比率が上昇するなど、産業構造の変化が見られるようになった。社会的分業が進み、専門化が進行すると、「事務ホワイトカラー」、「個人弁護士」、「公認会計士」、「カウンターレジ係」など、さまざまな新しい職業が現れるようになった。

またその過程で、階層構造の分化と再構築が促され、新たな「準階層」が出現するようになった。こうした変化の中で、いまだ位置づけなされていない利益集団の一つに「ホワイトカラー層」がある。

学歴や科学技術能力が高く、主として頭脳労働に従事し、比較的に高い給料をもらい、乗用車や住宅を所有し、質の高い家庭生活をおくり、豊かな余暇生活をエンジョイし、職業や仕事のやり方、消費などのライフスタイル、人間関係における行動様式などの流行を生み出す人々を「ホワイトカラー（白領）」と呼ぶようになった。

では、彼らはいったい何者なのか？「ホワイトカラー」という呼称に、どんな新しい社会的意義があるのだろうか？

二　現代中国における中間層——その定義と社会的機能

一九八〇年代以降、改革・開放が進むにつれ中国の社会構造も急速に変化し、新しいタイプの職業が生まれることになった。その過程で、西洋でいう「ホワイトカラー」に似た職業グループが現れ、またある程度の資産をもつグループが出現しつつある。

中間層に対するイメージ

多くの中国人は、「中間層」という言葉を聞いて「ホワイトカラー」や「高収入」、「高消費」、「高学歴」を連想する。彼らのほとんどは「中産階級」という呼称を知っており、「ホワイトカラー」という表現もよく知られている。

インタビュー・データによると、被調査者たちは「中産階級」ないし「ホワイトカラー」として、以下のような人たちを思い浮かべるという。①改革・開放後に現れた私営企業主、②外資系企業に勤務しているホワイトカラー（オフィスの秘書や技術者、及びこれに類した職業に従事する者）、③高等教育に従事する者やエンジニア、それに高度に専門的知識をもつ人たち、④国有大型企業や独占業界の「経営者（老板）」、⑤メディアや芸能界、スポーツ界のスター、⑥政策調整のニッチを利用して起業したり、権力や投機的な手段を用いたり、風俗産業や麻薬の売買など「不法事業」に従事したりして富を手にした人々。

インタビューに応じてくれたホワイトカラーの話によると、彼らはホワイトカラーや中間層の一員であると意識している。ほとんどが現実主義的で向上心に溢れ、忙しいスケジュールをこなし、心身に疲れを感じている。

彼らは中産階級であるが、一般市民からするとホワイトカラーの方がより適当なネーミングのようだ（張宛麗 2002 : 249-251）。

中国における中間層の定義

ここで言う中間層が、中国の社会変動で台頭してきた社会の中堅勢力を指すことは言うまでもないが、この点においては、西洋の近代化過程で生まれた「中産階級」に似ている。

もっとも、「中産階級」の「私有財産」や「私的領域」は西洋で自発的に生まれてきたのに対して中国社会はそうでないなど、両者に大きな違いが見られるため、われわれは「中間層」という表現を用いた方が妥当だと考える。

では、現時点で、中国における中間層をどう定義すべきだろうか。

本稿では、主として頭脳労働に従事し、給料で生計を立て、比較的に高い収入や勤務条件が整った職業に就ける能力、ないし相応の消費水準を維持できる能力をもち、一定レベルの余暇生活を送り、仕事に対して一定の権限をもち、公衆道徳ないし一定程度の教養を身につけたグループ、すなわち経済的、政治的、社会・文化的地位から見た際、上層と下層の中間に位置している人たちを中間層と呼ぶ。

この定義によれば、中間層であるかどうかを決める基準として、以下の項目が挙げられることになる。

第一に、仕事ないし勤務のあり方。主として頭脳労働に従事する職業（肉体労働的要素をもつ職業を含む）で、エンジニアや技術労働者などがこれに当たる。

第二に、職務上の権限。部下やオフィスの施設、仕事内容など、与えられた権限内の仕事に対して一定の調整、支配、コントロールする権利をもち、上司に対して提案、発言する権限をもっている。たとえば、オフィス秘書やエンジニアなどがそれに当たる。

第三に、収入及び財のレベル。給料やボーナスなど、従事する職業からの報酬と合法的手段によって獲得した（株、利息、個人贈与、遺産などを含む）個人資産が平均的な水準に達していることを指す。現時点では、年間の個人収入が二五〇〇〇元から三五〇〇〇元[1]、（核家族三人のうち、二人が職に就いていることを基準とした場合の）世帯収入が五〇〇〇〇元から七〇〇〇〇元に達していることが、その目安となる。

第四に、就業能力。高卒以上の学歴や各種専門資格の証書をもつ、主として中等以上の教育と専門技術訓練を受けた経歴、ならびに相応の職業専門技能をもつ者を指す。

第五に、消費スタイル及びライフスタイル。世間並みの消費を享受しうる能力をもち、基本的欲求を充足した上で、豊かな文化的、精神的欲求を満たす物的基盤を備えていること。自宅や自動車を購入したり、定期的にバカンスや外出を楽しむだけの経済力を備えていることを示す。

そして最後に、公衆道徳ないし一定の教養を身につけていること。たとえば、コミュニティ活動や環境保護、ボランティア活動などに積極的に参加していることを示す。

中間層の社会的機能

一般に、社会がバランスのとれた発展を遂げるために必要な、安定的で秩序ある社会構造に寄与するのが中間層の社会的機能とされる。変貌を遂げる中国にあって、中間層の社会的機能は、以下の三点に現れている。

第一に、社会主義市場経済における模範的行為を示す機能。たとえば経済活動の際に、取引ルールを遵守し、「公平な競争」という社会規範の樹立を促すことが期待されている。

第二に、近代的な価値観や社会規範を形成する機能。たとえば、進取の気質に富み、法を遵守し、平和的・開放的な態度を示しながらも、公共領域ではルールや秩序を守る。近代化を進めるにあたって必要な公的業務に積極的に参加し、社会的弱者に手を差し伸べながらも、個人の選択を尊重する。また、合法的な手段で富を築くとともに、社会への奉仕を行うものとされる。

そして第三に、利益の対立を緩和する機能。格差が広がり、貧富の差が拡大しつつある現在にあって、経済、政治、文化などの点で中間に位置する中間層が社会的な認知を受ければ、社会の上層と下層の対立を和らげるショック・アブソーバー（緩衝材）になるなど、その「中間価値」を発揮する可能性が高い。

三　中間層の規模とその構成要素

社会階層の理論によれば、一つの階層は、他の階層とは異なる社会的地位に置かれ、はっきりした行動パターンを示すとともに、その成員がみずからの社会的地位や帰属階層に対して明確な意識をもつものとされる。

こうした見方によれば、現代中国の社会構造には、すでに識別可能な階層が徐々に形成されていることになる。たとえ、その行動パターンの境界がはっきりせず、階層帰属意識が萌芽状態にあったとしても、である。

中間層の規模

「当代中国社会結構変遷」研究グループ（以下「研究グループ」と略す）の分析モデルによれば（陸学芸 2002：9）、中国には、国家・社会管理職層→管理職層→私営企業主層→専門技術職層→事務職層→零細経営者層→商業・サービス業従業員層→労働者層→農業労働者層→無職・失業層の順に、一〇の階層が上下に位置しているという。

さらに、これらには五つの社会的地位が与えられ、上から順に、上層（高級幹部、大型国有企業管理職、高度専門技術職従事者、大型私営企業主）、中上層（中・低層幹部、大型企業の中間管理職、中小企業の管理職、中級専門技術職従事者、及び中型私営企業主）、中中層（簡単な専門技術職従事者、零細企業主、事務員、個人経営者）、中下層（一般の商業・サービス業従業員、労働者、農民）、下層（生活が貧困状態に陥り、かつ就業保障がない労働者や農民、無職、失業、半失業者）となっている。

このうち上層と中下層以下を除くすべてを中間層と見なすことができるだろうが、研究グループによると、中間層は現時点で全就業人口の一五％程度であるという（陸学芸 2002：73）。

彼らの定義によれば、中間層に含まれる職業グループは管理職、専門技術職、事務職、零細経営者、商業・サービス職であり、理論的には私営企業主をこれに入れるべきではない。私営企業主はある程度の生産手段と剰余労働を占有するため、「給料やボーナスによって生計を図る」とする定義にそぐわないからである。

しかし現在の中国社会で、社会的資源の構成や配分が複雑かつ多元的であることを考えると、（大型私営企業主を除く）私営企業主は、これから長い間、経済的資源や政治的資源、文化的・社会的資源の分配構造の中で中位に置かれるであろうと予想される。そのため、彼らを中間層の一部として取り扱ってもよいだろう。

現代中国における中間層の規模やその供給源などについては、体系的な研究がなされておらず、理論的な叙述や分析も表面的なレベルにとどまっている。また体系的で使い勝手のよい統計が存在せず、一致した統計的基準もないため、政府とメディアによるデータから推定するしかないが、中間層の規模については以下の三つの説がある。

第一に、全就業人口の約一三％～一五％（張宛麗 2002：254-256；陸学芸 2002：7）、第二に、総人口の約二〇％～二五％（肖文濤 2001）、第三に消費をメルクマールにした中間層はすでに一億に達し、今後五年のうちに二億になるだろうという。また、対外貿易部副部長の龍永図は、中間層と呼ぶに値する収入を得る者が、この一〇年のうちに四億に達するだろうと予測している（龍永図 2001）。

中間層の構成要素

現時点における中間層の構成要素は、主に以下の四つである。

第一に、伝統的な「中産階級」。小規模業主、小売業者などの自営業、個人経営者が含まれている。彼らは比較的小さな資本で商売を営み、経営規模や利潤も小さい。国家統計局の統計によると、一九九九年末時点で、全国には個人経営者が三一六〇・一万人、従業員は六二四〇・九万人おり、全就業人口七億五八六六万人の約〇・三四%を占めるという（国家統計局 2000：140）。

第二に、計画経済体制下の「中間層」から分化した一部の幹部、知識人。

一九五〇年代から八〇年代にかけての計画経済体制にあって、一般幹部や知識人、国営企業従業員たちは、経済的地位、政治的地位、社会的地位のいずれの点でも優位に立ち、当時の「中間層」と見なしうる（李強 2001c：83-84）。ところが八〇年代後半から、経済改革と体制改革、特に国有企業改革が進む過程で、国有企業従業員は、みずからの「労働力」以外頼るものはなくなり、その卓越した地位は急速に低下していった。他方で、一部の元幹部や知識人は社会的地位の再調整過程で、それぞれ所有していた政治的資源や質の高い社会関係資源、知識資源などを、市場経済化が進む中でも保持するか、別の資源と交換することができるようになった。

第三に、改革・開放後に出現した、私営企業主や郷鎮企業経営者。

このグループは、一九五〇年代における「資本主義的工商業」の公私合営化期の私営企業主とは無関係で、改革・開放後の機会を捉え、計画経済体制と市場経済体制との二重体制の下で資本の原始的蓄積をし、独自の発展を遂げた。

国家統計局の統計によると、一九九九年末時点で私営企業は一五〇・九万社で、従業員は二〇二一・五万人、全就業人口の約〇・二八%を占めるという（国家統計局 2000：139）。

そして最後に、外国資本やハイテクを導入することで生まれた新中間層。

一九八〇年代に始まる大規模な外資導入の過程で、先端技術を中心に新たな産業、職業が生まれ、二つの職業グループが形成されることとなった。

一つは企業家グループで、ハイテク技術者や海外帰国組の創業者、(国有企業や国有事業体の責任者や事務員、従業員など)従来の体制のもとで、ある程度の権力資源を握っていた者が含まれる。彼らは独自の技術や資金、「外資を導入し国内を結びつける」権力をもち、ハイテク産業を立ち上げることで、社会からの名声を勝ち得ている。

もう一つは、独資や合弁などの外資系企業に雇われた「ホワイトカラー」で、彼らの仕事や働き方、職業威信、報酬は、国有企業や伝統産業に従事する人たちより高い。この二つの職業グループを、近代「工業社会」における典型的な新中間層の代表と見なしてもよい。

国家統計局の統計によると、一九九九年末時点で外資系企業及び香港、マカオ、台湾系企業は合計六・二三万社で、そのうち外資系企業での就業人口は三〇六万人、香港・マカオ・台湾系企業での就業人口は三〇六万人で(国家統計局 2000 : 115, 407)、両方を合わせると、全国就業人口の〇・八六%を占めることになる。

中間層の供給源をめぐっては、肖文濤や周暁虹が行った分析でもこれと似た結果が出ている(肖文濤 200 ; 周暁虹 2002)。上海の社会階層を対象にした仇立平の研究によれば、中間層とは、事務員や従業員、専門技術者、商業従事者を含む職業グループであるという(仇立平 2001)。

具体的な職業とポスト

中間層の職業やポストを見ると、現時点で以下の八つに分類することができる。

第一に、科学、技術、研究などの分野で、中等専門学校以上の学歴、初級以上のポストといまだポストが明確化されていない専門職。国家統計局の分類(国家統計局 2000 : 723)によると、さらに以下の八つに分けられることになる。(2)

①　科学者とエンジニア。大学卒以上の学歴と、この条件は満たしていないものの高、中級の資格をもつ者を

指す。

② 専門技術者。すでに技術者としての資格を獲得している者、あるいは大学や大学専門学校の理・工・農・医科系の卒業者。職務実績を認められ、抜擢されて理・工・農・医など科学技術の研究・教授・生産に従事している者、それに政府機関や企業、事業体で科学技術の業務管理に従事している者を指す。国家統計局の統計によると、一九九九年末の時点で全国に二五二八万九六三八人いるという（国家統計局 2000：277）。

③ エンジニア技術者。各業界でエンジニア技術に従事する者を指す。高級エンジニア、エンジニア、助理エンジニア、技術員、それに資格が明確にされていない技術者が含まれる。国家統計局の統計によると、一九九九年末時点で、全国の企業、事業体で働くエンジニア技術者は合計四三四・五万人である（国家統計局 2000：689）。

④ その他の科学技術者。短大（二年制、三年制）卒と初級の資格を持ち、科学技術活動に従事する人々を指す。

⑤ 科学研究者。科学技術活動に従事する自然科学者、社会科学者を指す。(3) 正、副研究員、助研究員、研究実習員、技術員、それに資格が明確にされていない技術職などが含まれている。国家統計局の統計によると、一九九九年時点で企業や事業体で働く科学研究者は二八万・三五三二人に達している（国家統計局 2000：689）。

⑥ 農業技術者。農業技術に関連する専門技術者を指す。高級農芸師、農芸師、助農芸師、技術員、それに資格が明確にされていない技術員が含まれる。一九九九年末時点で、全国に六五万四一三八人いる（国家統計局 2000：689）。

⑦ 衛生技術員。衛生医療業務に従事する専門技術者を指す。正、副主任医師、主治医師、医師、医士・看護士、及び資格が明確にされていない技術者が含まれる。一九九九年末時点で、全国に三三二万九七〇六人いる（国家統計局 2000：689）。

⑧　教員。自然科学、社会科学、人文科学の教育活動に従事する者を指す。正、副教授、講師、助手、教師、及び中等学校で教育活動に従事する人々が含まれている。一九九九年末の時点で、全国に一一五〇万七九〇一人いる計算になる。

また国家統計局の統計によると、一九九九年末時点で、県レベル以上の政府部門所属の研究開発機構、及び関連施設で働く科学技術関連の職員は五三万四五一〇人で、全就業人口の〇・〇八%を占めている。

第二に、中小企業の社長、企業家。これには、国有企業、集団企業、私営企業、外資系企業及び香港・マカオ・台湾系企業など、さまざまな種類の企業が含まれている。

第三に、公務員や事務員。

ある統計によると、(4)一九九七年末時点で、公務員の総数は五三〇・七万人。そのうち、中央政府機関に勤務する者は四八・九万人で全体の九・二一%、地方政府機関に勤務する者は四八一・八万人で全体の九〇・七九%を占め、海外の機関で勤務する者は四五・四万人、全体の八・五五%を占めている。

職務別に分けると、司局級以上の公務員が二・二八万人で全体の〇・四三%、県、処級の公務員が二八・八万人で全体の五・四三%、郷、科級が一八八・二万人で全体の三五・四六%、事務員及びその他が三一一・二万人で、全体の五八・六四%を占めている。

年齢別に分けると、三五歳以下が二四八・四万人で全体の四六・八%を占め、五五歳以上が三三・六万人で、全体の六・四%を占めている。

第四に、行政事務、公共事業の管理職。

第五に、私営企業主、零細経営者など。国家統計局の一九九九年末時点での統計によると、全国には私営企業が一五〇・九万社、投資家が三二二・四万人、零細経営者（個体戸）は三一六〇・一万人いる。第六に、技術労働者。「ホワイトカラー」労働者や、出稼ぎ労働者の中でも技術を身につけている者が含まれる。第七に、商業・サービス業従業員。国家統計局の統計によると、一九九九年末時点で、全国には商業・サービス業に就業している者が一三一九万人おり（国家統計局 2000:139）[5]、全就業人口の一・八七％を占めている。

そして最後に、自由職などがいる。

中間層内部での分化

中間層でも、階層分化が進んでいる。その境界ははっきりしていないものの、おおむね中上層、中層、中下層に分けられる。

このうち中上層と中層は比較的活発で、特に中上層は「高収入」グループと結びつき、上層へと移動する可能性がもっとも高い。他方、中下層はすぐにでも下層に低下する可能性がある（その資源や占有能力は下層と大差ない）。

中上層には、中小企業の社長、（大企業を除く）私営企業主、専門技術職の三つが含まれ、中層には、公務員や事務員、零細経営者の二つが含まれている。中下層に属するのは、商業サービス業従事者と間接部門労働者の二つである。

この三つの階層の間は開放的で流動性があり、境界はあまり明確ではない。

第一に、中上層には、中小企業の社長、（大企業を除く）私営企業主、専門技術職という三つのグループが含まれており、中間層の約一八・四九％を占めている[6]。

この層は、第一次産業から第三次産業まで業種は幅広い。ただし、経済、政治、文化及びコミュニティ中での社会

的名声を基準にすると、異なる二つの性格をもつグループに分けることができる。(7)

一つには、一定の生産手段を所有する私営企業主。彼らは生産手段に対する支配、使用権を元手に、改革・開放後に出現した地位獲得の機会を利用し、一定の社会的地位を手に入れている。

もう一つには、生産手段を所有していないが、生産、経営活動に対して一定の管理権、提案権、発言権を有する、頭脳労働者たる中間管理職や専門技術職従事者。彼らは、従来の体制下で積み上げてきた教育的資源や文化的資源を元手に職場を離れ、市場競争に身を投じることで社会的地位を獲得した、経済体制改革の受益者の一部である。

私営企業主は、主に民間セクターに分布しており、農村に居住する者が多い（九〇年代から都市部でも私営企業主が増えている）。職務権限は専門技術職従事者に比べて大きいものの、社会的評価の上では、たとえ都市部の私営企業主でも、中間管理職や専門技術職ほど高くはない。

第二に、中間層の約三六・九七％を占めている中中層には、公務員や事務員と零細経営者といった二つのグループが含まれている。

中中層のこの二つのグループは、誕生した背景が異なっている。

前述のように、公務員や事務員は、改革・開放以降の外資導入と構造調整によって現れた新しい職業グループで、彼らは人的資本（教育レベルが高い）、仕事のあり方（頭脳労働を主としている）、職務権限（一定の提案権、発言権をもっている）、報酬（中上レベル）、社会的名声（高学歴者を引き付ける力がある）、ライフスタイルや価値観（生活の質を重視し、個性を重視する）、集団的アイデンティティ（職業的地位に対して誇りをもっている）など、あらゆる点で零細経営者より社会的評価が高い。

零細経営者は、その多くが伝統的な自営セクターに属し、肉体労働と頭脳労働を同時にこなす存在である。公務員や事務員に比べると、上記の各項目に対する評価が低く、一段低く見られがちである。

そして第三に、中下層には、商業・サービス業従事者と間接部門労働者が含まれ、中間層全体の約四四・五四％を占めている。

この二つのグループはともに第三次産業に属し、労働形態もほぼ同じであるが、職務権限や社会的名声の上では大きな差がある。

現時点における間接部門労働者の構成は複雑である。国有、集団、私有及び合弁などさまざまな所有形態を含むだけでなく、伝統産業と近代産業のどちらにも存在している。またその社会的評価も、商業・サービス業従事者に比べるとばらつきが見られる。たとえば、（教育水準がやや高い、技術がある、報酬がやや高い、市場におけるチャンスがやや多いなど）間接部門労働者に共通した特徴が存在しているといった議論もあれば、多元的だと認める評価もある。また、ライフスタイルや価値観の上でも、彼らすべてが近代的性格を備えているとは言えず、その成員も玉石混淆である。

商業・サービス業従事者に関しては、その職業の性格上、第三次産業に入るのが一般的だが、人的資本、職務権限、報酬、及び社会的名声の点で、間接部門労働者に比べて低い。これは、中国における第三次産業の専門化の水準が低いことに起因している。具体的には、現在の第三次産業のサービス範囲は狭く分業があまり進んでいない、サービス効率や社会的信用が比較的低い、といった原因が挙げられる。

四　中間層に見られる特徴

現代中国の中間層には二つの基本的な特徴が見られる。

一つには、異なる発展段階、異なる制度的特徴（たとえば、農業社会、工業社会、技術社会など）が並存し、これが社会の構造変動に大きな影響を与えている点、もう一つには、歴史的な継続性と断続性、公式的な制度と非公式な制度、先天的要因と後天的要因など、異なる要因が相互に影響を及ぼしあっている点がこれである。

中間層のさまざまなタイプ

現代の中国には、性格が異なる四つの所有制が存在している。一つ目は、従来の計画経済体制下における全人民所有及び国有経済（国家統計局 2000）[8]で、二つ目は、集団所有及び集団経済（国家統計局 2000）[9]。三つ目は、私営企業や零細企業などの個人所有制、そして四つ目は、「その他の職場で、合弁企業や共同経営企業、有限責任会社、株式有限会社、香港・マカオ・台湾系企業、及び外資系企業など」である（国家統計局 2000）。

中間層の職業グループはそれぞれ四つのタイプに分割され、また、これが彼らの資源獲得や機会構造における格差と繋がっている。これらの中で、資源獲得の面でもっとも有利なのは、以下の二つである。

一つは国有セクターで、従来の計画経済体制下で資源を「再分配」する権力をもち、資源を獲得し、従業員に比較的手厚い待遇を与える点では――具体的には報酬が高く、就業機会が比較的安定しており、保障や福祉が充実し、専門技能のトレーニングの機会が与えられてきた点では――、恵まれていた（李路路・王奮宇 1992；李強 2001c）。

もう一つは新興の私営セクターで、「空間移動の自由」と「資源移転の自由」(孫立平 1993) を獲得した改革・開放後、資本の原始的蓄積を成し遂げ、これを元手に国有セクターが握る権力資源と交換することで、相応の機会と地位を獲得した。

国有企業・事業体に勤務する幹部や事務職、専門技術職は、その社会的地位が相対的に高い。これに対して「収入が高い」とされる私営企業主の場合、経済的地位は比較的高く評価されるものの、それ以外の評価はさほど高くない。これには「商人＝ズルイ」といった、伝統社会でのステレオタイプによるマイナス・イメージの影響もある。

九〇年代、国有企業の改革や人事制度、幹部制度、労働雇用制度、教育制度など、一連の制度改革が進む過程で、国有セクターでは資源を「再分配」する権力が徐々に弱まり、市場のルールを基盤とした資源分配メカニズムが強くなり始めている。

たとえば学歴が高く、専門技術をもち、年齢が若い人ほど報酬が高い職業に就く機会が高くなり、その成功率も高まっている。そのため、専門技術職、テクノクラート、オフィスの「ホワイトカラー」、熟練労働者、事務員などの就職機会は、国有セクターでレイオフされた「幹部」や「従業員」に比べて遥かに高くなっている。

また現在の中間層は、発展水準が異なるコミュニティの影響から[10]、その社会的性格も多様である。

近代化の一般的趨勢からみると、近代工業や第三次産業から中間層は台頭し、これも都市コミュニティに集中していた。その後、都市化が広がり、産業構造が変化・変動するにつれて、中間層の通勤範囲とコミュニティ生活の範囲も広がり、地域コミュニティが都心部から農村部へと拡がっていった。中国の中間層も、今後同種の発展パターンを示すことになるだろう。

中間層内部における格差

上述のように、境界がはっきりしていると言いがたいものの、中間層の内部で中上層、中層、中下層が分化する兆しが現れている。中下層の比率がもっとも高く（四四・五％）、中中層（三六・九七％）、中上層（一八・四九％）と続くことから、中間層は「ピラミッド」型となっている。

ところが、中中層が大多数で、中上層の比率が中下層より高くなる「ナツメ」型がもっとも望ましい。中間層を安定させ、上昇移動の「デモンストレーション」効果と「ショック・アブソーバー」効果を十全に発揮できるのが、この形であるからだ。

現代中国の中間層が「ピラミッド」型構造になっていることは、社会分化と貧富の格差に関連している。市場経済の初期段階では、貧富の格差が生じるのが一般的である。しかし、貧富の格差が限度を超え、長く格差が存続することは、中間層の育成や発展にとって望ましくない。しかも、貧富による階層間の衝突を招く可能性もある。

八〇年代から九〇年代初期までの社会的格差に関する研究では、「収入面でも財産面でも、中国社会における貧富の格差は妥当な範囲内で、いまだはっきりした両極分化が現れていない」（李培林 1995 : 12-15）といった指摘もなされていた。しかし経験的にいっても、資料的にいっても、改革が進展した九〇年代に貧富の格差が大きくなったことは明らかだ。

関連研究によると、国際的に認知された警戒ライン（〇・三〜〇・四）を超え、全国レベルでのジニ係数は、すでに〇・四五七七に達しているという（李強 2001c : 191）。また所得分配に対する研究（李実 2000 : 19-20）によると、一九九五年時点におけるジニ係数は〇・四四五で、一九八三年の推定値に比べ〇・一六ポイント、一九八八年の推定値に比べ〇・〇七ポイント高く、年平均〇・〇一ポイント上昇しているという。国有企業改革の中で、一部企業で赤字が膨らみ、生産停止や破産に追い込まれた結果、従業員の給料カット、レイオフ、解雇が生じていることも、都市部における低所得層の拡大に拍車をかけている。

中間層の価値観

現代中国の中間層が抱く価値観や社会的行為の規範には、以下の三つのタイプがある。

第一に、伝統的な価値観。現状に満足し、社会的ルールを几帳面に守る。自営業者、小規模業主がその典型である。第二に、近代的な価値観。進取の気質に富み、個人の価値や社会的イメージを重んじる。公務員や事務員が典型的である。私営企業主などもこれに含まれるが、彼らの場合はより「実利」的な基準から「個人の努力」の社会的価値を判断している。第三に、脱近代的な観念。個性的な体験を強調し、社会規範の束縛を受けない。外資系企業で雇われている「ホワイトカラー」や自由業者などがその典型である。

これらの価値観、行動様式は、言うまでもなく過渡期にある社会構造と関連している。問題はこれらをどのような方法で、どのような価値観を基準に調整すべきかであり、必然的に中間層と（価値観や職業観、交際ルールや行動規範など）伝統文化と西洋文化、社会主義イデオロギーをどう結びつけるかといった問題が重要になってくる。

中間層の出身を見ると、一部は「地方出身者」である。彼らは現代的な市場経営にはなじんでおらず、比較的これを嫌がっている。中国の伝統的な人間関係や、社会主義体制下での「大釜の飯を食べる」行為、政策になじんでいる。多くの私営企業主や、元国有企業・事業体の管理職、公務員、事務員などがこうしたタイプに属する。彼らは自分たちがなじんでいるやり方で人と付き合い、意識的、無意識的に官僚組織の垣根を越え、みずからが望む結果を得ている。

他方で、外資導入以降、西洋的な管理・技能の訓練を受けた人々が出てきた。俗に言う「西洋の水を飲んだ」人たちで、高級管理職、ハイテク技術者、近代的な職場のホワイトカラーなどがこれに当たる。

彼らは感情的に中国の「伝統」（価値観、行動様式、ライフスタイルから一切の物質まで）に反感をもち、強い反抗意識をもっているのに対して、西洋の価値観や行動様式、ライフスタイル、「舶来品」には肯定的である。仕事でも、プライベートな場面でも、「私情をはさまず、相手から一定の距離を置き、ルールにしたがって処理する」ことを好んでいる。

また彼らは、中国の伝統的なやり方に慣れている「同類」を、「田舎っぽく」て、「表に出せない」など、一段低く見ている。

こうした評価の違いや、互いに相容れない価値観や行動様式は、中間層全体の価値観形成をむずかしくし、従来のルールと抵触する可能性を高くする。もし、こうした傾向を克服できなければ、中間層はその存在意義を徐々に失うことになり、社会的な価値観や規範のデモンストレーション効果を果たせなくなることになろう。

私営企業主の社会的地位が低い理由

私営企業主が現時点であまり高く評価されていないのは、現代中国で見られる産業構造の調整や、市場経済体制の未整備と経験不足、計画経済体制の残滓など、複数の原因が複雑に絡んでいる。

たとえば私営企業主は、その経済活動に関連する行政・法律部門の人たちが自分たちを見下しており、「差別している」、「融資の際、同じ条件なら自分たちより『頼れる』公有制企業にチャンスを与えている」といった不満を抱いている。

他方で、私営企業主にも低く見られる原因があるとする研究結果もある。

第一に、その「人的資本」構成が相対的に低い[11]。

一九九八年時点における企業家の属性に関する調査データによると[12]、グループ全体の中で、私営企業主の学歴は他のタイプの経営者・管理者に比べて全体的に低くなっている。大卒比率をみると、私営企業主が一〇・三%で、国有企業の経営者が四三・六%、集団企業の経営者が一二・八%、合弁企業の経営者が三五・三%、株式企業の経営者が二七・一%、外資系企業の経営者が四一・二%、香港・マカオ・台湾系企業の経営者が二九・三%であった（中国企業家調査系統 1998 : 131）。

また同調査によると、高度な資格をもつ者の比率は、国有企業経営者が六六・七%、集団企業経営者が三三・二%、合弁企業経営者が二七・三%、株式企業経営者が五六・七%、外資系企業経営者が五五・二%、香港・マカオ・台湾系企業経営者が三五・九%であったのに対し、私営企業主は二四・一%と、値がもっとも低かった（中国企業家調査系統 1998 : 133）。

このほか、九〇年代末の調査データによると、私営企業が発展し始める十年ほど前にはほとんど大差なかったものの、産業構造の変化や若手の高学歴管理者の登場によって、私営企業主でも経営規模によって学歴が異なる傾向が顕在化しつつある。

たとえば、大卒比率と（資本金を基準とした）企業規模の関連をみると、一億元以上の資本金をもつ企業の経営者で大卒者は五三・三%いるが、一〇〇〇万〜一億元の企業には四九・九%、一〇〇〇万元以下の企業には三一・七%しかいないという（戴建中 2001 : 353）。

第二に、経営面で個人の恣意性が高いため、情報源がバラバラで専門化レベルが低いなど、経営管理コストが高くなっている。

関連調査によると、彼らが獲得する情報のもっとも重要なルートは買い手との商談で、全体の三〇・五％を占めている。以下、自社ないし他社が行った市場調査（一四・四％）、テレビやラジオ（一二・九％）、同業者との情報交換（一一・二％）、新聞や雑誌（八・〇％）、インターネット（五・一％）、仲介部門（四・三％）、となっている（戴建中 2001：360）。

また、経験のみに依拠した経営管理を行っている。

上述の調査によると、彼らの経営管理は制度化されておらず、多くの場合、成文化された規則や制度を備えていない。三九・二％の企業（会社、工場）が組織規約（ないし董事会規約）をもっておらず、人事規定や労働管理規定をもたない企業は全体の三三・七％に達している。また、給与規定や福祉規定をもたない企業が四三・三％、職務管理規定のない企業が二九・〇％、財務管理規約がない企業が一一・七％、販売流通規定がない企業が四七・七％を占めている（戴建中 2001：360）。

五　おわりに——今後の研究課題

中間層は近代化を促進する社会的機能をもっている。われわれの行ったインタビュー調査や関連調査からも、中間層がもつこうした機能に対する人々の期待が確認された（張宛麗 2002：249-251；殷一平 1999；仇立平 2001；呂大樂 2001）。

しかし近年、中間層の三つのグループが相対的に下降移動する傾向が見られるが、これは中間層の育成、発展にとって好ましいことではない。

下降移動が顕著になってきたのは、九〇年代になって社会的資源の集中が起こっていることに原因があるようだ。市場経済化と所得格差の拡大、官僚の汚職、国有資産の大規模な分割などが原因になって、少数の人々に富が集中しつつある。その結果、国家の自律性は低くなり、「エリート集団（従来の『体制内』、『体制外』エリートから変化・発展した経済エリートと政治エリート――とりわけテクノクラート層と統治集団――の同盟）」が台頭し、公共政策に大きな影響を及ぼすようになってきている。

他方で、社会的弱者や貧困層が増加し、彼らは変化の中で社会の周辺層に押しやられることで、格差はますます進んでゆくことになる。こうした「社会の分断化は多元化とは言えず」、「分断は各領域で進んでいる」（孫立平 2002：12-13）。

もし、この指摘が正しければ、中間層の社会的な位置づけは「社会の断裂」によって引き裂かれることになるだろう。中間層が独立した階層としての性格と社会的機能をもつようになるかどうかは、現時点ではわからない。

世代交代と中間層

中間層の台頭と世代交代の進展によって、中間層の構成が若年化している。関連研究によると、市場経済に移行する前の中国では、年長者が高い職に就き、学歴が高い若い世代は比較的に低い職に就いていたという（Deborah 2000）。

ところが、市場経済を導入してからというもの、基本的に競争原理によって若い世代が上昇移動する機会が増えた。近代化にともなう急速な社会変動にあっては、こうした伝統的な中間層の崩壊は必然的な現象である。

現代の中国にあっては、若い世代が台頭し、中高年に替わって中間層の地位を獲得していることで（李強 2001c : 99）、旧来の中間層は世代交代を余儀なくされており、中間層の価値観や行動規範にも影響を与えている。

急速な社会変動のもとでは、従来の「口承文化」モデルは衰退し、若い世代が文化形成の担い手になるとされるが、中国でも八〇年代から同じような現象が現れるようになった。従来の教師――生徒の関係が不明確になるどころか、「口承文化」モデルが逆転し、新しい観念や志向、知識の伝達、ならびに新しい物質文化やライフスタイルの導入にあたって、若い世代がパイオニア的役割を果たすようになっているのである（周暁虹 2000）。

こうした状況にあって、世代間の対立は避けられなくなっている。若い世代が中間層としての地位を獲得する過程で、「口承文化」モデルは変容を余儀なくされる。中国の中間層は、世代間ギャップを内包したまま、どのように価値観の統合を図ってゆくかといった課題を抱えている。

中間層の性格と階層アイデンティティ

従来の中間層研究では、「中間層（中間階級）は、内部に多様な要素を抱えた一つの階層（階級）である」とされてきた。他方で、台湾、香港、シンガポールの中間層を対象にした研究によると、東アジアの中間層には、確かに多様な要素は見られるものの、階級として認められる程度の特性を備えているようだ（Hsiao & So 1999 : 3-49）。

「上海のホワイトカラー」を対象にしたインタビュー調査によると、彼らの大多数は「ホワイトカラー」がどのような性格をもつものかはっきり理解していないため、「ホワイトカラー」層は新興階級であって、その性格と位置づけはいまだ政治的承認を得ていないという（呂大樂 2001）。

われわれの調査でも、これに似た結果がでている。調査対象者は「ホワイトカラー」に比べ「中産階級」といった表現に慣れていないこと、「ホワイトカラー」より広い範囲を指すものと思っていることを指摘している点で若干の違いが見られる（張宛麗 2002：249-251）。

一般的に、中産階級（中間層）の階層的アイデンティティに関しては、以下の三つの命題と関連が深い。

第一に、中間層の地位不安や階層内部で見られる地位の非一貫性に関する命題。主として、中下層がもつ「政治的保守性」と彼らが果たす「社会的機能」との結びつきに言及したものである。

第二に、「中間層と新しい社会運動」に関する命題。中間層は特定の「階級」的利益より、環境保護や人権・平和、フェミニズムなど、「新しい社会運動」に関心があるとされる。

第三に中間層と民主化の関連性に関する命題。「新中間層」は民主的観念の広がりと民主化運動で積極的なリーダーシップを発揮しているとする議論があるが（蕭新煌・尹宝珊 2000：462-463）、これがその具体的なケースである。

ともあれ、中間層が発展してゆく過程で、この三つの命題が示す階層アイデンティティや社会的機能が形成されることになるかどうか。この点の検証は、今後の研究に委ねられている。

（1）　労働・社会保障部が一九九八年に行った全国一四の大、中都市における給与調査（調査は一九九八年一〇月時点における給与状況を示したもので、北京、天津、上海、重慶、深圳、佛山、無錫、成都、福州、秦皇島、西安、済南、ハルピン、黄石の一四都市で実施された。一都市当たり四〇社の生産経営が正常で、代表性がある独立決算企業がサンプルとして選ばれ、そのうち国有企業が二四社、集団企業が九社、そのほか、株式会社、外資系企業、香港・マカオ系企業などが七社で、従業員は合計五〇万人以上に及ぶ）によると、従業員の平均給与は一四七九・四一元であった（労働・社会保障部企画財務司 1999)。また、国家統計局都市調査部門が一九九九年に行った、一五万戸を対象にした世帯調査データによると、一九九九年八月の収入のうち、給与の割合が四四・五%で、給与以外の収入は全収入の五五・五%を占めていた(『中国信息報』二〇〇〇年三月八日)。こうした調査結果を踏まえ、全収入を給与の一・五倍にし、年間収入を推定した。

(2) 研究グループの統計分析によると、一九九九年の調査時点で中上層に入る国家・社会管理職、管理職、私営企業主、専門技術職、事務員、零細経営者が占める比率は、それぞれ二・一%、一・五%、〇・六%、五・一%、四・八%、四・二%で、合計一八・三%であった(陸学芸 2002:73)。

(3) 国家統計局の分類には、社会科学と人文科学が含まれていないため、ここでは「社会科学、人文科学」分野を入れることにした。

(4)『領導文粋』第八期、一九九八年、一一〇ページによる。

(5) この数字は、国家統計局の統計データ「年末業界別従業員人数」のうち「卸売り、小売り貿易と飲食業」と「社会サービス業」との二項目を合わせて得た数字である。

(6) 中間層内部の細分化された三つの層の比率は、研究グループが定めた六つの職業グループの合計を中間層全体として得た数値である。

(7) ここでは、一九四九年以降、都市と農村として厳格に分割されるにいたった都市コミュニティと農村コミュニティを指す。

(8) 国家統計局の主要統計指標に対する解釈によると、「国有セクターとは、資産が国家所有になっている経済組織を指し、『中華人民共和国企業法人登記管理条例』の規定によって登録されている非会社制の経済組織、及び中央、地方レベルの国家機関、事業部門と社会団体を含む」ものとされる(国家統計局 2000)。

（9）国家統計局の主要統計指標に対する解釈によると、「集団セクターとは、生産手段が集団所有されており、『中華人民共和国企業法人登記管理条例』の規定によって登録されている経済組織を指す」という（国家統計局 2000）。

（10）ここでは、一九四九年以降、都市と農村として厳格に分割されるにいたった都市コミュニティと農村コミュニティを指す。

（11）ここでいう「人的資本」は、私営企業主が受けた教育や専門技術訓練の経歴、学歴水準を指す。厳格に言うと、「人的資本」は一九六〇年代以降、新古典派の経済学者たちが導入した、主に労働者の資質にかかわる概念で、土地、労働、物的資本といった三つの生産要素の利用率を高めるために提出されたものである。しかし、私営企業主の場合、物的資本を所有していることから、上記の定義に当てはまる労働者とは言えない。そのため「人的資本」概念によって彼らの教育レベルを論じるのが妥当であるかどうかは議論の余地があるものの、ここでは紙面の都合で、これ以上論じない。

（12）この調査は、一九九八年に中国企業家調査部門、国家経済貿易委員会と中国経済効益縦深行組織委員会の「管理培訓工程」部門が、「一九九八年中国企業経営管理者の成長と発展」をテーマに、共同で実施したものである。全国三一の省、自治区、直轄市での異なる業界、所有制と規模の企業を対象にサンプリング調査（回収率三〇・二％）が実施され、その結果、二四一五の有効サンプルが得られたという（中国企業家調査系統 1998：118-150）。

（方明豪・園田茂人 訳）

第八章　中産階級の自我感覚
――上海と香港の比較から――

呂　大　樂

一　はじめに

新たな階級の出現は、往々にして社会構造上、重大な変化が生じる予兆となる。新たな階層の誕生とこれが引き起こす社会の変化は、社会の発展の趨勢を理解する上で大きな示唆となる。それゆえ、社会が大きく変わろうとする際、われわれは台頭しつつある階級に注目する。逆に、既存の階級の衰退・没落は、社会の深層で進みつつある変化を表している。

前者に関して言えば、今日中国社会で台頭している「白領（ホワイトカラー）」がその典型的なケースである。改革・開放と市場経済化が進行する中国において、「白領」は個体戸、私営企業主に続き、多くの関心を引く新興階層となっている。これを「中産階級」や「中産階層」の一つと見なし、この新興階層の出現を社会体制の大きな変化と捉える次のような議論もある。「『身分型』の幹部から『契約型』の使用者への転換に伴い、企業内の頭脳労働者はホワイトカラー労働者へと変化している」（朱石磊 1998 : 81）。

中産階層の出現は、こうした体制上・階層上の変化にとどまらず、社会全体が開放化・合理化に向かっていることを意味するものと解されることもある。たとえば、「第九次五ヵ年計画期から二一世紀にかけ、中産階層が果たす特殊な役割を意識した中国政府は、制度上、政策上さまざまな措置を施し、所得分配のマクロ・コントロールを強化するなどして、多くの人々が中産階層へと流入するようにしている。頭脳労働と肉体労働の待遇逆転や収入の不正当な傾斜、寡占といった問題が徐々に解決に向かう中で、中産階層の所得構成は合理的になっていった。中産階層の所得が伸び、所得分配が是正される中で、社会はより安定的になり、政府への信頼は高まることになるだろう」（戴炳源・万安培 1998：60）。

もっとも、研究者からジャーナリスト、エッセイストにいたる社会の各層が「白領」に関心を払うようになったのは、比較的最近のことにすぎない。九〇年代初頭の社会階層研究では、「白領」をめぐる議論は存在していない（たとえば、王漢生・張新祥 1993）。

ところが経済改革が進み、新しい社会階層もその姿を現すようになった。『当代中国社会階層研究』の推計によると、管理職層は社会階層構造の一・五％、専門技術職層は五・一％を占めていることになる（陸学芸 2002：15,18）。もちろん、地域間での格差は大きい。

近年、「白領」に関心が集まってきているのは、改革・開放にともなって社会構造が大きく変化してきていることを反映している(1)。しかも、この新興階層を旧来の分析枠組みに押し込んでしまっては、「社会階層の構成に新しい変化が生じている」(2)ことを理解できないと考えられるようになってきている。

東アジア（日本、韓国、台湾、シンガポール、香港）の中産階級は、経済的な衰退により、少なからぬ苦労をしている。東アジアの中産階級が「黄金時代」を終えてしまったと結論づけるには時期尚早だが、逆境に置かれているのも事実である。

香港の場合、中産階級は不動産価格暴落のあおりを受け、就業環境が厳しいこともあって、労働への安心感を失っている(呂大樂・王志錚 2003)。以前、中産階級は社会移動の希望の象徴だったのが、経済環境の激変により、これも大きく変化している。

新しい経済環境にあって、中産階級は未曾有の事態に直面している。中産階級的職業は終りを告げたとする者もいれば(Bennett 1990 : Sampson 1995)、中産階級の価値観もこれにより変化してしまったとする者もいる(Pahl 1995)。中産階級は、以前のように「組織人《オーガニゼーションマン》」として人生を歩むことになるだろうが、彼らが、みずからの階級をどのように捉えるようになるのか、検討してみるのも悪くない。

本章では、上海と香港で実施したインタビュー調査の結果を用い、中産階級の階級的アイデンティティを論じてゆく。このインタビュー・データは、三つの部分から構成される。

一つは、一九九九年末から二〇〇〇年頭にかけて、上海で行った五〇人の「白領」を対象にしたインタビューの記録。二つ目は、二〇〇三年に再び上海で五〇人の「白領」を対象に行ったインタビューの記録。三つ目は、二〇〇三年の七月から一〇月にかけて、香港の二五名の中産階級を対象に行ったインタビューの記録。

調査対象者は、さまざまな企業・組織で専門職や行政職、管理職に就いており、みな、いわゆる「中産階級」や「新中産階級」に属している(3)。インタビューでは、現代社会で生じている現象に対する考え、とりわけ「白領」と中産階級の定義や見方について質問し、彼ら自身が「白領」や中産階級に属していると思うかについて尋ねている。

もともと、この調査は上海、香港、台北で行われる予定になっている本格調査のパイロットサーベイとして実施されたものである。そのため、データは十全なものではなく、分析も試論の域を超えるものではない。

二　中産階級とは何か

新興階級としての「白領」

本題に入る前に、上海と香港の中産階級が置かれてきた社会的文脈を見てみよう。

現代中国では、政治的理由により、中産階級という言葉が広く使われるようになったのは、ここ最近のことにすぎない。事実、一九八九年の天安門事件後に政治体制の引き締めが行われる中で、以下のような批判がなされている。


「ブルジョワ社会学では、『中産階級』という概念はいい加減な形で提示されている。資本主義のもとでは、階級対立の現実を隠蔽し、独占資本家の統治を維持・保護する目的をもつ。社会主義のもとでは、労働者階級を分裂させ、知識人と企業家とを分裂させ、ごく少数の人が社会主義を転覆する際に利用する勢力である」（何建章 1990 : 1）。


今日にいたるまで、階級に関わる言葉を意識的に避けようとする者も多い。そのため、中間階級や中産階級が台頭してきた際に、上海の一般大衆は、その代わりに「白領」という言葉を用いることになった。

いわゆる「白領」は、中国が市場経済化を進める中で生み出した新興階級である。「私営企業主は、現代の中産階級の一部であるが、もう一つは白領階層であり、外資が流入する中で誕生してきたものである」（殷一平 1999 : 11）。

一般の人々にあって、「白領」は民間企業（特に外資系企業）で働く管理職、専門職、行政職を意味しているものの、現実には統一的な定義は存在しない。

「白領」概念が曖昧なのは、その起源に原因がある。何沛錦（2000：55）によれば、「おおよそ五年前〔一九九四年〕、上海の友誼商城は他社に先んじて、みずからを『白領の理想世界』と称するようになると、『白領』は前衛的な容姿と物欲の色彩をもって一般の人々に理解されるようになる。……『白領』は周辺から中心へ、傍流から主流へと移り、消費にとってこの上ない魅力的な存在となっていった。実際、『白領』は社会集団の名称にとどまらず、きわめて重要な消費概念となったのだ」。

「白領」という呼称は、短期間のうちに人口に膾炙するようになり、一種の流行語となっていったが（陳少珙1999；殷一平 1999）、これも、人気のある商品を広告する際、白領という存在が消費意欲を刺激しやすかったからである。

人々の「白領」に対する評価はバラバラだったが、大衆文化、とりわけ消費文化において、この言葉が、消費能力が高く、ライフスタイルにこだわりをもつ高収入層を代表するようになっていった。

このようにメディアに主導される形で、「白領」を対象にした「白領雑誌」が次々と発刊されるようになる（陳少珙1999）。

たとえば『申江服務導報』には「白領心事」といったコラムが設けられている。最近、広州の高額商品――特に住宅――の広告では、「白領」と思われる人物や、そのライフスタイルが登場して人々の消費意欲を喚起しているが（Chu 2001）、こうした現象の背後に、人々がいつか「白領」になりたいとする強い願望があることは、指摘するまでもない。

現在では、「白領」という言葉も、さほど新奇性はなくなっている。しかし、「『白領』に対して失望した」（何沛錦

2000：56）などと言うのも、時期尚早である。最近では「金領《ゴールデンカラー》」（李宗陶 2002）に関心が向けられているが、これも名称を変えているにすぎない。事実、雑誌で取り上げられている「楽富一族（セレブ）」も、実際には「白領」的なライフスタイルを一部修正したものにすぎない。

「『楽富（筆者注・英語の loft にちなんだ表現）』という言葉の、『楽』は快楽、『富』は富裕。五〇年代、六〇年代の若者が、俗世を超越した『英雄』にユートピア感覚を抱いていたのに比べ、現在の『楽富』族は、人間の本能に近い感情をもっている」（「『楽富』一族向成功看齋」『生活週刊』二〇〇〇年一二月一五日、B版1ページ）。

豊かさの象徴としての「白領」

以上、「白領」という言葉が認知されるプロセスを通じて、筆者が指摘したい点は二つある。

一つは、日常会話で「白領」という言葉が使われるようになったのは、消費活動を宣伝したことに原因がある点。そのため、「白領」が富裕階層、あるいはそのライフスタイルの代名詞となっていった。

もう一つは、九〇年代中期から末期にかけて、「白領」が中産階級・中間層の代名詞となっていった点。

上述のように、九〇年代の中期になり、経済改革が進む中で、外資系企業で働く管理職や専門職といった人たち、すなわち学歴も所得も高い人たちが徐々に人々の関心の対象となっていった。

当時、人々は階級によって集団を分類することが不必要な政治的連想を引き起こし、「白領」も中産階級や中間層という自己認識をもちたがらなかったため、(4) 比較的中立的な言葉として「白領」が急速に流通するようになった。「白領」の含意を解釈する際、議論に参加している者はしばしば、チャールズ・ライト・ミルズの『ホワイトカラー』を引用するが（潘允康 2001：33）、これからも、「白領」が中産階級や中間層を意味していることは間違いない。

二一世紀になると、中産階級や中間層を直接テーマとした分析や研究が現れるようになる（李正東 2001；李強 2001a, 2001b；肖文濤 2001；張宛麗 2002；李春玲 2003b）[5]。二〇〇一年の一月に出版された『新週刊』は「突然、中産」という特集を組み、次のように述べる。

「中産とは誰のことか？　彼らは、上海の浦東地区や北京の朝陽区にある大小とりどりのオフィスビル、あるいは開発区・ハイテク区の中にいる。彼らは商人であって、学者ではない。不動産業者は『ハイソ』『白領』『富裕階層』といった見掛け倒しのコピーを使わず、『中産』という言葉を使うようになっている。『中産』は、すでに豊かになった、あるいはこれに続く人々が抱く夢であり、全国各地に散在する高所得層を結びつける網である。『怒れる青年』『プチブル』『漂う世代』『白領』など、多くの階層が中国の地で入れ替わり生まれてきたが、今や『中産の夢』が中国全土に広がっている」。

可変的概念としての「白領」

新たに生まれた階層への認識が生まれる中で、社会全体の階層構造に対する認識も再編成を余儀なくされる。経済改革以降に現れた「白領」階層が新興階層として捉えられているのも、まさにこうした意味においてである。もっとも、「白領」階層の台頭は、個体戸や私営企業主よりも時期が後である。

「九〇年代の中国では、個人資産をもち、独立した地位をもつ伝統的な中産階級以外に、新たな中産階級が誕生するようになった。これが『白領』である。『白領』は大企業やマスメディア、運輸・流通、第三次産業に分布し、管理職、営業マン、プロデューサー、専門技術職、オフィス事務員として、管理・経営などの間接部門で働いている。彼らは、突出した地位や権力をもっておらず、一介のサラリーマンにすぎないものの、一般の労働者から見れば、成功者の象徴である。服を着こなし、クールで、銀行やホテルを優雅に出入りし、安定した収入があるため生活に憂いがない」（陳少珙 1999 : 108）。

中国の経済改革が進んだ結果、「白領」階層が出現したが、これは、多くの人が起業以外に成功の機会をもつようになったことを示している。

「外資系企業で働く白領は、中産階層を構成する重要な要素であり、九〇年代前半に急速に増加したといってよい。この階層に比較的早い時期に流入した者に『下海（国有セクターからスピンアウトした人たち）』グループがあるが、彼らが選んだ『海』は私営企業でなく、外資系企業だった。私営企業主に比べリスクを冒さず、その分見返りは少ない。しょせん一介のサラリーマンで、収入に大きな変化はない。彼らは徐々に中産階層となっていったが、九〇年代中期以降、外資系企業で働くようになった中国人従業員の中には、卒業して間もない大学生も入っていた。彼らにとってリスクなど大した問題ではなく、失うものなど何もなかった。そのため、若者が急速に中産階層の仲間入りをしたのも自然なことであった」（殷一平 1999 : 12-13）。

上で述べたように、「白領」に一致した明確な定義があるわけではない。比較的早い時期には、外資系企業や合弁企業で働く人を「白領」と呼んでいた。ところが市場経済化が進み、さまざまな企業や事業体で組織改革が行われる中で、組織のトップも、その地位や収入を大きく変え、その過程で「白領」も外資系企業、合弁企業の従業員に限られなくなっていった。

このように、「白領」概念が曖昧で可塑的、可変的なのは、中国社会にあって中産階級が新興階級であり、その地位が定まっていないことに原因がある。

とはいえ、九〇年代の終りには、「白領」は人々が日常会話で使うほど一般的な言葉となった。その意味で、この概念は新興の中産階級がどのような主観的階級アイデンティティや自我感覚をもっているかを考えるヒントとなる(6)。また、近年の改憲論議の中で私的財産保護が取り上げられるようになり、「白領」や中産といった考えが、中立的な概念になりつつある。『あなたは中産?』と題する本が普及するようになったのも、こうした事態の変化を如実に表している（許海峰 2003）。

苦悩する香港の中産階級

上海の中産階級が良好な自我感覚を抱いているとすれば、香港の中産階級の場合、その経済的・政治的困難ゆえに焦りと苦しみを味わっている。

香港で中産階級という言葉に関心が向けられるようになったのは、一九七〇年代末から八〇年代初頭にかけて（呂大樂・王志錚 2003: 33-44）。中産階級に注目が集まったのは、その台頭が香港社会の富裕化を象徴していたからである。

一九九七年の中国返還以降、中産階級に再び関心が向けられるようになったが、その原因は、中産階級が香港の政治経済の苦境と、香港人の苦しみを代表していたからである。

香港で中産階級が注目されるようになった時期は、二度ある。

一度目は二〇〇一年半ばから二〇〇二年頭にかけて（呂大樂 2002）。アジアで金融危機が起こり、バブル経済がはじけたために不動産価格が暴落、各企業・組織でリストラが行われ、給与カットが生じた時期にあたる。二度目は、二〇〇三年の七月一日の前後。当日、香港では五〇万人が街頭デモに参加した。デモが生じた直接的な原因は、『基本法』の第二三条（及びその立法化）をめぐってであるが、その背後に特別区政府に対する不満があった（葉健民 2003）。香港のメディアによれば、このデモは香港の中産階級が行った最初の政治行動であるという。

このように、香港の中産階級は上海のそれとは大きく異なり、将来に対して明確なビジョンをもっていない。

三　階級構成と中産階級の自己アイデンティティ

階級構成概念の再検討

階級構成に関する議論は、ちょうど階級分析に関わる論争がそうであるように、百家争鳴であって、共通の認識がなされるにいたっていない。客観的な社会経済的地位がどのように「擬似」階級意識に転化してゆくかに焦点を当てて研究している者もいれば（たとえば Jackman & Jackman 1983）、世代間移動や世代内移動、職業的キャリアなどから特定化できる、階級としての共同経験が階級形成にとって重要だと指摘する研究者も（たとえば Goldthorpe 1982）、マルクス主義的階級分析の論理を用い、産業構造から現場組織、コミュニティ環境にいたる、さまざまな局面で、階級意識がどのような形で現れているかについて解釈する研究者もいる（たとえば Katzenelson & Zolberg 1986）。

こうした階級構成の考え方は、みな「即自的階級から対自的階級へ」とする目的論的なマルクス主義唯物史観の刻印を受けている。しかも、労働者階級は資本主義を転覆するにいたる革命意識をもつようになるだろうとする、階級意識の覚醒を前提としており、これとの対比から特定の階級の状況を議論する傾向にあるばかりか——西洋の産業社会では、「なぜ労働者階級は急進的な革命意識をもつに至らないのか」といった命題が議論されることが多い——、階級構成を階級内在的な条件から議論しようとする傾向が見られ——それゆえ労働者階級の成熟・未成熟が議論されることになる（たとえばSomers 1996；Somers 1997）——、結果的に階級構成のプロセスが特定の歴史や社会、政治、文化といった環境に「埋め込まれて（embedded）」いることを看過しやすい。

ボルタンスキーがフランスのカードル（cadres）——中、高位の行政官——を研究している中で指摘しているように、階級アイデンティティと階級構成は相互作用の結果生まれるものである。階級アイデンティティや階級構成は、階級的な利益によって自動的に決まるものではなく、社会での言説や階級に関わる言葉が階級アイデンティティを作り出すという力学も存在している（Boltanski 1987）。

カードルという概念をめぐって行政官の定義が異なっており、概念そのものに曖昧さがあるだけではない。中、高位の行政官が、この概念によって集団的な階級アイデンティティや階級的利益を表現しようとする力も存在している。事実、階級アイデンティティや階級構成そのものは、漠然とした特徴をもつ社会過程なのである（Savage 2000；Savage, Bagnall, & Longhurrst 2001）。

では、調査対象者は、ある階級への帰属意識をどのようなものと見ているだろうか？　彼らは、この帰属意識にどのような自我感覚をもっているだろうか？　彼らは、社会で用いられている階級にかかわる言葉をどのように用い、階級としての集団的アイデンティティや階級的利益の境界をどのように意識しているだろうか？　これらの問題は、特定の階級が歴史や社会、政治、文化といった環境にどのように埋め込まれているかを考えるにあたって、大変重要

である。(7)

上海の「白領」は、まさに上述の階級アイデンティティや階級構成に関わる相互作用の産物である。〔北京の〕零点公司が一一の都市で行った調査の結果によれば(楊雄 1999:17)、市民が「白領」の条件として挙げていたのは、職業(五三%)や文化水準(二一・七%)、収入(一三・三%)などであった。「白領」は高い職位に就き、収入や学歴だけでなく、文化水準も高くなければならない、というわけだ。

生成する「白領」イメージ——第一回調査の結果

われわれが一九九九年から二〇〇〇年にかけて行ったインタビューでは、大部分の調査対象者は「白領」に対してはっきりしたイメージを抱いていた。

「『白領』についてですが、『白領』を肯定できるかどうかはわかりませんが、すでに社会に存在していると思います。デスクワークをし、収入が高く、少なくても月収は三〇〇〇(元)以上。他人と明らかに違うとは思いませんが、違うところがあるとすれば、内面的なもので、外見的な違いはありません。労働者との違いは、高学歴で文化レベルが高いところ。実際には若くてエリート、大学教育を受け、しかも労働時間は長くなく、地位が高い人のことでしょう。大部分は外資系企業に勤めていて、収入が高く、職場が安定しているといった特徴をもちます。これに対して幹部といえば、国家機関や国有企業の幹部のことでしょうが、年とっていて出身成分もよい。収入は必ずしも高くないけれど、いつも賄賂を貰っているといったイメージ。現在の個体戸(零細企業主)は以前とずいぶん違っている。昔は、何でもありといった風情でしたが、現在の個体戸はずいぶんとよくなり、一定の学歴が必要不可欠となっています。個体戸を始めた人の多くは、総合的に見れば『白領』に比べて、その能力は引けを取りませんが、最近の大学生は卒業してすぐにベンチャーを始めますね。『白領』にならずに、個体戸になる。でも、文化的水準は高い。もっとも、小規模の商いをしている人たちは、『白領』とは比べ物になりませんが」（ケース7、外資系企業副課長）。

「『白領』は、計画経済の時代にも存在していたと思います。専門的な知識で生計を立てる人は、みな『白領』と言ってよいと思います。でも、計画経済の時代にはあまり目立たず、市場経済の時代になって、人々の注目を集めるようになりました。印象では、『白領』は外資系企業で働いていて、収入は、だいたい（毎月）六〇〇〇元から八〇〇〇元くらい。私のような者はカッコつきの『白領』で、ホンモノの『白領』ではありません」（ケース20、国家公務員）。

「『白領』とは、みずからの知力を利用し、頭脳労働に従事することによって、社会的地位を獲得した人たちのことを意味すると思います。収入、学歴ともに高く、多くが若く、四〇歳に達していません。ですから、消費意欲が強く、『宵越しの金は持たない』。外見上はスタイルを気にするけれど、あまりに気取りすぎていない。学歴は、少なくても大卒以上。職位では、部長以上のクラス。第三次産業に集中しているような気がします。特に上海の場合、第三次産業が発達しており、経済学的視点から見れば、他の産業に比べて利潤率が高い。第二次産業の場合、一部の外資系の大企業には『白領』がいるかもしれませんが、個々の企業によって事情は異なるでしょう。居住条件については、証券や保険、銀行などの株式会社では、ずいぶんといい住居があてがわれ、西洋風の部屋に自動車つきというところもある。国有商業銀行の場合、平均的で、職務上は『白領』かもしれませんが、収入面ではさほどではありません」（ケース44、国有銀行支店長代理）。

インタビュー資料から見る限り、上述の「（収入、学歴、文化水準の）三高」以外に、インタビュー対象者は、高い消費志向と頭脳労働が「白領」の条件と見なしていた。

また「白領」には、経済改革以降に明らかになった特徴があるため、多くのインタビュー対象者は、「白領」と幹部、個体戸を違うものと考えていたが、これも彼らの中に、これらを階級として分けようとする意識があることを意味している。

「個体戸と比べてみると、『白領』は労働者の地位に置かれ、労働の成果の一部しか手に入れることができません。マルクスの言葉を借りると、剰余価値を収奪されているのですが、個体戸の場合、労働の成果をすべて享受しています。政府幹部は、収入はさほど高くありませんが、社会的な地位はきわめて高く、特権をもっているために多くのブラックマネーを手に入れることができます」（ケース12、国有企業副社長）。

「『白領』と個体戸のもっとも大きな違いは――ここでの個体戸は成り上がりの類をイメージしているのですが――、個体戸の多くが投機や不法行為まがいのことをして富を得たとすれば、標準的な『白領』の場合、みずからの知力や勤労を頼りに財をなし、正常なルートで現在の地位を獲得しています。一般の労働者は、みずからの体力を用い、従事している作業の多くが代替可能で、誰でもできる性格をもっています。これに対して『白領』の場合、代替可能性は低く、一定の知力と管理レベルに到達しないことには、現在の地位に就くことはできません。国家機関の幹部の中には、非常に高いレベルの能力をもつ人がいて、この人たちを『白領』に入れても構わないと思います。収入はさほど高くないかもしれないけれど、一部は頭脳労働に従事し、みずからの管理能力を使って働いている人は、その特徴から言っても『白領』だと思います。しかし、一日ぶらぶらとしている国家幹部の場合、『白領』との最大の違いは、彼らが『親方日の丸』で、日常業務が行政秩序の中で行われている点、そのため行政上の権力が大きく、民間人のように苦労しなくてよい点にあります。『白領』は、基本的に株式会社、外資系、第三次産業に属しており、市場の圧力を強く感じ、競争力もある。この点での違いが、多分一番大きいでしょうね」（ケース44、国有銀行支店長代理）。

曖昧で不確実な自我感覚

一九九九年から二〇〇〇年にかけて行ったインタビューでは、多くの協力者が「白領」に対する認識を深めているような印象を得た。彼らの多くが「白領」を正当に評価していたのである。

しかし、「あなたは『白領』か」と尋ねると、回答してくれた四八名のうち、「そうだ」と回答した者は一七名のみで、「そうではない」とした者が二一名、明確な回答を避けた者が一八名いた。「そうだ」と回答した一七名のうち、九名が外資系企業か私営企業で働く管理職であった。

サンプリングの関係で、数字そのものに統計的な有意性はないため、具体的な数字を挙げるのは差し控えるが、大雑把にいって、みずからを「白領」だと回答した者のほんどが、外資系か私営企業の管理職で、そうでないと回答した者の多くが国有企業や政府部門で働いているか、学校関係者であった。

もっとも、これでは事情を単純化しすぎている。調査協力者が自分を「白領」ではないと回答したとしても、現在自分が置かれている仕事の環境や位置からそう考えているとは限らないからである。

実際、彼らの社会移動経験が、「白領」という言葉を選ぶかどうかに影響を与えており、これによってみずからの階級的な位置づけを理解しているかもしれない（呂大樂 2001）。たとえば、政府機関から私営企業や外資系企業へ転出した中年の管理職であれば、従来の知識分子との関連から「白領」を捉える傾向があり、知識分子としての条件（たとえば文化への理解）が不足しているため、みずからを「白領」と見なさないかもしれない。

インタビューをしてみて感じたのは、調査協力者の中で階級としての「白領」から、ある程度距離をとろうとする者が少なくなかったことである。「白領」の自我感覚は、依然として曖昧で、不確定なものらしい。

「全体として見ると、『白領』の経済的地位はずいぶん高くなったと思います。社会的威信に関しては、『白領』の自我感覚も悪くはありませんが、世間の評価とは相容れない部分もあるようです。世間の人は、彼らを羨ましく思っていながらも、どこかで煙たく感じているのです」（ケース44、国有銀行支店長代理）。

「『白領』は都市部の『富農』のようなもので、農村で富農が備えていた特徴が、そのまま都市の『白領』にも当てはまるのではないか、と思っています。『白領』階層には変革の力量、意志がなく、強烈な保守的傾向があるにすぎません。強いていえば私も『白領』なのでしょうが、これも収入面や思想面からのことで、個人的には『白領』階層のことが好きになれません」（ケース14、国有企業副社長）。

「実際、『白領』の考えも、時にすごく単純で、一種の『ファッションモデル』のような感覚があります。表面上は小ぎれいですが、強い思想を持たず、話をさせてもしっかりした話ができないのです」（ケース36、国有投資会社課長）。

インタビュー対象者の多くは、みずからの抱く「白領」イメージをうまく表現できず、インタビューの間でも、戸惑っているような態度が見られた。本章が依拠しているデータが十全なものではないため、調査対象者がなぜ戸惑ったような態度をとっているのかを、うまく掬いあげるまでにいたっていないが、これが、「白領」が依然として確固たる評価を得ていないことと関連しているのは、間違いないだろう。

肯定的イメージとしての「白領」――第二回調査の結果

二〇〇三年、上海で再び五〇名を対象にインタビュー調査を行ったが、その結果、「白領」＝中産階級に対する見方は明らかに肯定的になり、以前のように戸惑った態度を見せた者は少なかった。

「中産階級もずいぶんと大きくなりましたね。特に上海では、自分の住居や貯金、自動車をもつ人が増え、中産階級の存在も現実のものとなっています。階級の成立には、その階級の代弁者が必要ですが、私たちは長い時間をかけて、果たして中産階級の代弁者がいるのかどうか、法律は中産階級を保護しているのかどうか、本当に中産階級が形成され、法的基盤をもっているのか、といった点について議論をしてきました。中産階級といった呼称が正しいかどうかについては、どう言ったらよいでしょうか、概念上は完全に正しいと思いますね。どうして？　外国に中産階級があり、中国は世界の潮流に乗っているのですから、中産階級が生まれるのは不可避だからです。中産階級の誕生は、悪いことではありません。貧富の格差がなくなって中間層が増大し、社会的に富が均質化すれば、人々の生活水準は上がります。私も豊かな、中産階級になりたい。もっとも、階級としての視点からすれば、社会全体が中産階級に対する認識を深め、法律的に支持するまでには、少し時間がかかると思います。……表現としては、中産階級が妥当だと思いますね。プチブルとか『白領』といった言い方は、一時的なものだと思います。『白領』という概念はむずかしくて、オフィスで働く人のことを指しますが、中産階級は必ずしもオフィスばかりにいるわけではないですから……。一般に『白領』は、比較的若くてモダン、ファッショナブルな人のことを指すようです」（ケース 2003-03、通信設備株式会社の発展センター社長）。

今回の調査対象者で「白領」＝中産階級について戸惑った対応をする者は少なかったものの、中産階級としての自己アイデンティティを抱くようになった者はさほど多くなかった。

「私は中産（階級）には属していないと思います。部屋は一つしかないし、自動車ももっていない。生活は比較的恵まれていますが、中産階級に属しているとは思いません。収入は比較的高いものの、出費も多い。共稼ぎで二人家政婦を雇っていますが、これも仕方なく、です。私も妻も帰宅時間が遅く、子どもにご飯を食べさせないわけにはいきませんから、どうしても賄いができる人を置いておかなければなりません。また仕事が大変で、クタクタになって帰宅しますから、部屋が大きいこともあって、掃除を専門にやってくれる人が必要になります。それればかりではありません。子どもの養育費や将来の教育費もある。老後のことを考えて、妻と一緒に保険に入っていますが、その出費もバカにならない。ですから、私は中産階級ではないのです。中産階級なら、部屋が一つだけといったことはありませんし、生活が十分できるだけの蓄えがあるはず。家つき、車つき、それに別の収入源もあるかもしれません。私自身は、……そうですね、中産階級より少し低い階層、でしょうか」（ケース 2003-12、台湾系企業副社長）。

この異なる二時点で行ったインタビュー結果を比べて見ればわかるように、社会における「白領」の位置づけが上昇し、影響力を高めるようになると、その階層的不確定性は徐々に変化し、その曖昧な意味づけも性格を変えてゆくようになる。中産階級に属する人々が「白領」に対する否定的な見方を変え、中産階級や新中産階級といった言葉を流通させるようになるからだが、その結果、「白領」＝中産階級の自己アイデンティティも徐々に変化することになる。

四　香港の中産階級に見られる変化

香港では、中産階級は社会移動の象徴的存在であった。しかし、アジア経済危機以降、その自我感覚にも変化が見られる。

「中産階級の大部分が負の資産を抱え込んでしまいましたが、多くの人はこれを悲惨なことだとは思っていません。実際には、ひどいケースも多いのですが……。下層の人たちは中産階級をかわいそうだと思っても、能力や学歴をもっている限り、一時的に悲惨で借金をしなければならないとしても、長期的に見れば、損失を補う可能性があるから、さほど悲惨だとは思っていないのです。下層の人は、自分たちが社会の底辺にいて、将来がないと思っているから、中間層は一時的には悲惨でも、将来があると思っている。上層の人の場合、中間層を悲惨だと思っても、自分たちの悲惨さには及ばないと思っている。株やビルへの投資は雲散霧消し、商売も台無し。投資資金は回収できず、懐は痛むばかり。中小企業の破産事例は多く、SARSの時などひどいものでした。九七年の金融危機は乗り越えられても、SARSは乗り越えられなかったのです……。中産階級が求めているもの？簡単です。『安居楽業』です。これには、経済環境や公平で平等な機会を含みますが、この点はすごく大切です。以前の香港には平等な機会がありました。才能さえあれば、誰に頼むことなく、成功することができたのです。ここでいう『以前』とは、九七年の香港返還以前のことです」（ケースP1、銀行副頭取）。

「中産層は実際、惨めですよね。以前、タクシーの運転手と話をした時にも、そう感じました。まさかのために保険に加入し、老後のために年金を支払う。住むために住居を買い、税金、しかも多額の税金を支払わなければなりません。税金が自分たちのところに返ってくればいいのでしょうが、多額の税金を払っていても、社会福祉は充実していない。経済環境がよい時期ならば、実際、二、三年くらい前までは、税金を払って当然だと思っていました。これが香港のためになるからです。突然不幸が襲っても、普通の生活ができるよう保険に入ることも、老後に病院に入れるよう年金を支払うことも、当然のことでしょう。能力のある人が一部の能力のない人に手を差し伸べ、政府が福祉を充実させるのも当たり前のことでしょう。しかし、現在のように、負の資産が増え、収入が減ったにもかかわらず、政府の出費は収まらない。福祉環境は整っておらず、依然として自分の身は自分で守らなければならない。……（政府が中産階級のために特別の施策をすべきだ）とは思いません。なぜなら、われわれには能力がありますし、政府が過剰な福祉政策を取るべきだとは考えてないからです。もちろん、能力を欠く者には福祉が必要でしょう……。実際、二年ほど前には七万元〔約一〇〇万円〕程度の税金を支払いましたが、当時は景気がよかったこともあって、自分では満足していました。七万元も税金を払う能力があり、これが公立の病院や中央図書館、九竜公園の整備に役立っているかと思うと、大変嬉しく感じていました。……中産階級の不満は、一部の人を過剰なまでに保護しているところにあります。失業者は救済金を手にし、大陸からの新移民も福祉の恩恵に与かって、働かなくても一万元〔一五万円弱〕を手にする。働いている者が六〇〇〇元〔一〇万円弱〕しか稼げないのですから、あまりに過保護というものです。もう少し考えて、老人や障害者など、保護すべき対象を選ぶべきですね」（ケースP6、保険会社営業課長）。

これら二つの事例が示しているように、香港の中産階級には、被害者としての自己認識が生まれている。そこには、彼らが日常生活で感じている（経済的な）圧力だけでなく、彼らの不満が表出されている。こうした感情を、他の階級に対する嫉妬や敵視に変換させてはいないものの、利益分配をめぐる問題が、階級間の矛盾・衝突につながる可能性もある。

こうした中産階級の自我感覚の変化が、香港における中産階級政治の将来を展望するにあたって大きな手がかりになるだろう。

五　おわりに

本章では、中産階級の自己アイデンティティをめぐる初歩的な考察を行った。今後、上海と香港のデータをもとに、階級アイデンティティと階級構成の関連性について研究を進め、階級認識が急激に変化する環境のもとでどのように変化するか、分析してゆきたいと思う。

＊本章を執筆するに当たって、香港中文大学の Direct Grant for Research（＃2020513、＃2020729）の財政的な支援を得た。また調査を実施する際に、復旦大学社会学系の協力を得た。

（1）　この点に関しては、潘允康（1999）を参照されたい。

（2）　江沢民（2001：19）による。原文は以下の通り。「改革・開放以降、わが国の社会階層の構成に新しい変化が生じ、民間のハイテク企業を立ち上げる起業家や技術者、外資系企業で働く技術職や個体戸、私営企業主、中間組織の管理職、自由業に従事する者などが現れた。しかも、企業間、産業間、地域間での移動が頻繁に見られ、職業や身分は絶えず変化している。こうした変化は今後も続くであろう。〔共産〕党の基本路線のもと、これらの新たな諸階層は、真剣な労働と合法的な経営を通じて、社会主義の生産力向上と諸事業に貢献している。彼らと労働者、農民、知識人、幹部、それに〔人民〕解放軍のメンバーは団結し、中国的特色をもつ社会主義事業の建設者になっている」。

（3）　中産階級や新中産階級を簡潔に紹介した文献として、Abercrombie & Urry（1983）、Carter（1985）、Savage, et.al

(1992) などがある。

(4) こうした警戒感が生まれてきたのには、いくつかの理由がある。ピアソンは新興のビジネスエリートを論じる際に、政治環境やイデオロギーが一般の人々の階層分類にいかに影響を与えたかについて言及している (Pearson 1997：6)。また、潘允康 (2001) は、クーリーの「鏡の中の自己」という概念から、天津市の個体戸・私営企業主のもつ自己イメージを分析している。

(5) 比較的早い時期に中産階級の問題を論じた文献として、戴炳源・萬安培 (1998)、鄭国霞 (1998)、張建明 (1998) などがある。

(6) 自我感覚 (self feeling) については、クーリーの議論を参照せよ (Cooley 1998：162-174)。

(7) 近年、中産階級研究の中でも、階級イメージや言説、階級アイデンティティが階級構成とどのように関連しているかについて、関心が寄せられるようになってきている。Zunz, Schoppa & Hiwatari (2002) を参照のこと。第二次大戦後の東西ドイツで異なる中産階級概念が使われてきたことを分析した論文や、日本社会における「サラリーマン」のキャリアと文化的構成について書かれた論文が、特に参考になる。

(園田茂人 訳)

中央大学社会科学研究所研究叢書

中央大学社会科学研究所編

1 **自主管理の構造分析**

－ユーゴスラヴィアの事例研究－

A 5 判328頁・定価2940円

80年代のユーゴの事例を通して，これまで解析のメスが入らなかった農業・大学・地域社会にも踏み込んだ最新の国際的な学際的事例研究である。

中央大学社会科学研究所編

2 **現代国家の理論と現実**

A 5 判464頁・定価4515円

激動のさなかにある現代国家について，理論的・思想史的フレームワークを拡大して，既存の狭い領域を超える意欲的で大胆な問題提起を含む共同研究の集大成。

中央大学社会科学研究所編

3 **地域社会の構造と変容**

－多摩地域の総合研究－

A 5 判462頁・定価5145円

経済・社会・政治・行財政・文化等の各分野の専門研究者が協力し合い，多摩地域の複合的な諸相を総合的に捉え，その特性に根差した学問を展開。

中央大学社会科学研究所編

4 **革命思想の系譜学**

－宗教・政治・モラリティ－

A 5 判380頁・定価3990円

18世紀のルソーから現代のサルトルまで，西欧とロシアの革命思想を宗教・政治・モラリティに焦点をあてて雄弁に語る。

高柳先男編著

5 **ヨーロッパ統合と日欧関係**

－国際共同研究Ⅰ－

A 5 判504頁・定価5250円

EU 統合にともなう欧州諸国の政治・経済・社会面での構造変動が日欧関係へもたらす影響を，各国研究者の共同研究により学際的な視点から総合的に解明。

高柳先男編著

6 **ヨーロッパ新秩序と民族問題**

－国際共同研究Ⅱ－

A 5 判496頁・定価5250円

冷戦の終了と EU 統合にともなう欧州諸国の新秩序形成の動きを，民族問題に焦点をあて各国研究者の共同研究により学際的な視点から総合的に解明。

中央大学社会科学研究所研究叢書

坂本正弘・滝田賢治編著

7 現代アメリカ外交の研究

A 5 判264頁・定価3045円

冷戦終結後のアメリカ外交に焦点を当て，21世紀，アメリカはパクス・アメリカーナIIを享受できるのか，それとも「黄金の帝国」になっていくのかを多面的に検討。

鶴田満彦・渡辺俊彦編著

8 グローバル化のなかの現代国家

A 5 判316頁・定価3675円

情報や金融におけるグローバル化が現代国家の社会システムに矛盾や軋轢を生じさせている。諸分野の専門家が変容を遂げようとする現代国家像の核心に迫る。

林　茂樹編著

9 日本の地方ＣＡＴＶ

A 5 判256頁・定価3045円
〈品切〉

自主製作番組を核として地域住民の連帯やコミュニティ意識の醸成さらには地域の活性化に結び付けている地域情報化の実態を地方のCATVシステムを通して実証的に解明。

池庄司敬信編

10 体制擁護と変革の思想

A 5 判520頁・定価6090円

A.スミス，E.バーク，J.S.ミル，J.J.ルソー，P.J.プルードン，Φ.N.チュッチェフ，安藤昌益，中江兆民，梯明秀，P.ゴベッティなどの思想と体制との関わりを究明。

園田茂人編著

11 現代中国の階層変動

A 5 判216頁・定価2625円

改革・開放後の中国社会の変貌を，中間層，階層移動，階層意識などのキーワードから読み解く試み。大規模サンプル調査をもとにした，本格的な中国階層研究の誕生。

早川善治郎編著

12 現代社会理論とメディアの諸相

A 5 判448頁・定価5250円

21世紀の社会学の課題を明らかにし，文化とコミュニケーション関係を解明し，さらに日本の各種メディアの現状を分析する。

中央大学社会科学研究所研究叢書

石川晃弘編著

13 体制移行期チェコの雇用と労働

A 5 判162頁・定価1890円

体制転換後のチェコにおける雇用と労働生活の現実を実証的に解明した日本とチェコの社会学者の共同労作。日本チェコ比較も興味深い。

内田孟男・川原　彰編著

14 グローバル・ガバナンスの理論と政策

A 5 判300頁・定価3675円

グローバル・ガバナンスは世界的問題の解決を目指す国家，国際機構，市民社会の共同を可能にさせる。その理論と政策の考察。

定価は消費税５％を含みます。

執筆者紹介

園《その》田《だ》茂《しげ》人《と》　中央大学文学部教授（まえがき，第一章）

有《あり》田《た》伸《しん》　東京大学教養学部専任講師（第二章）

車《チャ》鐘《ジョン》千《チョン》　韓国・成均館大学社会学科教授（第三章）

李《リー》春《チュン》玲《リン》　中国社会科学院社会学研究所副研究員（第四章）

李《リー》路《ルー》路《ルー》　中国人民大学社会学系教授、系主任（第五章）

梁《ヤン》鐘《ジョン》會《フエ》　韓国・成均館大学社会学科教授（第六章）

張《チャン》宛《ワン》麗《リー》　中国社会科学院社会学研究所『社会学研究』編集副主任（第七章）

呂《ルイ》大《タイ》樂《ラック》　香港・中文大学社会学系教授（第八章）

訳者紹介

相《そう》馬《ま》直《なお》子《こ》　東京大学大学院総合文化研究科国際社会科学博士課程（第三章，第六章）

呉《ウー》冬《トン》梅《メイ》　中央大学大学院文学研究科社会学専攻博士課程（第四章）

方《ファン》明《ミン》豪《ハオ》　中央大学大学院文学研究科社会学専攻博士課程（第五章，第七章）

園《その》田《だ》茂《しげ》人《と》　（第四章，第五章，第七章，第八章）

東アジアの階層比較

中央大学社会科学研究所研究叢書15

2005年3月5日　発行

編　者　園　田　茂　人

発行者　中央大学出版部

代表者　辰　川　弘　敬

〒192-0393　東京都八王子市東中野742-1

発行所　中央大学出版部

電話　0426(74)2351　FAX 0426(74)2354

http://www2.chuo-u.ac.jp/up/

藤原印刷㈱

ISBN 4-8057-1315-1

参考文献一覧

(日本語はアルファベット順、中国語はピンイン順、韓国語はカナタラ順)

(日本語)

有田伸，2002,「職業希望と職業的志向性」中村高康・藤田武志・有田伸編『学歴・選抜・学校の比較社会学——教育からみる日本と韓国』，東洋館出版社。

嚴敞俊，1996,「転換期韓国における利益集団政治(一)——1993年薬事法の改正に見る医薬分業政策を事例として——」,『立命館法学』第245号。

元治恵子・都築一治，1998,「職業評定の比較分析：職業威信スコアの性差と調査時点間の差異」都築一治編『職業評価の構造と職業威信スコア』，1995年SSM調査研究会。

原純輔編，2002,『流動化と社会格差』，ミネルヴァ書房。

林知己夫，1995,『数字からみた日本人のこころ』，徳間書店。

石田浩, 2000,「産業社会の中の日本——社会移動の国際比較と趨勢」原純輔編『日本の階層システム１　近代化と社会階層』，東京大学出版会。

梶田幸雄・園田茂人，1996,『中国投資はなぜ失敗するか』，亜紀書房。

李春玲（呉冬梅・園田茂人訳), 2003a,「現代中国における社会階層と経済格差」,『中国研究月報』２月号。

呂大樂（園田茂人・黄麗花訳)，2001,「白領の形成とそのアイデンティティ」園田茂人編『現代中国の階層変動』，中央大学出版部。

中根千枝，1994,「多民族社会の中国，同質社会の日本」中村治編『日本と中国，ここが違う』，徳間書店。

直井優，1979,「職業的地位尺度の構成」富永健一編『日本の階層構造』，東京大学出版会。

直井優・鈴木達三，1977,「職業の社会的評価の分析——職業威信スコアの検討」,『現代社会学』第４巻・第２号。

潘允康（園田茂人訳), 2001,「新興自営業層にみられる中国的特質」園田茂人編『現代中国の階層変動』，中央大学出版部。

盛山和夫・直井優・佐藤嘉倫・都築一治・小島秀夫，1990,「現代日本の階層構造とその趨勢」直井優・盛山和夫編『現代日本の階層構造１　社会階層の構造と過程』，東京大学出版会。

園田茂人，1998，「職業評価の日中比較――SSMデータとハルピンデータの対比からの知見――」園田茂人編『東アジアの階層比較』，1995年SSM調査研究会。

園田茂人，2001，「ハルピン市における職業威信の構造と変動」丹野正編『現代化のなかの中国東北部の変動過程』平成10年～平成12年度科学研究費補助金・基盤研究（B）（2）研究成果報告書。

太郎丸博，1998，「職業評定値および職業威信スコアの基本的特性」都築一治編，上掲報告書。

都築一治編，1998，『職業評価の構造と職業威信スコア』，1995年SSM調査研究会。

張汝立（園田茂人訳），1993，「中国の地方都市における職業威信：ハルピン市の調査事例から」，『中国研究月報』10月号。

(中国語)

蔡禾・趙釗卿，1995，「社会分層研究：職業声望評価与職業価値」，『管理世界』第４期。

陳少琪，1999，『階層：中国人的格調與階層品味分析』，大衆文芸出版社。

陳嬰嬰，1995，『職業構造与流動』，東方出版社。

遅書君，2003，「深圳人職業声望評価的特点」，『社会学研究』第４期。

仇立平，2001，「職業地位：社会分層的指示器」，『社会学研究』第３期。

戴炳源・万安培，1998，「中国中産階層的現状特点及発展態勢簡析」，『財政研究』第9期。

戴建中，2000，「2000年中国第四次私営企業抽様調査数拠及分析」『中国私営経済年鑑（1997－1999）』，華文出版社。

国家統計局，2000，『中国統計年鑑 2000』，中国統計出版社。

何建章編，1990，『当代社会階級結構和社会分層問題』，中国社会科学出版社。

何沛錦，2000，「白領：商業浪漫主義的幻想與失落」，『新經濟』第217期。

江沢民，2001，「在慶祝中国共産党成立八十周年大会上的講話」，『論“三個代表”』，中央文献出版社。

瞿海源，1985，「台湾地区職業地位主観測量之研究」『第四次社会科学研討会論文集』，中央研究院三民主義研究所。

労働・社会保障部財務企画司編，1999，『中国大中城市労働力工資価位』，中国労働社会保障出版社。

李春玲，1997，『中国城鎮社会流動』，社会科学文献出版社。

李春玲,2003,「中産階層:中国社会値得関注的人群」,汝信等編『社會藍皮書2004年:中国社会形勢分析与預測』,社会科学文献出版社。

李路路・王奮宇,1992,『当代中国現代化進程中的社会結構及其変革』,浙江人民出版社。

李培林編,1995,『中国新時期階級階層報告』,遼寧人民出版社。

李強,1993,『当代中国社会分層与流動』,経済出版社。

李強,1999,『生命的歴程:十大社会事件与中国人的生命軌跡』,浙江人民出版社。

李強,2001a,「関於中産階級和中間階層」,『中國人民大学学報』第2期。

李強,2001b,「市場転型与中間階層的代際更替」,辺燕杰等編『華人社会的調査研究』,牛津大学出版社。

李強,2001c,『社会分層与貧富差別』,鷺江出版社。

李強,2004,「転型時期衝突性的職業声望評価」李培林編『中国社会分層』,社会科学文献出版社。

李実・張平・魏衆・仲済根等,2000,『中国居民収入分配実証分析』,社会科学文献出版社。

李正東,2001,「試論中国中産階層」,『広東社会科学』第2期。

李宗陶,2002,「五問金領」,『新民周刊』総160期。

龍永図,2001,「龍永図大胆予測:中国中産階級十年内達四億」(http//www.chubun.com/2201/12b/gb5/page42-06.htm)

陸学芸編,2002,『当代中国社会階層研究報告』,社会科学文献出版社。

呂大樂,2002,「有病呻吟:香港中産階級之痛」,『明報月刊』総434期。

呂大樂・王志錚,2003,『香港中産階級處境觀察』,三聯書店。

倪力亜,1989,『論現代資本主義社会的階級結構』,中国人民大学出版社。

潘允康,1999,「"白領"与現代社会結構」,『社会科学戦線』第3期。

孫立平,1993,「『自由流動資源』与『自由流動空間』」,『探索』第1期。

孫立平,2002,「90年代以来中国社会結構演変的新趨勢」『当代中国社会分化与政策選択全国学術研討会文集』,中国人民大学社会学理論与方法研究中心・華中師範大学社会学系主催。

王奮宇・李路路他,2001,『中国城市労働力流動:職業生涯・職業流動・新移民』,北京出版社。

王漢生・張新祥,1993,「解放以来中国的社会層次分化」,『社会学研究』第5期。

蕭新煌・尹宝珊,2000,「台湾、香港、新加坡中産階級的集体社会政治意識」劉兆佳・

尹宝珊他編『市場、階級与政治：変遷中的華人社会』，香港中文大学香港亜太研究所。
肖文濤，2001，「中国中間階層的現状与未来発展」，『社会学研究』第3期。
徐道穏，2001，「也談科学的方法應与以科学的應用」，『社会学研究』第２期。
許海峰，2003，『你「中産」了嗎？』，経済日報出版社。
許欣欣，2000a，『当代中国社会結構変遷与流動』，社会科学文献出版社。
許欣欣，2000b，「従職業評価与択業趨勢看中国社会結構変遷」，『社会学研究』第３期。
楊雄，1999，「上海“白領”青年職業生活調査」，『青年研究』第6期。
葉健民編，2003，『以香港方式継続愛国』，進一歩多媒体。
殷一平，1999，『高級灰：中国城市中産階級写真』，中国青年出版社。
園田茂人・張汝立，2000，「職業評価的中日比較——ＳＳM調査与哈爾濱市調査的比較分析」，『社会学研究』第１期。
張建明等，1998，「中国城市中間階層的現状及未来発展」，『中国人民大学学報』第2期。
張宛麗，2002，「中国中間階層研究報告」，陸学芸編『当代中国社会階層研究報告』，社会科学文献出版社。
鄭国霞，1998，「関於我国中産階層的思考」，『統計与決策』第9期。
中国企業家調査系統編，1998，「素質与培訓:変革時代的中国企業経営管理者」『中国企業家隊伍成長与発展1993—1998報告』，経済科学出版社。
周暁虹，2000，「文化反哺：変遷社会中的親子伝承」，『社会学研究』第2期。
周暁虹，2002，「中産階級：何以可能与何以可為？」『当代中国社会分化与政策選択全国学術研討会文集』，中国人民大学社会学理論与方法研究中心・華中師範大学社会学系主催。
朱光磊等，1998，『当代中国社会各階級分析』，天津人民出版社。

（韓国語）
具海根，1991，「韓國中間階級研究의理論的，方法論的問題」서울大學校社會學研究會編『社會階層：理論과實際』，茶山出版社。
金環東，1970，「管理者와勤勞者의勤勞觀과職業觀」金環東他『실업교육과직업』서울大学校人口・発展問題研究所／金環東，1992，『韓國人의價値觀과社會意識』博英社。

金璟東, 1979, 「管理者와勤勞者의勤勞觀과職業觀」, 『사회과학과정책연구』 Vol. 1, No. 3 ／金璟東, 1992, 前揭書。

金璟東·崔泰龍, 1983, 「職業의社會經濟的屬性과階級區分」, 『社會科學과政策研究』 Vol. 5, No. 3。

金均・朴順成, 1998, 「金大中政部의經濟政策과新自由主義」 李炳天・金均編 『危機, 그리고大轉換 : 새로운韓國經濟패러다임을찾아서』, 當代。

金秉祖, 2000, 「韓國人主觀的階層意識의特性과決定要因」, 『韓國社會學』 Vol. 28, No. 1。

金成國, 1988, 「民衆의中産層化혹은中産層의民衆化:中産層社會論을摸索하며」, 『社會批評』 Vol. 1。

金泳謨, 1982, 『韓國社會階層研究』, 一朝閣。

金泳謨, 1997, 「中産層研究의動向과課題」, 『社會政策研究』 Vol. 17。

金至燮, 1994, 「화이트칼라의内的分化와階層論的含意 : 大邱市專門·管理·事務職을中心으로」, 『韓國社會學』 Vol. 28, No. 1。

金晉均・趙喜연, 1985, 「分斷과社會狀況의相關性에關하여」 邊衡潤他 『分斷時代와韓國社會』, 까치出版社。

文玉杓, 1992, 「都市中産層의家族生活과主婦의役割」 文玉杓・金光億・金富成・任奉吉・全京秀 『都市中産層의生活文化』, 韓國精神文化研究院。

文玉杓・崔惠卿・鄭順姫, 2000, 『韓國中産層의生活文化』, 集文堂。

朴濬植, 1992, 『新中産層의實態와社會發展에관한研究』, 現代社會研究所。

朴濬植, 1993, 「新中産層勤勞者들의意識的特性研究」, 『經濟와 社會』 17(봄)。

房河男・李成均, 1996, 「新興開發國에서의構造変變과世代間階級移動 : 韓國과臺灣의경우」, 『韓國社會學』 Vol. 30, No. 3。

白旭寅, 1991, 「階級, 階層別生活樣式」, 서울大學校社會學研究會編, 『社會階層:理論과實際』, 茶山出版社。

徐寬模, 1987, 「韓國社會階級構成의研究」 서울大學校社會學科博士學位論文。

石賢浩, 1992, 「불평등과형평연구의설계」 黄一清編, 前揭書。

申光榮, 1994, 「세대간 계급이동」 『經濟의社會』 Vol. 23, No. 3。

申光榮・趙敦文・趙恩, 2003, 『韓國社會의階級論的理解』, 한울。

有田伸, 2003, 「직업의식과교육열의한일비교연구」 『교육열의진단・해부・대책』 江原大学校教育研究所・韓国教育開発院 (2003教育熱国際学術会議資料集)。

李萬甲, 1957, 「都市學生의職業觀念」, 『社会科学』 No. 1。

李相佰・金彩潤, 1966,『韓國社會階層研究』, 民潮社。

任奉吉, 1992,「都市中産層의生活類型과政治意識」文玉杓・金光億・金富成・任奉吉・全京秀『韓國中産層의生活文化』, 韓國精神文化研究院。

林玄鎭, 1987,「參與보다安定에置中」,『月刊朝鮮』Vol.4。

張美惠, 2002,「社會階級의文化的再生産:大學間位階序列에따른父母의階級構成의差異」『韓國社會學』Vol.36, No.4。

鄭喆熙, 2002,「新階級과民主主義의鞏固化」,『韓國社會學』Vol.36, No.4。

車鐘千, 1992,「사회계층의구조와과정」黄一清編『한국사회의불평등과형평』, 나남出版社。

車鍾千, 1997,「職業構造와分配의不平等」石賢浩編『韓國社會의不平等과公正性』, 나남出版社。

車鐘千, 1998,「직업위세와계층구조」,『韓國社會學』Vol.32, No.3。

車鐘千, 2002,「최근 한국사회의 사회이동 추세: 1990-2000」,『韓國社會學』Vol.36, No.2。

崔章集, 1985,「解放40年의國家, 階級構造, 政治變動에관한序說」崔章集他『韓國現代史 1, 1945-1950』, 열무사。

崔載賢, 1987,「韓國의中産層, 왜卑怯한가?」,『月刊朝鮮』No.4。

崔熙甲, 2002,「外換危機와所得分配의両極化」,『國際經濟研究』Vol.8, No.2。

韓完相, 1991,「韓國中間諸階層의政治意識」,『季刊思想』No.4。

韓完相・權泰煥・洪斗承, 1987,『韓國의中産層』, 韓國日報社。

韓相震, 1986,「韓國中産層은保守的인가?」,『思想과政策』Vol.3, No.3。

韓相震, 1987,「韓國中産層의概念化를위한試圖:中産層의規模와이데올로기적性格을中心으로」,『韓國社會學』Vol.21, No.1。

韓相震, 1999,「韓國社會變動의両面性: 1989-1999 :『中民』의觀點에서」,『季刊思想』No.3。

咸仁姫, 1999,「IMF危機로切因한中産層解體論議의批判的考察:新聞記事의内容分析을中心으로」, 梨花女子大學校『社會科學研究論叢』No.3。

咸仁姫・李東瑗・朴善雄, 2001,『韓國中産層의正體性과消費文化』, 集文堂。

洪斗承, 1983,「韓國社會階層研究를위한豫備的考察」서울大學校社會學研究會編『韓國社會의傳統과變動』, 汎文社。

洪斗承, 1992a,「분배적정의와형평의식」黄一清編, 前掲書。

洪斗承, 1992b,「中産層의成長과社會變動」韓國社會學會・韓國政治學會編『韓

國의國家와市民社會』, 한울。

洪斗承・金美姫, 1988,「都市中産層의生活様式：住居生活를중심으로」『省谷論叢』No. 19。

(英語)

Abercrombie, Nicholas, and John Urry, 1983, *Capital, Labour and the Middle Classes,* George Allen & Unwin.

Aggresti, Alan, 1990, *Categorical Data Analysis,* Wiley.

Bennett, Amanda, 1990, *The Death of the Organization Man.* Touchstone Book.

Boltanski, Luc, 1987, *The Making of a Class: Cadres in French Society,* Cambridge University Press.

Carter, R., 1985, *Capitalism, Class Conflict and the New Middle Class,* Routledge & Kegan Paul.

Cha, Jong-chun, 1993, "The Structure and Process of Social Stratification in Korea," *Korean Social Science Journal,* No. 19.

Chu, Sheng-hua, 2001, "Consumption and Advertising in Urban China: The Construction and Pursuit of a Middle Class Way of Life," Unpublished M.Phil. Thesis, Sociology Department, The Chinese University of Hong Kong.

Cooley, Charles Horton, 1998, *On Self and Social Organization,* University of Chicago Press.

Davis, Deborarh S., 2000, *The Consumer Revolution in Urban China,* University of California Press.

Djilas, M., 1957, *The New Class,* Frederick A. Preager, Publisher.

Duncan, O. D., 1961, "A Socioeconomic Index for All Occupation," in Reiss, A. J. Jr., ed., *Occupations and Social Status,* The Free Press.

Erikson, Robert, John H. Goldthorpe, and Lucienne Portocarero, 1979, "Intergenerational Class Mobility in Three Western European Societies: England, France, and Sweden," *British Journal of Sociology,* No. 30.

Erikson, Robert, John H. Goldthorpe, and Lucienne Portocarero, 1982, "Social Fluidity in Industrial Nations: England, France, and Sweden," *British Journal of Sociology,* No. 33.

Erikson, Robert, and John H. Goldthorpe, 1992, *The Constant Flux: A Study of Class*

Mobility in Industrial Societies, Oxford University Press.

Featherman, David, L. and Robert M. Hauser, 1978, *Opportunity and Change,* Academic Press.

Featherman, David, L., F. Lancaster Jones, and Robert M. Hauser, 1975, "Assumptions of Mobility Research in the United States: The Case of Occupational Status," *Social Science Research,* No. 4.

Giddens, Anthony, 1973, *The Class Structure of the Advanced Society,* Harper & Row, Publisher.

Goldthorpe, John H., 1980, *Social Mobility and Class Structure in Modern Britain,* Oxford University Press.

Goldthorpe, John H., 1982, "On the Service Class: its Formation and Future," in Anthony Giddens and G. Mackenzie, eds., *Social Class and the Division of Labour,* Cambridge University Press.

Grusky, David B. and Robert M. Hauser, 1984, "Comparative Social Mobility Revisited: Models of Convergence and Divergence in 16 Countries," *American Sociological Review,* No. 49.

Hodge, R. W., Siegel, P. M. & Rossi, P. H., 1966, "Occupational Prestige in the United States," in Bendix, R, & Lipset, S. M. eds., *Class, Status and Power: Social Stratification in Comparative Perspective,* Free Press.

Hong, Doo-Seung, 1999, "Profiles of the Korean Middle Class," in Hsin-Huang Michael Hsiao ed., *East Asian Middle Classes in Comparative Perspective,* Institute of Ethnology, Academia Sinica.

Hout, Michael, 1983, *Mobility Tables,* Sage Publication.

Hsiao, Hsing-Huang and Alvin Y. So., 1999, "The Making of the East Asian Middle Classes: The Five Propositions.," in Hsin-Huang Michael Hsiao ed., *East Asian Middle Classes in Comparative Perspective,* Institute of Ethnology, Academia Sinica.

Inkeles, Alex and Peter H. Rossi, 1956, "National Comparison of Occupational Prestige," *The American Journal of Sociology,* Vol. 61, No. 4.

Ishida, Hiroshi, 2001, "Industrialization, Class Structure, and Social Mobility in Postwar Japan," *British Journal of Sociology,* Vol. 52, No. 4.

Jackman, Mary R., and Robert W. Jackman, 1983, *Class Awareness in the United States,* University of California Press.

Katznelson, Ira, and Aristide R. Zolberg, eds., 1986, *Working-Class Formation,* Princeton University Press.

Kim, Kyong-Dong, 1999, "Social Attitudes and Political Orientation of the Korean Middle Class.," in Hsin-Huang Michael Hsiao ed., *East Asian Middle Classes in Comparative Perspective,* Institute of Ethnology, Academia Sinica.

Koo, Hagen, 1982, "A Preliminary Approach to Contemporary Korean Class Structure," in Yun-Shik Chang, Tai-Hwan Kwon and Peter J. Donaldson eds., *Society in Transition: With Special Reference to Korea,* Seoul National University Press.

Koo, Hagen. 1999, "The Middle Classes in the East Asian Newly Industrialized Societies: Issues, Preliminary Findings and Further Questions," in Hsin-Huang Michael Hsiao ed., *East Asian Middle Classes in Comparative Perspective,* Institute of Ethnology, Academia Sinica.

Lim, Hyun-Chin, 1999, "Development Strategy and Restructuring in South Korea: Changing State-Capita-Labor Relationship," *Working Paper* #10, The Institute for Social Development and Policy Research, Seoul National University.

Lin, Nan and Wen Xie, 1988, "Occupational Prestige in Urban China," *The American Journal of Sociology,* Vol. 93, No. 4.

Marsh, Robert, M., 1996, *The Great Transformation: Social Change in Taipei: Taiwan Since the 1960s,* M. E. Sharpe.

Pahl, Ray, 1995, *After Success,* Polity Press.

Parish, William L., 1984, "Destratification in China," in J. L. Watson, ed., *Class and Social Stratification in Post-Revolution China,* Cambridge University Press.

Parkin, Frank, 1974, *The Social Analysis of Class Structure,* Tavistock Publication.

Pearson, Margaret M., 1997, *China's New Business Elite,* University of California Press.

Sampson, Anthony, 1995, *Company Man: The Rise and Fall of Corporate Life,* Random House.

Savage, Mike, 2000, *Class Analysis and Social Transformation,* Open University Press.

Savage, Mike, Gaynor Bagnall, and Brian Longhurst, 2001, "Ordinary, Ambivalent and Defensive: Class Identities in the Northwest of England," *Sociology,* Vol. 35, No. 4.

Savage, Mike, et al., 1992, *Property, Bureaucracy and Culture,* Routledge.

Somers, Joseph A., 1997, "Deconstructing and Reconstructing Class Formation

Theory: Narrativity, Relational Analysis, and Social Theory," in John R. Hall ed., *Reworking Class,* Cornell University Press.

Somers, Margaret R., 1996, "Class Formation and Capitalism," *European Journal of Sociology,* Vol. 37, No. 1.

Sonoda, Shigeto, 1997, "The Taiwanization of China? The Rise of Joint Ventures and Its Impact on 'State Capacity' in Contemporary China,"『中央大学文学部社会学科紀要』第 7 号.

Treiman, Donald J., 1977, *Occupational Prestige in Comparative Perspective,* Academic Press.

Whyte, Martin, 1975, "Inequality and Stratification in China," *China Quarterly,* Vol. 64.

Whyte, Martin, 1981, "Destratification and Restratification in China," in G. Berreman, ed., *Social Inequality,* Academic Press.

Wright, Elik Olin, 1997, *Class Counts: Comparative Studies in Class Analysis,* Cambridge University Press.

Yang, Jong-Hoe, 1999, "Class Culture or Culture Class? Lifestyles and Cultural Taste of the Korean Middle Class," Hsin-Huang Michael Hsiao ed., *East Asian Middle Classes in Comparative Perspective,* Institute of Ethnology, Academia Sinica.

Yun, Young-Min, 1994, "Class Structure and Class Mobility in East Asia: A Comparison among South Korea, Japan and Taiwan," *Korea Journal of Population and Development,* Vol. 23, No. 2.

Zhou Xueguang, Nancy Brandon Tuma and Phyllis Moen, 1996, "Stratification Dynamics under State Socialism: The Case of China Cities, 1943-1993," *Social Forces,* No. 28.

Zunz, Olivier, Leonard Schoppa, and Nobuhiro Hiwatari, eds., 2002, *Social Contracts Under Stress: The Middle Classes of America, Europe, and Japan at the Turn of the Century,* Russell Sage Foundation.